本书获得闽南师范大学学术著作出版专项经费资助

本书获得2020年度福建安正智能科技有限公司委托课题《电子病历证据的若干问题研究》资助

民法典视角下

医事法律的学理诠释与应用研究

薛贵滨◎著

法律出版社 LAW PRESS · CHINA

北京

图书在版编目(CIP)数据

民法典视角下医事法律的学理诠释与应用研究 / 薛贵滨著. -- 北京 : 法律出版社, 2024
ISBN 978-7-5197-9060-8

Ⅰ. ①民… Ⅱ. ①薛… Ⅲ. ①医药卫生管理-法规-研究-中国 Ⅳ. ①D922.164

中国国家版本馆CIP数据核字(2024)第083070号

民法典视角下医事法律的学理诠释与应用研究
MINFADIAN SHIJIAOXIA YISHI FALÜ DE XUELI QUANSHI YU YINGYONG YANJIU

薛贵滨 著

责任编辑 屈 瑶
装帧设计 臧晓飞

出版发行 法律出版社
编辑统筹 学术·对外出版分社
责任校对 晁明慧
责任印制 胡晓雅 宋万春
经　　销 新华书店

开本 710毫米×1000毫米 1/16
印张 18.25 **字数** 254千
版本 2024年6月第1版
印次 2024年6月第1次印刷
印刷 北京建宏印刷有限公司

地址:北京市丰台区莲花池西里7号(100073)
网址:www.lawpress.com.cn
投稿邮箱:info@lawpress.com.cn
举报盗版邮箱:jbwq@lawpress.com.cn
销售电话:010-83938349
客服电话:010-83938350
咨询电话:010-63939796

书号:ISBN 978-7-5197-9060-8
定价:75.00元
凡购买本社图书,如有印装错误,我社负责退换。电话:010-83938349

前　言

健康是人类社会进步的核心和永远的追求，党的十八大以来以习近平同志为核心的党中央坚持以人民为中心的发展思想，高度重视医疗卫生事业建设。习近平总书记在党的二十大报告中强调指出：推进健康中国建设，把保障人民健康放在优先发展的战略位置。现代医学作为一门应用科学、自然科学，在科学潮流与唯物主义互动下，在真、善、美中，医学自然而然选择追求生物科学的真理，希冀最新的医疗技术或者创新药物使用以治病救人。在古希腊医学从宗教的医学向科学的医学演进的时期，希波克拉底时代医生已成为受人尊敬的职业，希波克拉底誓言就是医师必须遵循的行为准则。法律是一种规范，医疗专业性的确立是医学与法学交错中的关键点。医疗的客体是人的生命和健康，具有至高无上的价值，患者常常对疾病治愈抱有较高的期待。随着人权思想的逐渐成熟和发展，社会经济发展与生物医疗技术飞跃进步，病患权利意识的提升，医患之间关系的课题也就成为晚近医患双方普遍重视的课题，医疗损害赔偿是现代侵权行为最为棘手的问题之一。医事法学从多角度探讨医患纷争的成因，防止与避免医患矛盾也就成为医事法学研究的重中之重。因此，对相关医事法律问题进行研究与诠释，既可以帮助医务人员致力医疗行为合于诊疗规范及当时之医疗水平,也可以保护病患的身体层面与人格层面的利益。纵观历史发展,医疗行为规范即以患者生命的绝对尊重、患者个人人权的尊重为其核心。亚里士多德说过,"哲学应该从医学开始,而医学最终应该归隐于哲学",据此医生要将科学与人文交融,才能更好地完成医生神圣而艰难的使命。

本书主要分为医疗服务研究与医疗纠纷分析研究两个部分。在医疗服务研究方面,主要通过医疗法律文书和医疗义务两方面具体进行分析。医疗服务是指医方提供给患方服务的一种义务,医疗首重的是患者本身,病患既是生物学存在的个体,又是社会学意义上的人。因此在本书中,通过对医疗法律文书研究与医疗义务研究的分析,明确表示医方应履行告知义务以及相应的注意义务,以此尊重患者真实意思表示,知情是同意的前提,同意是知情的结果,应保护患者知情同意权及其生命健康。在医疗纠纷分析研究部分,本书侧重于产前诊断、医师权益保障、医疗损害责任、医疗因果关系、医疗法律责任制度与医疗损害纠纷鉴定几个方面。传统意义上的医疗事故、医疗意外、后遗症、并发症、过敏反应均属于医疗风险,在具体的纠纷评判中,既要保护患者的合法权益也要保障医方的权益,但现实的情况是,医患双方地位往往是不平等的,因此想要对医疗纠纷进行具体分析并提出解决方案就需要兼顾多方利益,并适当保护弱者的利益。医疗纠纷的产生大多是由于医疗损害的发生,而对于医疗损害我国又没有专门的法律进行规定,因此,现有的医疗损害纠纷解决主要通过《民法典》侵权编来进行规制,但对于因专业性与技术性较强的医学而产生的纠纷,很多问题的解决还得不到法律的支持,例如本书所探讨的"医赖"及"医闹"行为,在没有国家层面的立法规制而只有地方立法时,想要妥善处理便存在很多困境,因此,本书通过综合立法规定与社会医疗救助制度,为解决这类问题提供可行途径。本书的研究强调了在现今的医疗体制下存在的各种问题,包括传统的医患纠纷,也包含由于医疗技术的提高所带来的医疗电子病历法律文书以及人工辅助受精胚胎等新产生的问题,并结合域外法律与案例基于我国现状提出了相应解决方案。既有对于整个医疗体制问题的说明与分析,也有对于具体医疗纠纷的分析与解决。

现代医学研究和医疗生物技术取得日新月异的进步，但医学仍有许多未知领域。医疗过失的历史，几乎与医疗存在和发展的历史一样源远流长，医疗侵权行为的过失判断离不开法的价值判断。本书从法理的角度对手术知情同意书、医师告知义务、急诊注意义务、“医赖”以及医疗损害因果关系等内容进行分析，尤其医疗损害因果关系举证困难已成为现代侵权行为法的重要课题。运用民法典和有关医疗损害司法解释、诊疗规范等解决医疗损害纠纷。医学科学是与人类生命健康休戚相关的一门重要学科，是永远都在发展完善的“缺陷学科”，医学领域的未知和不确定贯穿于诊断、辨别、治疗和康复过程的始终，据此，对医疗损害纠纷解决必须充分考虑医患双方的共同利益。依法治国，建设法治国家，构建和谐医患关系，完善医事法与生命伦理的学科建设，实现中华民族伟大复兴。

限于本人的能力，文章中错误或者疏漏在所难免，恳请各位同仁和读者见谅，提出宝贵意见为盼。

薛贵滨

2023 年 3 月 15 日

目录

第一章　医疗法律文书研究

第一节　手术知情同意书

医疗领域的知情同意是指患者或者其近亲属有权知晓的病情、检查、诊断、预后、治疗方案、出院医嘱,并可以对医护人员的诊疗建议采取的医疗措施决定取舍。其实质是患者在诊治自身疾病的过程中行使自主决定权,并向医疗机构进行同意实施医疗诊疗行为的授权。知情同意权从法理上融合知情和同意两个层面的内容。知情是同意的前提,同意是知情的结果。没有知情的同意,就是不能理解经治医师所提供的诊疗信息,不知情或者不完全的知情不是真正的同意。而知情的实现又以医师的详细告知、说明、解释为前提,没有医师的告知与说明、解释,患者的知情也就无从实现。

医疗首重的是患者本身,病患既是生物学存在的个体,又是社会学意义上的人。基于该双重属性,医疗机构应尽到医学伦理注意义务,保障病患的主体性地位,通过对患者病症、治疗方法、预后、手术成功概率、并发症、危险程度、其他疗法的选择等内容进行充分解释说明,取得病患有效同意,真正实现病患的自我抉择权,医疗行为才具有合法性。临床诊疗中,知情同意告知是保障患者健康权的一项重要医疗准则,也是医院风险防控的核心制度之一,特别是在手术治疗时显得尤为重要;它直接反映医患的和谐与信任,体现患者的医疗需求与合法权益的保护;是医学伦理和医疗法律的重要内容和导向。①

保证患者知情同意权的实现,最重要的是通过医师正常履行告知义务。法律规定每个公民享有权利和履行义务,权利是可行可不行的,而义务具有法律的约束性,没有随意性。法律规定履行告知是医师的义务,医师必须履行。告知义务也是医师保护患者法律权益的体现,依法应当作为的行为。医师若无或者不完全履行告知义务就有可能侵犯患者知情同意权。实践中医务人员只是诊疗方案、手术选择方式的建议者,患者拥有治疗方案的选择及最终决定权,如果违反诊疗规范导致病患者损害,将承担相应的法律责任。医患关系在现代社会被誉为是极其重要的社会关系之一。和谐的医患关系不仅能为患者带来良好的治疗效果,而且能够促进医疗发展,促进社会朝着健康方向发展,起着标杆引领的作用。②

一、手术知情同意书概念的厘定

手术知情同意书是由医疗机构提供的必须在患者手术前签署后患者才能被实施手术治疗的医学文书。《病历书写基本规范》第23条规定:"手术同意书是指手术前,经治医师向患者告知拟施手术的相关情况,并由患者签署是否同意手术的医学文书。内容包括术前诊断、手术名称、术中或术后可能出现的并发症、手术风险、患者签署意见并签名、经治医师和术者签名等。"该规范的第26条规定:"特殊检查、特殊治疗同意书是指在实施特殊检查、特殊治疗前,经治医师向患者告知特殊检查、特殊治疗的相关情况,并由患者签署是否同意检查、治疗的医学文书。内容包括特殊检查、特殊治疗项目名称、目的、可能出现的并发症及风险、患者签

---

① 参见何继武、刘爽等:《知情同意的医学伦理分析——以白内障手术为例》,载《医学与哲学》2021年第20期。

② 参见钟雄东:《手术知情同意书中"知情"认定的理论思考》,载《法制博览》2019年第22期。

名、医师签名等。”

手术同意书签署制度是从医学伦理学中的知情同意权发展而来。在第二次世界大战纽伦堡审判时揭露了纳粹医生未征得受试者的同意而强迫受试者接纳残忍的违背人道主义的身体试验，严重损害了受试者的健康、身体机能完整甚至生命。据此 1947 年由联盟国纽伦堡战犯法庭提出的《纽伦堡伦理规范》规定了以下原则：“人类受试者的自愿同意是绝对必要的，应该使他能够行使自由选择的权利，而没有任何暴力、欺骗、欺诈、强迫、哄骗以及其他隐藏形式的强制或强迫因素的干预。应该使他对所涉及的问题有足够充分的了解，以便能够作出明智的决定。”知情同意作为医学伦理学的基本原则，其内涵包括向受试者充分告知、受试者完全理解和受试者自主选择。《纽伦堡伦理规范》规定了“受试者自愿同意”的原则，在医疗领域演变为医学伦理与法律的重要原则之一。1964 年《赫尔辛基宣言》首次将“知情同意”纳入人体医学研究中，该宣言亦成为各国制定与人类医学研究相关的伦理准则和医事法律的重要依据。1981 年《里斯本病人权利宣言》宣示了“病人有自主决定的权利、有知道相关信息的权利”①。晚近该原则被逐渐应用于医疗领域，这是“知情同意”的溯源。对日后在医疗临床领域和医患关系中重视对患者权利的关注有着深远的影响。1981 年，在葡萄牙召开的第 34 届世界医学会大会上通过了《病人权利宣言》，确认了患者应享有的六项权利，其中就包含知情同意权，重视患者权利的保障已成为时代进一步的潮流。至今，绝大部分国家将该项权利从道德范畴上升到法律的权利保护之规定。医疗告知义务的核心是使患者获得足够和有效及充分的医疗信息。②

《医疗机构管理条例》第 32 条规定：“医务人员在诊疗活动中应当向患者说明病情和医疗措施。需要实施手术、特殊检查、特殊治疗的，医务人员应当及时向患者具体说明医疗风险、替代医疗方案等情况，并取得其

---

① 赵丽烨：《手术同意书签字主体制度的实践与法律问题研究》，大连医科大学 2019 年硕士学位论文，第 10～11 页。

② 参见张代英、张冰斌、刘青焱：《浅谈〈民法典〉背景下手术医疗告知义务——兼议医疗纠纷告知义务的司法鉴定评价》，载《中国卫生事业管理》2020 年第 12 期。

明确同意;不能或者不宜向患者说明的,应当向患者的近亲属说明,并取得其明确同意。因抢救生命垂危的患者等紧急情况,不能取得患者或者其近亲属意见的,经医疗机构负责人或者授权的负责人批准,可以立即实施相应的医疗措施。"《民法典》第1219条规定:"医务人员在诊疗活动中应当向患者说明病情和医疗措施。需要实施手术、特殊检查、特殊治疗的,医务人员应当及时向患者具体说明医疗风险、替代医疗方案等情况,并取得其明确同意;不能或者不宜向患者说明的,应当向患者的近亲属说明,并取得其明确同意。医务人员未尽到前款义务,造成患者损害的,医疗机构应当承担赔偿责任。"该规定比以前的卫生法律法规等关于知情同意规定更为具体与详细。

2018年颁布实施的《医疗纠纷预防和处理条例》第13条第1款规定:"医务人员在诊疗活动中应当向患者说明病情和医疗措施。需要实施手术,或者开展临床试验等存在一定危险性、可能产生不良后果的特殊检查、特殊治疗的,医务人员应当及时向患者说明医疗风险、替代医疗方案等情况,并取得其书面同意;在患者处于昏迷等无法自主作出决定的状态或者病情不宜向患者说明等情形下,应当向患者的近亲属说明,并取得其书面同意。"因医务人员未尽到规定中的告知义务而造成患者损害的,医疗机构应当承担赔偿责任。由这些规定可以知悉,我国法律对患者的知情同意权进行保护,患者的知情同意权包括:疾病了解权、被解释权、选择权、同意权和拒绝权等。而在20世纪80年代初就开始实行的手术知情同意书制度表明这一权利在医疗领域得到越来越重要的贯彻和落实。

手术知情同意书制度从一开始出现就是医患双方所共同关注的焦点。手术知情同意书的核心要点为:患者对同意手术是否知情、方案实施替代性、涉及自己身心健康可能出现的后遗症或者并发症等。医疗手术行为本身就是带有一定侵袭性、未知性、风险性、复杂性的治疗方式。因此,在术前签署的手术知情同意书对医患双方就显得至关重要,是对医患双方权利的有力保障。

二、手术知情同意书的法理分析

(一)手术知情同意书的法律特性

1. 手术知情同意书的性质的观点

关于手术知情同意书的法律性质,医学界与法学界里有各种各样的学说如“契约说”“程序说”“授权说”“知情同意说”等。

(1)契约说

契约说认为医疗的手术知情同意书是一种无名、非典型合同。医疗机构向患者或者其近亲属、关系人说明、解释手术风险、医疗替代措施,并征得患者或者其亲属同意,是向患者发出手术的要约,患者同意并签字,是患者对医方的承诺。而出于对手术知情同意书的实际情况考虑,手术知情同意书可以是格式条款,但其条款内容不得违反《民法典》的有关免责条款的规定。手术知情同意书的签署,关键是患者本人;在近亲属意见不一致或有多位近亲属时,在知情同意权的代理人选择上,应按第一顺序即配偶、成年子女、父母,第二顺序即兄弟姐妹、祖父母、外祖父母及其他近亲属的顺位进行谈话;但是在具体实施过程中,要以对患者疾病有利为原则判断。①

(2)程序说

该观点认为手术知情同意书中免责条款并非无过错才免责,其具有程序性方面的意义。手术知情同意书可对患者的权利行使和医方的注意义务履行起程序告知作用,即使医疗机构已履行告知义务,并不能以此免责。若患者未签署手术知情同意书,则构成侵权。医疗机构在诊疗过程中违背诊疗规范,即使签署知情同意书,若对患者或者其近亲属造成损害,须依《民法典》或者卫生法律法规之规定承担赔偿责任。

(3)授权说

手术知情同意书的主要作用是得到进行手术的许可,使医方获得为

---

① 参见王娥、王仁娥等:《患者手术知情同意书签署的质性研究》,载《临床医药文献杂志》2019年第26期。

患者进行手术的委托授权。《医疗机构管理条例》第32条规定:“医务人员在诊疗活动中应当向患者说明病情和医疗措施。需要实施手术、特殊检查、特殊治疗的,医务人员应当及时向患者具体说明医疗风险、替代医疗方案等情况,并取得其明确同意;不能或者不宜向患者说明的,应当向患者的近亲属说明,并取得其明确同意。因抢救生命垂危的患者等紧急情况,不能取得患者或者其近亲属意见的,经医疗机构负责人或者授权的负责人批准,可以立即实施相应的医疗措施。”医师手术的民事行为系医方获得患者授权后的行为。

医疗实践中我国法律认可知情同意主体具有二元性,即患者和患者授权委托人,必然可能出现由患者授权委托人代理签署知情同意书的情况。授权委托是意定代理,现代社会民事主体由于不可能事必躬亲,因此可能假手于他人。在患者神志不清、不具备完全民事行为能力时,授权委托近亲属或者利害关系人行使知情权是必要的。但在医疗实践中即使患者具备完全民事行为能力,也常常由患者授权委托人代理行使知情同意权,将自己的关乎生命健康的权益交给授权委托人,这种情况与《民法典》有关医疗损害相关规定有可能侵害患者的自主同意权。①

(4)知情同意说

手术知情同意书是医疗机构履行告知义务的医学法律文书,告知患者一方患者病情、医疗措施、手术风险、手术后果等情况,由患者或者其近亲属权衡后决定接受手术和接受由此带来的合理合法的风险。该种观点主要体现了知情同意权是患者的基本权利,而对患者告知实情也是医方必须履行的注意义务。医师向患者或者其家属履行手术知情告知时,判断患者或者其家属是否达到“知情”,主要从知情形式和内容两大方面判断。知情形式主要有:告知医师资质、告知对象、真实意思表示。知情内容主要有:目前病情诊断是否明确;选择该治疗方案有无循证医学根据;选择该治疗方案患者获益有哪些;国内外文献或者本医院报道该治疗方

① 参见金昌浩、张锦玉等:《住院病案手术知情同意书签署现状调查》,载《中国病案》2020年第3期。

案的治愈率;目前病情如果不选择该治疗方案可能的预后情况;替代医疗方案及未选择的理由;围手术期可能的并发症、合并症及其概率;围手术期并发症的防治措施,特别是发生重要并发症之后的挽救措施;既往医师成功施行同类手术例数;围手术期其他注意事项等。①

2. 手术知情同意书的法律性质的界定

手术知情同意书本质上是医患双方之间的民事权利与民事义务关系,是一种体现医疗机构告知义务和患者行使知情同意权的合同书。

(1)非典型无名合同

我国《民法典》第 502 条第 1 款规定:"依法成立的合同,自成立时生效,但是法律另有规定或者当事人另有约定的除外。"合同成立需要具备条件,首先,订立合同的主体适格,即自然人、法人或者其他组织必须具有与订立合同相适应的民事行为能力;其次,合同的内容不得违反法律和社会公共利益;最后,行为人订立合同时的意思表示真实。

根据我国《医疗机构管理条例》第 32 条的规定,手术同意书签署的主体应符合合同签订主体的要求。患者签署手术同意书与否意味着其是否接受来自医疗机构的手术治疗措施,是对关乎自身健康权利处分的一个选择,是其自身真实的意思表示;再者,我国《病历书写基本规范》第 23 条规定了手术知情同意书的内容为术前诊断、手术名称、术中或术后可能出现的并发症、手术风险、患者签署意见并签名、经治医生和术者签名等,因此手术同意书的内容是法定的,是合法的。所以,手术知情同意书的签订成立符合我国《民法典》合同编规定的合同签订成立的要件。

手术知情同意书是医疗机构提供给患者拟实行手术名称、可能存在风险或者并发症等内容的告知条款,是医疗机构履行告知注意义务的体现,同时,患者通过签署手术知情同意书与否来决定是否接受手术治疗,医方提供手术方案、患者知情选择并自行承担由此相应产生的合理的手术风险。因此,手术知情同意书是一种体现双方民事法律行为的法律文

---

① 参见钟雄东:《手术知情同意书中"知情"认定的理论思考》,载《法制博览》2019 年第 22 期。

书,其内容包含了医疗机构必须履行合法合理治疗的义务以及手术方式、手术后果、手术风险、并发症等由患者自担的权利义务相关内容。患者是否接受手术治疗决定于其自身的真实意思表示,是一种自愿选择性的行为,因而手术知情同意书的法律关系双方的地位是平等的。因此手术知情同意书符合我国合同本质的特征,是一种无名、非典型性合同。

(2)医疗机构履行告知注意义务

我国2002年实施《医疗事故处理条例》第11条规定:"在医疗活动中,医疗机构及其医务人员应当将患者的病情、医疗措施、医疗风险等如实告知患者,及时解答其咨询;但是,应当避免对患者产生不利后果。"医疗手术知情同意书的内容包含了该条所要求的告知内容,患者在手术知情同意书上签名代表了手术知情同意书上的内容被其阅读并由此作出选择是否接受手术治疗,使自身的知情同意权得以实现。《医疗纠纷预防和处理条例》第13条第1款规定:"医务人员在诊疗活动中应当向患者说明病情和医疗措施。需要实施手术,或者开展临床试验等存在一定危险性、可能产生不良后果的特殊检查、特殊治疗的,医务人员应当及时向患者说明医疗风险、替代医疗方案等情况,并取得其书面同意;在患者处于昏迷等无法自主作出决定的状态或者病情不宜向患者说明等情形下,应当向患者的近亲属说明,并取得其明确同意。"据此患方签名的手术知情同意书是医方履行了告知义务的法律文书凭证。患者可依此凭证证明医方提供的关于手术治疗的相关情况与之后实现的手术治疗是否合理相符、是否符合诊疗规范,证明医方手术是否有违规行为。而医疗机构亦可由该手术同意书证明其已经履行告知义务并实施了相应的手术治疗,而所引起的风险或者并发症等内容在手术知情同意书内容中进行详细描述,证明风险的后果是否应由患者自行承担。

(二)手术知情同意书的法律特征及法律效力

1. 手术知情同意书的法律特征

(1)手术知情同意书是一种民事法律行为。手术知情同意书的签订是提供合法手术治疗的前提条件。患者签署手术知情同意书后,才可以得到相应的手术治疗合法性。签署的手术知情同意书的内容将手术名称、手术部分、手术风险、手术预后等事先告知了患方，使其知悉手术治疗并由此决定接受或者保守治疗抑或放弃治疗。手术知情同意书的内容也是医疗机构治疗方案的具体实施与落实的体现，具有一定的专业性、程序性、风险性。而医疗机构的治疗方式必须在知情告知范围内，才利于医患双方较好地互动交流。

(2)手术知情同意书的签署主体为医患双方。患方的主治医师在其行医范围内为患者实施手术治疗，而手术知情同意书上医方的签字告知人也为该经治医师或者手术医师。手术知情同意书的主体为医方和患者。患者本人、家属或代理人签字这种单一的同意方式，无法完全体现"具体说明和告知"；在录音、录像、微信、视频等现代技术成熟的时代，告知的方式不应只有一种，医疗机构的"书面告知同意"的法则发挥其作用的同时应该与时俱进。《民法典》的"具体说明""明确同意"，是对患者身体、健康及生命的充分尊重，也是对危险的预防；不拘泥于书面形式的同意，可以加强医患之间的对话与交流，消除彼此的戒备之心，实现相互理解与信任。[①] 手术知情同意书中的条款可推断出手术风险的责任承担，即医方告知患者应当实施手术的风险性、复杂性、易变性，而患者如果选择接受手术治疗就必须自行承担在医方告知范围内的一定风险。

(3)手术知情同意书内容意思表示真实。医方将自身能够提供的治疗条件、手术方式、手术出现并发症等具体情况记载在手术知情同意书上，而患者较为充分知情、了解后由此决定是否接受并实施，医患双方在平等地位的基础上自主选择，据此体现出的意思表示是真实有效的。

(4)手术知情同意书的内容是特定的。我国《病例书写基本规范》第23条规定，手术知情同意书的内容包括术前诊断、手术名称、术中或术后可能出现的并发症、手术风险、患者签署意见并签名、经治医师和术者签名等。医院提供的手术同意书的内容必须严格遵照该规定。

---

① 参见何继武、刘爽等：《知情同意的医学伦理分析——以白内障手术为例》，载《医学与哲学》2021年第20期。

2. 手术知情同意书的成立条件

(1)签署手术知情同意书的主体应当适格

首先,签署手术知情同意书的主体应当是适格的民事主体。履行告知义务的主体是医疗机构,而医疗机构可以通过授权委托手术医师,由相应的医师履行告知义务并同患者签署手术同意书。其次,手术知情同意书的签订主体应该是具有民事行为能力的患者。根据我国《医疗机构管理条例》第32条和《民法典》第1219条的规定,手术知情同意书的签署主体应为患者本人或者其近亲属或关系人。但《民法典》第1219条也规定了特殊情况,"不能或者不宜向患者说明的,应当向患者的近亲属说明,并取得其明确同意"。第1220条规定:"因抢救生命垂危的患者等紧急情况,不能取得患者或者其近亲属意见的,经医疗机构负责人或者授权的负责人批准,可以立即实施相应的医疗措施。"所以,手术知情同意书的签署主体必须符合法律的规定,才具备法律效力。

(2)医患双方意思表示真实

根据我国《民法典》的规定,以欺骗或胁迫的方式签订的合同是违法的。手术知情同意书签署的一方当事人不能以胁迫的方式将自己的意思表示强加给另一方,也不得以虚假陈述或欺诈的方式使另一方签署手术知情同意书。医疗机构在履行告知义务时必须尽到注意义务,将手术相关内容真实且全面,充分且通俗地告知患者或者其近亲属,而患者在真实、全面、充分了解有关手术治疗的前提下,作出不违背真实意思表示的选择。患者拥有知情权,在知情权的基础上享有自由抉择的权利,签署具有双方真实意思表示的手术知情同意书。

(3)手术知情同意书形式完整、内容合法

手术知情同意书的内容必须符合法律、行政法规、部门规章以及相关的医疗诊疗规范,否则存在法律效力的瑕疵。我国《病历书写基本规范》第23条对手术知情同意书的内容作出规定,要求手术知情同意书的内容包括术前诊断、手术名称、术中或术后可能出现的并发症、手术风险、患者签署意见并签名、经治医师和术者签名等。同时,手术知情同意书的形式也应当符合法律规定,以书面形式签订,具备规范统一格式,才能满足患者知情同意权行使和医方告知义务的履行。

3. 手术知情同意书中免责条款效力分析

手术知情同意书的内容包括免除医疗机构在手术知情同意书中可能产生的手术风险责任，被称为医疗机构免责条款，探讨医疗免责条款是否有效，对手术知情同意书的法律效力有着重要的影响。

首先，手术医疗风险责任免除的法律规定。医疗机构为患者提供手术治疗，由于现有的医疗条件、医疗设备以及医疗知识等的限制，医疗机构无法给予患者手术成功的绝对承诺。医疗机构术前将预设的可能存在风险以手术知情同意书内容告知患者，最终由患者或者其近亲属来决定是否接受风险性的手术治疗或者保守治疗，医方不可能承担所有手术风险带来的医疗后果责任。我国《医疗事故处理条例》第 33 条规定："有下列情形之一的，不属于医疗事故：(一)在紧急情况下为抢救垂危患者生命而采取紧急医学措施造成不良后果的；(二)在医疗活动中由于患者病情异常或者患者体质特殊而发生医疗意外的；(三)在现有医学科学技术条件下，发生无法预料或者不能防范的不良后果的；(四)无过错输血感染造成不良后果的；(五)因患方原因延误诊疗导致不良后果的；(六)因不可抗力造成不良后果的。"因此，在医方手术知情同意书里提及的风险范围内的责任，就由选择签署手术知情同意书接受手术治疗的患者一方自行承担，因为手术知情同意书的签署意味着患者或者其近亲属已经知道该医疗风险发生可能性但仍然选择接受手术治疗或者保守诊疗。医疗机构可以依法或者诊疗规范对手术知情同意书中的"免责"条款免除其承担责任。

其次，手术知情同意书免责条款限制。医疗机构超范围执业、手术医生资质与手术等级不匹配、医疗人员重大诊疗过失、护理人员没有尽到护理等级注意义务等过失的医疗行为造成患者的医疗损害或医疗事故，手术知情同意书免责条款不具备法律效力，这属于免责范围除外的情形，医疗机构应承担过错责任。医疗机构不能以患者或者其近亲属签署手术知情同意书进行抗辩而不承担相应的法律责任。

(三)手术知情同意书在司法实践中存在的困境

1. 手术知情同意书的内容信息不对称

手术知情同意书作为医疗机构为患者手术前告知术中可能出现手术风险、手术并发症、术后预判等后果的医疗文书,是体现医疗机构告知、患方知情同意权利义务的医患互动的关键点,其内容表述应当从患方的利益考虑。实践中手术知情同意书条款中医疗专业性太强、表述模糊,易引人误解,同时医疗机构手术知情同意书的内容太过于强调手术的风险性及术后可能引起的不良后果,对医疗机构对同意书中风险发生的防范措施、对不良后果的补救保障方案较少涉及或者只是以口头形式告知患者。手术治疗具有风险性、不确定性,医疗机构在手术知情同意书对手术治疗中潜在危险因素须患方明确知情并自担医疗风险,超出手术知情同意书告知的范围,使患者产生进退两难的矛盾心理。

手术知情同意书容表述专业性、模糊性、免责或者限制责任条款内容过多,不利于医患双方之间的沟通。医疗文书具有较强专业性,在现实中医疗文书的专业性并非只从一方角度去考虑表述,作为医患双方之间医疗互动的文书,手术知情同意书的内容应当也要从患者知识层面、专业教育背景、信息不对称的角度考虑,较为容易理解的内容、通俗易懂的表述更为恰当。

2. 手术知情同意书非患者本人签名的法律效力

在《医疗机构管理条例》《医疗纠纷预防和处理条例》《病历书写基本规范》等法律法规中对医疗机构应在术前对患者履行告知义务作出相关规定,并对手术知情同意书的签名主体要求作出不同情况处理。因患者的病情严重或患者心理脆弱时,患者近亲属或利害关系人为了不使患者加重心理负担而对其隐瞒病情。医疗机构履行告知义务的主体将转移为其近亲属或利害关系人,在此情况下非患者本人签署的手术知情同意书的法律效力值得商榷。

在我国《医疗机构管理条例》第 32 条的规定中,医疗机构在施行手术、特殊检查或者特殊治疗时必须征得患者同意,而在无法取得患者意见时,应当取得其家属或关系人的同意。而前述情形是否属于“无法取得患者意见”的范围并无相关法律法规或司法解释,因而此时在前述情形下签署的手术知情同意书的法律效力值得商榷。《医疗事故处理条例》第11条规定:“在医疗活动中,医疗机构及其医务人员应当将患者的病情、医疗措施、医疗风险等如实告知患者,及时解答其咨询;但是,应该避免对患者产生不利后果。”“不利后果”应当包括当医疗机构告知患者病情真实情况时,会给患者本人造成严重负面心理,从而影响对患者的积极治疗,据此为了避免此种“不利后果”产生,医疗机构是否可以与患者的近亲属或利害关系人对患者予以适当隐瞒,但又因这种隐瞒与规定中的应当如实告知患者病情背道而驰产生矛盾。因此如何理解“应当避免对患者产生不利后果”及相适的法律规定就成了解决问题的焦点。在《病历书写基本规范》第23条规定中,对手术知情同意书的概念界定则是认为手术知情同意书是由患者在术前签署是否同意手术的医学文书,在对患者隐瞒病情的前提下,由其近亲属或者利害关系人签署,从而推定患者同意进行手术治疗,在司法实践中是否被认为符合该条规定中的“患者同意”,即非患者本人签署手术知情同意书的法律效力问题。《民法典》第1219条规定医疗机构履行告知义务时“不能或者不宜向患者说明的,应当向患者的近亲属说明,并取得其明确同意”。据此规定中的“不宜向患者说明”可以认为包含了前述情形,因此前述情形中由患者的近亲属或利害关系人签署的手术知情同意书在该规定中是成立的。

三、手术知情同意书法律地位和功能

(一)手术知情同意书的法律地位

在《病例书写基本规范》第23条对手术知情同意书的概念界定里,手术知情同意书在病历书写中属于核心地位。在辞海中,“文书”的释义为“公文、书信、契约”等,而手术知情同意书是医学方面的“书信”、“公文”或“契约”等。从契约角度,手术知情同意书的特征符合合同的特性,手术知情同意书是一种无名、非典型性合同。无论是根据《医疗机构管理条例》第32条还是《民法典》的第1219条的规定,医方都必须充分履行告知义务,在进行创伤性手术治疗前将相关情况通过记载在手术知情同意书上的方式使患者一方对手术名称、手术风险、手术并发症等详细、充分、完全了解,并得以行使是否签署手术知情同意书的选择权。基于手术治疗一定的风险性、复杂性、创伤性、未知性,患者是否选择手术治疗有知情和最后决定的权利。

因此,在进行手术治疗前签署合法的手术知情同意书不但是法定的履行程序,也是医疗机构是否尽到告知义务、患者的知情同意权是否得以保障的相关医疗文书。

(二)手术知情同意书在司法实践的功能

生老病死是一个自然规律,医疗行为与每个社会公众的生活息息相关,手术治疗前必签的手术知情同意书显得非常重要,签署的手术知情同意书既能证明医院履行了告知义务和患者行使了知情同意权,又能在之后可能引起的医疗纠纷中发挥证据作用。

首先,手术知情同意书中的免责内容将风险告知预设在一定的范围内。司法实践医疗机构只有在合法医疗行为的前提下,患者才自行承担手术带来的风险责任。现实生活中手术知情同意书中记载的相关内容可以认定医疗机构实施的手术行为是否超出应有的执业范围、手术范围,并由此判断医疗机构的医疗行为是否存在过失。其次,医疗机构以患者签署的手术知情同意书印证其履行了告知注意义务,同时可以实施合法的医疗行为。最后,对于手术知情同意书里的内容,患者能够充分知晓其后果并作出选择,签字证明其真实意思表示。合法、合理的手术知情同意书有利于医患双方的沟通,对发生医疗损害纠纷的解决也有一定的裨益。

手术知情同意书是一种无名、非典型性合同,在医事法与司法实践中,是可以证明患者知情同意权与医疗机构已履行告知注意义务的医疗法律文书。在实施手术治疗行为前签署手术同意书是必不可少一个环节,无论在病历记载中的作用还是在司法实践中的法律地位都非常重要。手术知情同意书中免责内容的设置,与对患者充分的告知应该遵守《民法典》中有关医疗损害条款的规定,系医疗机构依法行医的关键点,据此医方应以尽责的态度充分地、详细地履行告知注意义务,以此让患者在手术前充分理解、选择,有利于减少医患纠纷产生,推进社会主义和谐社会发展。

（三）衡量医疗机构履行告知义务实务判断

第一，全面，尽可能将诊治措施的必要性、关键步骤、条件、利弊、已知并发症风险及其对应医疗措施、其他替代治疗方案及其预后对比等充分告知患者后，再让患方作出抉择。

第二，客观，应符合医学原理和专业要求，实事求是。既不能隐瞒、过分轻描淡写，也不能过分夸大病情和医疗风险。

第三，准确，用语应当无歧义，语义严谨完整。

第四，易懂，用患方可以理解的语言和文字进行告知。书面文字不一定要讲大段很深的理论知识，但至少应将治疗风险、选择的原则及利弊用通俗易懂的语言交代出来，并尽可能不使用简写、缩略语，对生僻的专业术语应予以适当的解释。

第二节　手术知情同意书签字制度

手术知情同意书签字是患者或者其近亲属、利害关系人行使知情同意权的重要意思表示，主要包括两层含义：一方面，患者充分了解手术内容、风险并同意医疗机构为其提供积极手术治疗或者药物保守治疗。患者签字关系到医方能否对患者实施手术，除非紧急条件，否则医疗机构未取得患者签字擅自手术即构成医疗损害侵权。另一方面，患者的手术或者保守治疗同意是在特定手术治疗行为中的可能风险范围与手术可能存在的创伤范围内，医疗机构手术方案不得违反法律的强制性规定和公共秩序以及善良风俗。司法实践中判断医疗机构对出现的在患者同意范围内的特定医疗行为的损害和可能性风险能否免责，签字是一个非常重要的关键点。

《医疗机构管理条例实施细则》第 62 条规定："医疗机构应当尊重患者对自己的病情、诊断、治疗的知情权利。在实施手术、特殊检查、特殊治疗时，应当向患者作必要的解释。因实施保护性医疗措施不宜向患者说明情况的,应当将有关情况通知患者家属。”同样在《民法典》第1219条规定:“医务人员在诊疗活动中应当向患者说明病情和医疗措施。需要实施手术、特殊检查、特殊治疗的,医务人员应当及时向患者具体说明医疗风险、替代医疗方案等情况,并取得其明确同意;不能或者不宜向患者说明的,应当向患者的近亲属说明,并取得其明确同意。医务人员未尽到前款义务,造成患者损害的,医疗机构应当承担赔偿责任。”《民法典》第1220条规定:因抢救危急患者等紧急情况,不能取得患者或者其近亲属意见的,经医疗机构负责人或者授权的负责人批准,可以立即实施相应的医疗措施。《民法典》明确规定手术知情同意书签署的重要性及相关告知的标准。

手术知情同意书签字制度的立法规定是为了更好地保护患者的人格利益与人身权益。手术前签字制度的设计目的是尊重患者的知情同意权、治疗权、选择权。医生选择手术治疗存在一定的风险性、复杂性、可变性,患者在医疗机构进行具有创伤性的手术前,有权充分了解自己的病情、医疗机构术前准备采取的医疗方案及手术预案存在的风险、手术意外、手术并发症等信息,患者或其近亲属、利害关系人通过签署手术知情同意书对手术的进行与否作出接受手术或保守治疗选择。手术知情同意书签字制度充分体现了患者的知情同意权,也体现了医疗机构充分履行告知注意义务。法理有云:权利可以放弃,但是义务必须履行。因此,若发生医疗损害纠纷,手术知情同意书签字作为手术前程序合法的证据,当然不能作为医疗机构免责的正当事由。医疗行为是否存在过失,依据其行为相关专业诊疗规范、护理规范进行综合判断。

手术前签字是表明医疗机构及医生履行告知注意义务、患者享有知情同意权利。手术知情同意书签字制度是基于医疗手术的风险性、复杂性而作出的相关规定,对于患者的知情同意权利、医方的告知义务,众多相关医疗法律法规,包括《民法典》均有明确规定。手术知情同意书签字制度就是为了让患者及其近亲属或者利害关系人承担手术可能出现的风险与后果。患者对于自身的健康状况、手术方法、手术风险等享有知情的权利,并在此基础上进一步享有同意选择权,即知情同意权,知情同意权包括知情权和同意权。《医师法》第25条规定,医师应当如实向患者或近亲属介绍病情。针对医疗行为的复杂性及潜在的风险性,它涉及患者的身体权和生命健康权,因此术前签署同意书的重要性与必要性不言而喻。作为患者一项法定的权利,法律强调患者享有知情同意权,也就意味着医疗机构有义务配合患者更好地保护该项权利。手术前签字就是医疗机构履行告知义务的一个书面凭证,是患者行使知情同意权的形式中最典型的方式。通过术前签字这种意思表示行为,医疗机构就手术方式、风险、后果、并发症等各方面情况向患者如实、详细告知;患者了解治疗手术的相关情况,并对治疗手术等医疗行为作出是否同意的决定。①

医患双方之间的法律关系是一项民事关系,也是一种合同关系,合法有效的术前签字,具有重要法律意义。在医疗服务合同中患者及其家属支付医疗费用,医疗机构提供与医疗费用相适应的医疗义务,作为民事主体的医患双方在知情的前提下同意签署手术知情同意书,本质上就是签署一个民事合同。签订手术契约重要的法律意义主要表现在医疗机构证明向患方履行了告知注意义务,向患方说明患者病情及手术治疗方案、风险、预后措施等;患者签字同意并授权医疗机构及医生实施诊疗手术,并允许医疗机构对患者身体进行合理、合法的创伤性侵袭。据此,手术知情同意书在一定程度上也是一种有效证明文件。在司法实践,手术知情同意书与医方实际履行充分、详细的医疗告知,患者真实、不违背意志的同意并授权的事实相一致时,它才符合《民法典》第143条规定的民事法律行为的成立要件:民事主体适格、意思表示真实、行为内容合法。只有这样,它才能充分证明医方实际履行了告知义务,患者真实行使了知情同意权,这种证明才能起到客观真实有效的证明作用。在司法实践中不能因患者签署了术前同意书,医疗机构就可以因此完全免除诊疗过错责任,它只能证明患者同意承担范围内的特定治疗行为的侵害和可能性危险。例如当患者出现的损害是由于医疗机构违背诊疗规范、护理规范造成的,医疗机构不能因为患者签署知情同意书而免责,仍须对其过失诊疗行为而

① 参见石恩林:《手术知情同意书及其相关法律问题研究》,载《发展》2010年第6期。

造成的损害承担赔偿责任。法律规定医疗事故或者医疗损害的免责事由是患方故意或者第三人故意造成损害后果,其举证责任由医院承担,并且不能因证明自己无过错而免责。手术知情同意书是一份合同书,是一份格式合同,格式合同内有:医患双方;患者权利,包括选择权、治疗权、知情权等;患者义务,包括配合实施手术的义务,隐性支付费用义务;告知可能出现的风险和患者选择性,比如转院、拒绝手术和治疗;医生治疗权利,属于隐性告知,在患者挂号后治疗合同即已经形成;医生义务,包括全心全意治疗的义务;违约条款,出现由患者承担的问题。①

一、我国手术知情同意书签字制度和域外法律规定的比较

医师职责为救死扶伤。我国和域外国家手术知情同意书签字制度产生最根本的出发点都是一样的,都是保护患者的根本利益,平衡个人利益和社会利益。各国基于自身制度的历史、政治、经济等原因采取不同的措施保障手术知情同意书签字制度实现。

由于中外文化差别,加上经济发展不平衡,对医患关系保护的侧重点存在不同。在中国早期强调应该由患者近亲属或单位(涉及医疗经费的负担问题)在手术知情同意书上签字,知情同意权来源于医学伦理学中的知情同意,是尊重患者人格尊严,保障患者身心完整性的前提,是人权在医疗领域中的重要体现。②

在美国,如果医生要对病人施行手术治疗,具有完全民事行为能力的患者意思表达清晰,患者自己签字就能手术,家属的签字只能起辅助作用。假设在治疗过程中如果出现紧急情况,患者意识不清楚无法自己签署时,患者的手术决定权在医疗机构,而不是其近亲属或利害关系人。当患者意识不清楚不能自己签字时,医生首先会对病人的病情进行会诊,只要有 2 名以上的主治医生讨论并签字,就能决定病人是否需要进行手术

① 参见陈兆哲、毛勇超、黄欢欢:《手术知情同意书的法律风险》,载《世界最新医学信息文摘》2019 年第 24 期。

② 参见金昌浩、张锦玉等:《住院病案手术知情同意书签署现状调查》,载《中国病案》2020 年第 3 期。

治疗。在这之后医生会把讨论结果和病人的病情以及相应的急救措施或者再次手术治疗情况告知家属。而我国虽然法律规定是由患者签字,但是在实际操作上还是会选择由其近亲属或者由患者授权委托人代为签字。

在韩国,当遇到患者本人失去意识,并无法获得患者近亲属的联系方式时,其综合医院基本上都会选择对患者尽快地实施救治。医疗机构会保留详细的救治记录,以备将来患者近亲属及其利害关系人查阅。除非紧急情况,医疗机构不经患方同意而采取救治措施后出现医疗的纠纷损害承担没有明确的规定,故由于损害责任的承担,医院对于及时救治也存在后顾之忧,踌躇不决。在韩国,基于较为完善的信息管理系统,在无法联系到患者近亲属时,医疗机构会及时与警方联系,联系患者近亲属,而警方同时可以作为医疗机构为患者采取紧急救治措施的见证方。

二、我国手术知情同意书签字制度存在的缺陷

1. 医患双方在手术签字制度上的认知差异

从传统来看,医患之间更多的是主动与被动的关系,医生处于主导地位,体现医患双方纵向的地位关系。由于我国这种传统医疗模式的影响,患者认为到医院就诊,医生处于主导地位,权利意识相对比较淡薄,漠视知情权和同意权。因此当患者的知情权利受到侵害的时候,患方没有考虑通过诉诸法律的手段去保护自己的合法权益。

此外,由于手术知情同意书内容涉及医学专业术语,医疗机构为了保护自己的行医权益,规避法律责任,尽量避免出现医疗纠纷的可能性,据此医疗机构在很大程度上把手术前签字当作手术的必要前提条件,实践中部分医疗机构认为只要患者或者其近亲属签署了手术知情同意书,对于发生的任何医疗纠纷问题,医疗机构都可以以此抗辩免责或减轻责任。患者权利淡薄的意识、信息不对称导致患者在手术前签字这一制度上的权利很难充分实现。据此,从法律制度层面上有必要纠正患方与医疗机构在手术前签字制度上的认识差距。

2. 手术知情同意书签字制度存在形式化现象

由于医学专业知识、信息不对称,一般公民难以理解医学复杂专业知

识，对手术治疗方案的风险性、可行性无法完全了解。术前，医疗机构应该向患者提供充分、详细、易懂的病情资料、拟实施的手术治疗方案，以及手术治疗方案的可行性、危险性、可能发生的其他医疗意外等情况。患者可以提出各种有关病情的问题，可以根据医生提供的信息自主地作出接受或拒绝的决定。因此，手术前知情签字的核心在于手术医生与患者之间能够充分地讨论、解释、交流、选择。

在医学领域里，由于各专科涉及较强的、复杂的专业性知识，患者对于专业性信息是不能理解的，医疗专业信息的披露通常被视为手术前签字过程的一个必要条件。医疗机构承担对患者提供全面的医疗专业知识而实施合理医疗干预的基本注意义务。医生所披露的专业知识必须能够得到患者的明白、理解，只有基于充分理解的签字才是有效的同意。然而在医学临床实践中，许多医疗机构认为患方签署手术知情同意书就足以认定医方已尽告知义务。在司法实践中，司法机构认为不向患方解释术前同意书里的相关专业知识，无法认定医疗机构是否尽到医疗责任，是否完全履行注意义务。若没有充分对患者履行告知手术的方式、风险、后果等，可能使得手术知情同意书签字制度流于形式，违背设立该制度的初衷与实质意义。

3. 签字主体不明确

是否接受手术治疗的决定权由患者本人签字确认，这是在《病历书写基本规范》中作出的规定。该规定对病历书写作出统一规定，其中包括在书写“手术同意书”“特殊检查”“特殊治疗同意书”等条款中，明确了“患者签名”一项内容。当患者丧失民事行为能力时，应由其法定代理人或者监护人签字；患者因病无法签字时，应由其近亲属签字，没有近亲属的，由其关系人签字；为抢救患者，在法定代理人或近亲属、关系人无法及时签字的情况下，可由医疗机构负责人或者被授权的负责人签字。实施保护性医疗措施不宜向患者说明情况的，医务人员应当将有关情况通知患者近亲属，由患者近亲属签署同意书，并及时记录。但如果出现患者近亲属不作为或者近亲属作出的决定违反患者根本利益的情况时，对于如何处理该种问题法律没有作出相关规定。如果医疗机构介入，采取了手术措施后由于不能归责于医疗机构的手术过失原因出现了损害的结果，该责任应由谁承担？正是由于现有法律、行业规范对上述出现该种知情同意的条件、程序等都没有明确可操作的规定，在实践中，知情同意书签字往往只拥有理论上的合理性，可执行性欠缺一定的外部条件，一旦发生医疗纠纷，手术知情同意书签字不足以作为支持医方的证据。所以医疗机构就出现只提供治疗方案，由患者或家属选择的办法，在患者意志与近亲属意见相反时签字主体不明确，用"不签字不手术"来规避医疗风险值得商榷。

4. 手术知情同意书限制责任条款存在滥用

现实生活手术知情同意书版本由医疗机构提供，目前各个医院机构版本不一致，卫生行政主管部门没有制定固定、统一版本，手术前签署同意书时，医院会提供相应的手术知情同意书。同时医师行业协会没有相关的制度或手段予以规范手术知情同意书版本，因此，医疗机构会在手术知情同意书中拟定相关条款、内容，尽可能地免除自己的责任，以此加重患方的责任。[①] 另外，对于医疗机构合法的免责事由，法律法规没有统一一个具体明确的规定。由于患者失去意识并无法与患者的近亲属取得联系并取得认可手术方案，为了抢救患者，医疗机构决定实行紧急手术，术后，近亲属却不同意手术方案要求获得相应的赔偿。对于这方面目前我国法律没有作出相关规定，司法实践中这种情况一般会判决医院承担相应责任。

三、手术知情同意书签字制度的完善路径

1. 完善医疗法律法规对手术知情同意书签字制度的规定

由于目前的医疗法律法规尚不健全，对于医疗手术知情同意书版本、格式、内容、条款等无法统一规范及明确患者签字存在缺陷时如何执行。知法、守法、执法的前提条件就是有法可依，因此，完善医疗法律法规是当

---

① 参见薛贵滨：《论手术同意书格式免责条款的规制》，载《漳州师范学院学报（哲学社会科学版）》2007 年第 3 期。

务之急。例如,明确规定有近亲属和利害关系人在场,但不作为时或者不是理性代理人时,或者在紧急情况下,没有办法对患者(代理人)实行知情同意告知义务时,医疗机构有实施特殊干预医疗的权利问题,再则规定如果医疗机构实行特殊医疗干预权出现问题时的限制责任条款。对于特殊情况下的签字主体作出相关规定,并针对我国对签字主体规定不明确等问题完善相应的法律法规或者司法解释,对医方的合法权益进行保护,免除医疗机构的手术治疗的责任承担问题,避免鉴定机构鉴定时或司法判决时无法可依。知情拒绝手术是患者、患者家属知情同意权与院方紧急医疗措施权存在冲突的核心地带。主要的原因在于法律在该领域的规定存在空白,“无法取得近亲属意见”的司法解释并不包括“近亲属发表反对意见”,因此而导致在实践中将医疗机构推向决策两难。若选择优先保护患者生命健康权,医师根据其专业知识和经验实施合理的救治方案对患者进行紧急救治,则有可能侵犯患者及其家属的知情同意权;但若尊重患者及其家属的知情同意权,则可能存在错失最佳治疗时机的情况,从而导致患者的生命健康得不到保障。① 很多国家将最大利益原则作为特殊情况下无法征得同意或同意不合理时的补充原则,即当患者的生命健康权与知情同意权发生冲突时,应该保障患者的生命健康权,因为患者的生命健康权是患者的最大利益。在保障患者权益的同时,对于医疗机构的合法权益同样受法律保护,对于医院合法事由的免责条款也应作出相关规定,这样不仅可以免除医院紧急行医的法律责任,保护医疗机构的权益,而且更能保证医疗机构救死扶伤职责,最大限度保护患者的健康权与生命权。

当患者意识清醒的时候,是否手术的签字决定权取决于患者;当患者意志不清楚或处于昏迷状态时,作出最利于患者的手术或治疗决定权转移到医疗机构手中。出现上述情况,建议医生立即对病人的病情进行全面会诊,由 2 名以上的主治医生商讨并签字,最后决定病人是否需要手

① 参见王岳:《意识不清患者紧急救治代理人的制度流变与展望》,载《医学与哲学》2018年第15期。

术,并上报医院的医务部门。该制度的实施需要医疗观念的改变、社会医学伦理的教育,也需要医疗法律法规进行规范。

2. 建立手术知情同意书的律师见证程序

一项合理、合法的制度建立不仅要有建设者和执行者,更要有公正、公开的监督者。对于手术前签字过程的监督方面,可以充分完善履行术前签字的方式、程序、内容,对术前告知方式、程度、范围等加以基本界定,保障患者的知情权和自我决定权,明确医疗机构的医疗干预与病人知情同意权的适用范围。对于术前患者签字过程中存在的问题,监督是一个相对有效可行的方法。

律师见证是指律师事务所根据见证当事人或相关部门的申请,指派律师以律师事务所的名义对具体的法律行为或法律事实的真实性、合法性进行证明的执业行为。律师见证的主要作用在于强化当事人的履约意识,减少纠纷发生;若产生医疗损害纠纷,可以将律师见证书作为认定事实的证据使用,以便于纠纷解决。为此,建议将这一制度充分利用到医疗损害纠纷案件当中,以解决手术前同意书内容不公平、条款格式化等问题。

在实施手术前患者或其近亲属、利害关系人签字时介入法律程序,可以让律师或法律机构加入手术知情同意实施过程中,将相关的医疗信息、内容、条款形成一个法律文书,并监督和见证整个手术知情同意书签署的操作过程,尽可能介入法律见证程序。律师见证手术知情同意书签字制度既可以解决医疗机构的主观问题,也可以充分保障患者的知情权和选择权,又可以解决因为法定代理人以不合理的理由拒绝手术从而滥用同意权的困境。容易阅读的知情同意书有助于提高患者对临床治疗方案的理解,降低患者焦虑程度,提高患者满意度。[①] 但该程序的可操作性还是存在一定的困境,毕竟律师介入手术前见证程序需要通过当事人的同意,而且关于律师见证收费以及医患双方是否会同意引入律师见证这个程序

---

① 参见胡文、喻是霖等:《麻醉知情同意面临的问题及优化策略》,载《中国病案》2021 年第 12 期。

也存在一定的障碍。关于这些问题还有待进一步的实证研究。

3. 推进手术知情同意书制度实施

首先，由于历史原因，权利等级观念没有根本消除。医疗机构的主导、核心地位不可避免地存在。树立患者权利意识，认识医疗服务合同中医患关系是平等关系相当重要。其次，避免手术知情同意书签字流于形式，杜绝患者只有签字之名，无了解术前内容之实。据此，医疗卫生行政的相关部门应加强医疗法律知识的宣传，使患者及其近亲属明确认识到知情同意是一种权利而不是义务，使其更好地行使这一自然权利。为了保护患者的合法权益，医疗机构应加强执业医师职业观念，树立正确适用手术知情同意书的理念，使其认识到术前签署知情同意书的重要法律意义，不能通过医疗机构和患者之间的知情同意书内容免除手术医疗过失的责任。只有树立正确的手术同意书制度的适用观念，手术知情同意书才能真正发挥知情同意的证明作用，维护医患双方的合法权益。可以通过加强对医务人员职业道德的培养和考核，逐渐提升我国医务人员的执业水平和职业道德水准，自觉保护患者的合法权益。比如将职业道德水平考核成绩与职位升降、工资增减等相挂钩，把是否违反手术知情同意书签字制度落实作为一项考核指标，从而提高医务工作者的职业道德水平，充分保障患者的同意权、选择权和拒绝权，以此减少和防止因术前同意书签字而产生的纠纷。

4. 制定手术知情同意书免责或者限制责任条款核准制度

《医疗事故处理条例》第 33 条规定有下列情形之一的，不属于医疗事故：在紧急情况下为抢救垂危患者生命而采取紧急医学措施造成不良后果的；在医疗活动中由于患者病情异常或者患者体质特殊而发生医疗意外的；在现有医学科学技术条件下，发生无法预料或者不能防范的不良后果的；无过错输血感染造成不良后果的；因患方原因延误诊疗导致不良后果的；因不可抗力造成不良后果的。

晚近，现代医学科学巨大发展，但是，由于人体的特异性、复杂性，加上人类对许多疾病的发生原理尚未认识，比如新型冠状病毒肺炎的病因与控制、治疗，现代医学科学的诊疗技术无法根治疑难杂症。尽管医护人员在诊疗过程中尽到诊疗、护理注意义务，但是由于其他原因仍然无法避免不良损害结果发生。完整的手术知情同意书不仅包含了一般医疗机构都有的内容，例如患者基本情况、疾病状况、患者疾病史、医方对疾病的判断、医疗机构的资质、可能产生的并发症、医疗费用等，而且其中还增加了针对患者病情个性化的治疗方案、替代方案、后遗症等相关描述。此种同意书并非传统意义上医方用以免责或者限制责任的格式条款，既体现了医方对患者的人文关怀，也体现了对患者自我决定权的尊重，是医患双方之间权利义务利益平衡的体现。①

医疗免责条款立法本意是在出现不能归责于医方也不能归责于患方的情况下，保护医方的合法权益，避免不必要的纠纷出现困境。但医疗机构处于强势地位、优势地位，在手术知情同意书里制定了各种的免责条款，患者为了治疗不得不接受对其不公平的条款。手术知情同意书成为医疗机构免除其过失的重要手段。在《民法典》合同编中，对违反社会公共利益的医疗免责条款仅仅依靠传统的一般行为准则和事后的司法救济已不能克服，借助行政干预成为必要的手段。德国和日本法律规定，对特种行业的格式条款（包括免责条款）实行强制性的使用前的行政审查，经过批准后方可使用。行政规制也是各国现行合同制度的普遍做法。因此，对于手术同意书免责条款，医疗卫生行政部门可以借鉴这一做法，建立免责条款核准的制度。所谓免责条款核准制度，是指合同里的免责条款，经行政主管机关的核准其合理及合法性并同意后，医院才能以之为基础和患者签署该合同。②

5. 调整术式应有补充签字

当手术中与原诊断及告知不符合，原手术方式或手术范围需调整时，医疗机构应该履行补充告知义务，并取得患方同意签字后，才能改变术式或手术范围的，否则应认定手术中擅自更改手术方式扩大手术范围。但

---

① 参见朱琳：《手术知情同意书效力认定司法实证研究》，西南大学2020年硕士学位论文，第22页。

② 参见薛贵滨：《论手术同意书格式免责条款的规制》，载《漳州师范学院学报（哲学社会科学版）》2007年第3期。

是,如果此种“更改”或“扩大”是治疗所必需,有充分的适应证,且符合医疗规范,虽然侵犯了患者的知情同意权,仍不应以此单独一条定为应承担医疗事故和医疗损害。医疗实践中手术知情同意书上经常见到的“根据具体情况决定具体术式”的做法一般不具有法律效力。只有当患者及其家属已书面表明或者明确同意,放弃术中的一切知情同意权并免除手续,由医疗机构根据具体情况决定具体术式及范围,才能免除医疗机构履行补充告知义务及取得其同意的程序。纸质补充知情同意与视频等形式补充知情同意可以加强患者对手术信息的理解,满足患者对知情同意的信息需求,这是因为这两种知情同意方式给患者提供了更易理解且更为丰富的信息。①

综上,只有综合利用各种手段,相互补充,相互协助,以立法规制为基础,将事前的行政规制与事后的司法规制度结合起来,以医方自律和社会媒体的监督为辅助,构成一个规范完善、系统的手术知情同意书签字制度,才可以尽可能地消灭术前签字制度中的缺陷,使其更好地发挥提高交易效率服务的功能。

第三节　电子病历法律文书

深化医改对医疗信息化提出了明确要求,电子病历系统建设是推进医院信息化建设的重点。《国家卫生健康委、国家中医药管理局关于印发公立医院高质量发展促进行动(2021—2025 年)的通知》等政策提出了电子病历、智慧服务和智慧管理“三位一体”的我国智慧医院建设框架,完成了政策层面的顶层设计,电子病历作为智慧医院的核心和基础,是医院基本建设的优先领域。②

---

① 参见刘子馨、王沛:《纸质与视频补充材料对手术知情同意体验的影响:以腹腔镜胆囊切除手术为例》,载《心理科学》2021 年第 6 期。

② 参见舒婷、赵韡、刘海一:《2020 年我国医院电子病历系统应用水平分析》,载《中国卫生质量管理》2022 年第 1 期。

《民法典》第469条第3款规定："以电子数据交换、电子邮件等方式能够有形地表现所载内容，并可以随时调取查用的数据电文，视为书面形式。"随着信息科学技术与电子计算机的发展与进步，医疗信息系统的出现与演进，医疗机构将对患者检查、诊疗、用药、护理、长短医嘱等记载在电子计算机上。传统的手写医疗病历和医生病程记录的医疗文件欠缺统一的医学专业词汇及书写时笔迹潦草，导致错误的诊断和治疗，同时是医疗纠纷产生的一个因素。因此许多国家医疗协会建议医疗机构采用电子病历、电子处方以及计算机化与网络化的信息系统，能够协助诊疗决策，以减少错误诊断与治疗的概率。病历是医疗机构对患者实施诊断、治疗的过程的专业性记载，是医护人员通过对患者疾病的问诊、辅助检查、查体、诊疗、护理等医疗活动获得的有关资料，并通过分析、归纳、整理形成的医疗活动记载，因此，病历中所反映的诊疗信息是医疗损害侵权诉讼中最为关键的证据。电子病历是病历的一种，是将病历以电子化文件方式制作、储存及运用，包括医护人员记录、检验报告、检查报告及X光、CT、MRI、PET等影像资料、长短医嘱单、病程记录、用药清单等，并具有提供使用者临床支持及连接医疗信息网站等功能。[①] 这些病历记录可以涵盖在过去，现在或将来，病患的身体状况、心理情况、精神状态等内容，是医疗机构完成医疗诊疗程序的神经中心管理系统，由于该类病历是通过电子计算机提取、传输、接收、存储、检索、连接、处理的多媒体载体信息，因此被称为电子病历。

一、电子病历的概念的厘定

（一）电子病历的溯源

电子数据即电子证据，是民事诉讼法、行政诉讼法、刑事诉讼法新增加的证据类型。联合国《电子商务示范法》第2条规定："电子数据是指由电子手段、光学手段或类似手段生成的传送、接收或储存的信息。"电子数据证据在我国的司法领域并不是"新鲜事物"。最早在1999年的《合

---

① 参见黄丁全：《医事法新论》，法律出版社2013年版，第118页。

同法》、2004年的《电子签名法》中已经有所体现。在之后2010年最高人民法院、最高人民检察院等联合发布的《关于办理死刑案件审查判断证据若干问题的规定》中第一次将电子邮件、电子数据交换、网上聊天记录、网络博客、手机短信、电子签名、域名等界定为了电子数据证据的形式。最高人民法院正式发布并开始实施的《关于适用〈中华人民共和国民事诉讼法〉的解释》(2022年修正)第116条详细界定了作为民事证据类型的电子数据,并明确区分了电子数据和视听资料。其中,视听资料包括录音资料和影像资料的具体类型,而电子证据则包括网上聊天记录、博客、微博客、手机短信、电子签名、域名等形成或者存储在电子介质中的信息。电子证据第一次以司法解释的方式被明确界定其定义及表现形式。电子病历包括患者的个人信息(性别、出生日期、年龄、婚姻状况、身份证号码、家庭住址、联系电话)、检查信息(包括X线、CT、MRI图像影像、PET、血常规和血生化检验结果、药敏情况、血糖、既往史等)和诊疗记录(包括主客观病历、术前讨论记录、手术记录、特殊用药知情同意书等)。换言之,所有病程记录、生命体征记录、护理记录、长短期医嘱、检查报告单(含影像诊断学报告)、既往病史、家族史、预防接种等,凡是相关病情必要的信息(如旅居史),医师说明及病患同意的信息,乃至于死亡病历讨论记录等都包含,成为病历的一环而成为电子病历内容。真实性、完整性、可用性和安全性检测是确保电子病历数据真实可靠的重要手段。在电子病历的生成与归档环节加入数字签名,对病历文件的数字摘要、时间等固化信息进行有效性检查。[①]

(二)电子病历的证据价值与社会功能属性

1. 电子病历的证据价值

电子病历从本质上仍是病历的一种电子表现方式,其从证据效力体现两个法律价值:一是电子病历上记载的诊疗内容是真实的;二是电子病历所体现的内容能够对争议事实起到证据的效力。就内容而言,电子病

---

① 参见唐世芳、倪芳等:《档案视角下电子病历管理的问题与对策》,载《资源与信息工程》2022年第1期。

历既可证明医患双方之间诊疗关系的客观性,直接证明该医疗行为的主要事实,又可证明整个医疗行为的客观过程,具有很强的针对性。电子病历的设计目的,主要是记录患者的就医过程,后续对于电子病历数据应用可能会涉及各个领域,如临床、科研、预防、保健等。[①] 电子病历将医疗机构对病人问诊、诊断、检查、治疗的整个过程客观地记载,在发生医疗损害或者事故侵权纠纷中必然成为必不可少的证据,医疗机构也可以通过电子病历信息系统使病人就医更方便、快捷,并能够实现知情同意权。

2. 电子病历的社会价值

综合医疗机构使用电子病历不仅可以提高医疗经营运作的效率,提高医疗服务质量,还可以一定程度上降低医疗损害或事故发生,减轻医护人员、病患及家属的负担,特别是能够减少病患多次的重复化验与检查,协调不同的疾病治疗专家们对疑难杂症进行合作治疗。电子病历还能起到其他重要的社会功能,包括:(1)诊疗质量评估的重要根据;(2)医疗机构规范化管理的重要数据的来源;(3)防疫防控部门疾病预防和公共卫生安全政策的关键参考资料;(4)存储病患的大量病历资料;(5)医护人员教培的重要教学资料;(6)医药科学研究的重要数据;(7)医疗损害或事故鉴定、司法裁判的主要证据;(8)保险公司核付医疗保险事故的主要根据等。

(三)电子病历的立法发展脉络

1. 域外电子病历的立法概况

在医疗领域中,文本电子病历是医疗单位对患者临床诊疗的数字化相关信息载体。电子病历数据中的知识对于临床决策和医药研发等都有很强的指导意义,其非结构化特征导致很难利用计算机直接进行批量分析,故将人工智能技术和大数据挖掘的手段应用在电子病历中是大势所趋。[②] 美国在电子病历的普及和监管法律制度方面在全球算是相对完善的国家,早在 1987 年提出医疗记录管理规范并颁布了电子病历的发展中

---

① 参见张迪:《电子病历数据应用现状分析及思考》,载《数字技术与应用》2021 年第 1 期。

② 参见吴宗友、白昆龙等:《电子病历文本挖掘研究综述》,载《计算机研究与发展》2021 年第 3 期。

最必不可少的法律:《全球与国家商务中的电子签名法》,明确了电子记录、电子签字、电子合同在法律上的效力性,即明确了电子病历可以在诉讼中作为证据使用。

电子化的数据信息,完整性和客观性是其基本特点,诊治医生可以依照电子病历记载的患者信息,迅速作出判定,继而确保治疗进入更加精准的状态,后续病情的控制也能够做到对症下药。在对应信息共享机制构建之后,患者也可以查阅到自己的住院病历、门诊病历,了解其中药物的治疗情况,患者也可以更加快速地进入诊疗的状态,自身对于自身健康状态的认知提升,也会使得他们迅速进入理想的治疗状态。[①] 在日本,电子病历系统基本已经在全国各大医疗机构普及,基本实现了诊疗过程的无纸化与医疗信息化。20 世纪末日本对于电子病历的证据作用、准入条件、法律责任等有清晰、明确规范。日本电子化诊疗记录的普及为我国甚至整个亚洲地区的电子化诊疗记录的使用与法律规范等方面提供了宝贵的理论和实践经验。

与传统的纸质档案相比较,电子病历档案虽然在复制、资源传输和共享方面具有优势,十分便捷高效,不过其同时会带来更多的信息安全问题,这是病历档案共享中不得不考虑的一个重要问题。因此,辨别病历档案资源真伪、区分原件和复制件、确定公布权属、追踪病历档案流向就显得相当重要。基于区块链技术构建起来的医院电子病历档案共享体系虽然在形式上具有高度的开放性,但实际上其能够更加准确地追溯档案来源、流向,更加有力地防范医疗病历档案的非法使用与传播。[②]

2. 我国电子病历的立法概况

由于我国电子计算机与信息科学技术发展较晚,与电子病历相关的法律法规政策也是近几年才制定的。

2010 年颁布了《病历书写基本规范》,为《电子病历基本规范(试行)》提供了制定导向。

---

① 参见杨晓毓:《电子病历信息共享机制构建的价值探讨》,载《财经界》2021 年第 32 期。

② 参见赵统堂:《医院电子病历档案管理及共享策略探讨》,载《兰台内外》2022 年第 1 期。

2010年《卫生系统电子认证服务管理办法(试行)》实施,大大地促进了我国医疗电子化的发展。

2010年《卫生部办公厅关于做好卫生系统电子认证服务体系建设工作的通知》、《卫生部关于开展电子病历试点工作的通知》、《电子病历系统功能规范(试行)》、2011年《卫生部办公厅关于推进以电子病历为核心医院信息化建设试点工作通知》等相关文件相继下发。

2018年,国家卫生健康委员会办公厅制定了《电子病历系统应用水平分级评价管理方法(试行)》及《电子病历系统应用水平分级评价标准(试行)》,为电子病历系统的功能应用水平分级提供了具体评价指标和方法,这标志着我国电子病历建设迈入了一个新的阶段。

当前我国还没有一个完整的卫生法律,现有的卫生法律法规主要是由医疗行政管理部门和公共卫生管理部门颁布的较为分散的法律法规,目前尚未形成的一个相对完善的、健全的卫生法律体系。因此规定电子医疗记录的有关法律法规分散在一些条例和规范中。

我国与病历有关的法律法规有《病历书写基本规范》《医疗机构病历管理规定(2013年版)》等。电子病历本质属于病历的一种形式,必然适用纸质病历相关的法律法规与民事诉讼法及民事诉讼证据若干有关规定,民事诉讼法明确电子数据为证据的一种形式。除此之外,《电子病历应用管理规范(试行)》有效地规范了电子病历在医疗临床使用过程中的具体操作,在法律上明确了电子病历合法证据效力,电子病历作为新兴病历新形式在立法上不再空缺。

二、电子病历的法律效力分析

(一)电子病历的内容分析

电子病历是指以电子化记载方式制作、储存、运用的病历,它还具有为使用者提供医疗临床支持及连接医疗信息网站等功能;电子病历包括医护人员检查报告、检验报告及X线、CT、PET、MRI图像影像,以及患者住院期间长短期医嘱、护理记录、用药清单等,这些记录是对病患过去、现在和未来以及生理与心理等状况的记录,是医院对病患施行医疗过程的

"精神枢纽性"的管理系统。① 电子病历的规范用语、印刷字符、信息检索、模糊查询等特点,使医护人员在阅读病历时更加直观和全面,还可查询患者的既往史、过敏史、家族史,从而保证了病历信息的完整性。病历内容的完整性在一定程度上能够证明病历的真实性,通过检验医疗行为记录与其他记录间并无矛盾,或医疗行为符合医学诊疗常规,并综合其他病历资料后可以判断形成完整的证据链条,以此认可电子病历的真实性。② 根据《电子病历应用管理规范(试行)》规定,医护人员在医疗行为过程中,使用信息系统生成的文字、符号、图表、图形、数据、影像等数字化信息,并能实现存储、管理、传输和重现的医疗记录,是患者病历的一种记录形式。因此,根据《病历书写基本规范》第 31 条的规定,使用 Word 文档、WPS 文档等办公软件输入后打印出来的病历,虽然从形式上与电子病历相似,但由于办公软件并不具备我国《电子签名法》《电子病历应用管理规范(试行)》等法律法规对电子病历的标准要求,办公软件制作的病历仍然属于打印病历的特性。

《电子签名法》第 3 条规定:"民事活动中的合同或者其他文件、单证等文书,当事人可以约定使用或者不使用电子签名、数据电文。当事人约定使用电子签名、数据电文的文书,不得仅因为其采用电子签名、数据电文的形式而否定其法律效力。前款规定不适用下列文书:(一)涉及婚姻、收养、继承等人身关系的;(二)涉及停止供水、供热、供气等公用事业服务的;(三)法律、行政法规规定的不适用电子文书的其他情形。"故而,合同形式正规、签署流程严谨的电子合同符合法定形式,同样具有法律效力。综上所述,符合《电子病历应用管理规范(试行)》《电子签名法》等法律中有关电子数据的法律属性才能被称为电子病历;电子病历系统可以认定为法律上的原始证据,在诉讼中是否需要将其打印出来才能作为民事诉讼法的证据属性值得商榷,但不可否认其存储的诊疗记录本身就是证据原件。

---

① 参见黄丁全:《医事法新论》,法律出版社 2013 年版,第 116～117 页。

② 参见邓舜怡:《电子病历真实性的审查规则及医疗机构的应对》,载《医学与法学》2021 年第 1 期。

(二)电子病历的证据效力分析

证据法学的证据有三个基本特性,即合法性、关联性、真实性。证据是指以法律的规定的形式存在的,所反映的内容可以证明纠纷的真实情况的内容,是三大诉讼活动的核心所在。法理学与诉讼法规定只有符合合法性、客观性、关联性的证据才能够成为定案的根据。

1. 关联性

根据民事诉讼法及证据若干规定,证据必须和所要证明的争议存在相应的联系,才能对争议事实起到证明作用。如果作为证据的事实和要证明的事实没有联系,即使它是真实存在的,也不能作为证明争议事实的证据。《电子病历应用管理规范(试行)》第13条规定:"医疗机构应当为患者电子病历赋予唯一患者身份标识,以确保患者基本信息及其医疗记录的真实性、一致性、连续性、完整性。"这一规定使电子病历与患者的人身权益关联性得到了保障。《电子病历应用管理规范(试行)》明确了电子病历全程记录留痕的要求,将留痕范围从"修改"行为扩大到"操作"行为,包括历次操作痕迹、操作时间和操作人信息。这一范围的扩大说明不止修改,诊疗全程的操作包括制作、填写、审核、提交都需要留痕。在医疗纠纷中,如果医疗机构无法提交相应的操作印痕,或者操作印痕显示医疗机构进行的操作不符合规范,那么电子病历的真实性必然受到影响。[①]

2. 合法性

电子病历作为证据使用的前提要求是合法性。首先,《医疗机构病历管理规定(2013年版)》第4条规定按照病历记录形式不同,可区分为纸质病历和电子病历。电子病历与纸质病历具有同等效力。此法条从形式上赋予电子病历与纸质病历同等的法律地位。其次,电子病历应符合《电子签名法》中关于电子数据的规定,应当适用《电子签名法》的相关规范。《电子病历应用管理规范(试行)》《电子签名法》中从电子病历记录的患者身份信息、修改、审查、储存等各个方面规定了电子病历所应该具有的合法性的

---

① 参见邓舜怡:《电子病历真实性的审查规则及医疗机构的应对》,载《医学与法学》2021年第1期。

要件，如《电子病历应用管理规范（试行）》第9条规定，电子病历系统应当为操作人员提供专有的身份标识和识别手段，并设置有相应权限。操作人员对本人身份标识的使用承担责任。所以符合电子病历相关的一系列法律法规要求而形成的电子病历，应当认为其符合证据三性中的合法性要求。

3. 真实性

真实性是指电子病历能够证明医疗机构真实的诊疗记录过程。病历作为医疗损害或医疗事故赔偿诉讼中的核心证据，其真实性的重要性毋庸置疑。实践中电子数据容易被修改或者篡改且不易留痕，因此，真实性审查是电子病历证据认定的关键所在。一般符合下列条件的电子病历证据可以被认定为真实的：司法机关依法调取或经公证机关公证的电子病历证据；经有相应资质的鉴定机构及其鉴定人员鉴定为未被修改的电子病历证据；附有合法有效的电子签名或采取其他合法有效的安全保障措施的电子病历证据；双方当事人均认可的电子病历；与其他证据能够相互印证的电子病历证据。2019年12月25日最高人民法院公布的《关于民事诉讼证据的若干规定》明确了对电子数据真实性的审查判断规则。其一，《关于民事诉讼证据的若干规定》第93条规定，对电子数据真实性的审查可以从系统运行环境、运行状态、是否设置监察与纠错手段、数据提取保存传输方法是否合理、数据是否产生于正常业务过程中以及数据存储主体六个方面进行考量，同时对于专业性较强的问题可以通过鉴定或勘验的方法来审查其真实性，这是电子数据审查的一般规则。其二，《关于民事诉讼证据的若干规定》第94条明确了五种电子数据推定真实的情况，同时经过公证的电子数据也推定真实，这是电子数据审查的特殊规则。[①]

三、电子病历的法律风险防控探析

1. 电子病历的安全性

医疗机构在建立电子病历系统的时候必须考虑加密技术和安全管理

---

① 参见邓舜怡：《电子病历真实性的审查规则及医疗机构的应对》，载《医学与法学》2021年第1期。

技术的运用，避免患者信息泄露，据此对医护人员培训信息安全管理有关的知识，不断提升医务人员的安全管理意识。比如，计算机中引入防火墙技术，安装有关的防盗软件等，定期对计算机进行清理，做好安全检测。[①]构建对应的数据库，定期对电子病历有关的信息进行备份，做好数据库的保密工作，防止信息被盗或者被挪用等。电子病历主要存在两个方面的安全性问题。其一，患者隐私权的损害。依据《民法典》规定，患者诊疗记载属于隐私权的范围，患者有权要求医疗机构对记载就医者个人隐私的信息保密，泄露患者的隐私或者未经就医者同意公开其病历信息，造成就医者隐私或名誉的损害的，应当根据《民法典》规定承担侵权责任。但在实践中，若医疗机构工作人员对电子病历系统疏于管理，泄露密码，或者由于他人不当侵入，电子病历记载的患者资料被他人非法获得，医者的隐私权则无法得到保护。其二，患者的诊疗安全缺失。电子病历记录、存储患者的生命体征、经治医生的病情诊断，是诊疗与护理依据，若进入密码被没有权限的非法人员窃取，登录电子病历系统，对电子病历记录的信息进行修改、增添、删除、毁坏等操作，电子病历的信息失真引起的医护人员诊断、用药错误，病人可能获得错误的诊疗，将严重侵害患者的身体权、健康权、生命权。

2. 电子病历的真实性

根据《病历书写基本规范》第 7 条规定："病历书写过程中出现错字时，应当用双线划在错字上，保留原记录清楚、可辨，并注明修改时间，修改人签名。不得采用刮、粘、涂等方法掩盖或去除原来的字迹。上级医务人员有审查修改下级医务人员书写的病历的责任。"第 22 条规定，"因抢救急危患者，未能及时书写病历的，有关医务人员应当在抢救结束后 6 小时内据实补记，并加以注明"。电子病历采用"留痕"技术，每一次进入系统修改后，系统将自动生成更改日志，记下电子病历更改之前和之后的内容、更改的行为人、更改时间等重要信息。然而，相对于纸质的医疗记载

① 参见闫鸣飞：《关于医院信息管理系统中电子病历系统的应用分析》，载《电脑知识与技术》2022 年第 18 期。

能清晰地显示更改过的痕迹，电子病历从技术上也可以实现这些功能，但为了页面的整洁考虑，在页面上无法直接显示这些变化的痕迹，意味着病人将电子病历打印出来时是看不到这些更改痕迹的。另外，电子病历是由医疗机构电子记载和保存的，增加了电子病历造假、修改、篡改的可能。目前我国医疗机构的电子病历的真实性在医疗损害鉴定或者医疗事故鉴定纠纷中经常遇到患方质疑其真实性，导致鉴定中止或终止。

3. 侵犯患者知情同意权

知情同意权是指具有意思表达能力的患者享有的知晓与其病情相关的资料、决定是否同意实施特定手术或者保守治疗医疗行为的权利。我国《医疗机构病历管理规定(2013 年版)》第 17 条明确指出了患者或者其委托代理人、死亡患者法定继承人或者其代理人有权复制或者查阅患者病历等全部资料的权利，现实生活中医疗机构为了逃避责任或者降低成本或者嫌麻烦，没有设置病人访问电子病历的登录窗口，而医疗机构管理和储存电子病历，使得患方获得电子病历的难度大于纸质病历，患者的知情同意权无法得到落实。

随着医学的发展与社会的进步，电子病历的功能不再仅限于诊断和治疗记录的媒介、医疗纠纷诉讼中的证据属性。通过对其中的电子病历系统记录、存储的病患的资料、疾病检查、检验、诊疗等信息整理、加工、分析，对于政府、医疗、卫生行政部门、保险机构、司法机关等单位都有较大的价值。但是这些机构获得病患的信息或者说医疗机构提供给相关机构电子病历系统里的这些资料、信息时，事先没有先获得病患的同意，侵害了患者的知情同意权与隐私权。

四、完善电子病历相关法律问题的举措

(一)完善医疗机构电子病历管理系统

1. 电子病历系统的推广运行存在电子病历真实性存疑、患者的隐私权和疾病知情权被侵权等问题，系部分医务人员淡薄的法律意识产生的后果。据此医疗机构在对医务人员进行医疗卫生技术培训的同时，应当加强对医务人员执业素质的教育，聘请法律专业人员对医务人员进行电

子病历相关法律法规的学习、教育，提高依法行医的法律意识，使医务人员在使用电子病历系统的时候能够严格按照《电子签名法》《电子病历应用管理规范（试行）》等相关法律的规定运用电子病历系统。不得随意将个人的登录密码泄露给第三人，禁止未经合法理由与病患同意的情况下，将患者的电子病历信息提供给他人，不得随意修改、篡改、伪造患者的病历资料。

2. 设置严格查阅、调取、复制电子病历的权限。电子病历获得必须基于合法的目的，同时符合法律的合法授权，否则无权限查阅、调取、复制电子病历。未经授权许可与并非合法性目的，任何单位和公民提出查阅电子病历的请求时，医疗机构应当不予提供。

3. 访问分级管理。只授予对患者直接进行诊疗的医护人员访问权限，限制其他人员进入电子病历系统，加强电子病历访问系统的安全性。电子病历档案管理系统的安全性是确保各科室及各项工作稳定开展与实施的基础前提，在电子病历档案管理系统设计阶段，设计人员会详细分析电子病历档案管理系统安全性影响因素，可设置防火墙或安全软件，确保电子病历档案管理系统的安全性。再加上专业化工作人员管理，设置电子病历档案管理系统应用权限，各部门及工作人员会因应用权限限制，对电子病历档案信息数据应用提出申请，才能获取相关信息数据。[①]

4. 建立自查奖惩机制。医疗机构管理人员发现医院内部的医务人员在使用电子病历系统时存在违法、违规的行为时，应严格处理，建立与医护人员的工资、绩效相挂钩的机制。

减少医务人员的工作负担、提高工作效率是采用科学化的电子病历管理医疗记载的核心目标。病历的宗旨是以患者利益为本，电子病历的应用给患者提供更方便、更快捷、更优质的服务。电子医疗记载的优点、缺点并存，其脆弱性也不容忽视。对使用电子病历的医护人员进行科学的培训与管理，增强其法律意识、道德素养，才能使电子病历科学系统更

---

① 参见王允波、郑金玉：《完善电子病历档案管理的途径与策略》，载《办公室业务》2021年第10期。

好地为患者利益服务。提高医疗队伍的法律素质,辅以科学化的电子病历系统,病患的隐私权、知情同意权才能受到保护。

(二)健全电子病历系统的访问路径

1. 限制对电子病历的访问权限,通过人脸识别和指纹对进入电子病历系统的身份进行认证,避免操作人员登录密码泄露等问题,加强电子病历系统的安全性防范。

2. 建立患者登录电子病历系统的平台,让患者可以及时地了解自己的病情进展状况,保障患者尽可能方便、快捷地通过患者登录平台了解病情,实现知情权。

3. 严格限制或禁止对已提交电子病历予以修改的时间和修改的条件,比如设置主治医师有修改的权限,护理人员只有查阅的权限,或者输入时一经提交未经审批程序无法修改等,查阅与修改都必须采用"留痕"技术,将医务人员提交后查阅、修改等电子病历的行为保留完整记录。

4. 定期对电子病历系统进行监控和维护,避免黑客侵入导致电子病历系统中存储的资料泄露,避免侵犯患者隐私权的纠纷产生。

(三)完善电子病历系统立法建议

1. 保护和尊重患者隐私权。医疗机构在向政府、卫生行政部门、高校、科研机构、保险等单位提供电子病历中记载的数据以进行科研、教学或者挖掘电子病历的其他价值时,应当事先告知患者并且征得患者或近亲属的同意,并允许患者查询自己电子病历的使用情况。

2. 电子病历管理。加强立法追究医疗机构及医师个人擅自修改、篡改、伪造电子病历行为,提供虚假电子病历给当事人的法律责任。若有上述行为,须承担民事责任、行政责任,甚至刑事责任。组建专业化、独立化电子病历档案管理队伍,对管理队伍中每位工作人员综合能力提出较高要求,医院定期为工作人员安排进修培训,目的是通过工作人员综合能力的增强、技术水平的提升,对电子病历档案管理系统进行创新,以全新发展理念重视电子病历档案管理系统的创新设计,满足医院长久、稳定发展要求,全面突出电子病历档案管理的经济价值与社会价值。①

3. 规定患者的登录电子病历平台权利,保障患者病历知情权。立法规定医疗机构使用的电子病历系统必须为患者建立登录电子病历平台系统,以便患者可以通过该平台及时了解自己疾病信息、资料,行使查阅权、复制权、知情同意权,这有助于医患双方的沟通交流,减少医疗纠纷的发生。

4. 医疗资源信息共享。传统临床路径主要依靠专家知识针对特定疾病构建标准流程,时间长、效率低,同时需要较长时间进行完善,医疗专业知识共享性不强。基于医疗大数据特别是电子病历,采用数据共享技术对临床路径模式予以改变,形成临床路径知识体系,为患者的临床路径的诊疗、健康管理、疾病发展等提供支持,突破传统临床路径的制约“瓶颈”,促进医疗临床路径的应用、推广。

在电子信息化的时代发展浪潮下,电子病历的推广运用是社会发展大势所趋。电子病历系统给医患双方带来巨大便利的同时,其潜在的法律风险也不容忽视,唯有对其存在的法律风险、漏洞、缺陷等进行深入的研究,从立法、执法、司法等各方面综合防控风险,才能使电子病历发挥最大裨益,以期保护医患双方合法权益。

第四节 病历格式免责条款

一、病历格式免责条款概述

(一)病历格式免责条款的概念

随着经济和生物医学的高速发展,对于医疗新技术的研究与临床运用日趋成熟。在各种各样复杂、精细、疑难的医疗活动中,医疗机构为了疾病迅捷诊治,制定了一系列的医疗文书格式条款,包括免责内容。据

---

① 参见王允波、郑金玉:《完善电子病历档案管理的途径与策略》,载《办公室业务》2021 年第10 期。

此,格式病历免责条款借此大量出现与完善,提高整个诊疗速度与水平。现实生活中,若医疗损害或医疗事故发生,患者要求赔偿时,医疗机构依据病历中患者或患者近亲属或者利害关系人签字的病历免责条款内容进行责任免除或减轻抗辩,据此患方有时只能自己承担不当医疗行为所造成的人身损害。病历格式免责条款是指医疗机构在病历中事先拟定的旨在限制或免除医疗机构未来医疗行为责任的合同条款。一般侵权行为的损害结果包括现实权益损害和期待利益损害两大类。现实权益损害是指人身、财产、精神损害,期待利益损害指可预见利益丧失、机会丧失以及间接财产损害。①

医疗机构利用其在医疗行为中的专业信息不对称的强势地位,事先在病历中约定了减轻、限制、免除自己医疗行为责任的合同条款为病历格式免责条款。在现代经济发展快节奏的社会,各个行业均不同程度地使用了格式免责条款,以维护其行业优势利益。在市场经济,为了提高交易效率,病历格式条款不得违反合同自由和公平的原则。晚近,伴随着医疗机构作为医患强势方利用格式病历违背患者意志把自己的意志强加于对方,格式病历可能成为阻碍和谐医患关系的手段。与其他强制缔约行业一样,医疗机构在进行医疗诊治也会以格式病历形式来明确医患双方的权利义务,利用格式病历规定免责条款来规避或者限制自己的义务,以减轻医疗机构和医师的执业风险的责任。《民法典》第 496 条第 1 款规定:“格式条款是当事人为了重复使用而预先拟定,并在订立合同时未与对方协商的条款。”病历免责条款作为医疗行为特殊格式条款,具有一般免责条款的性质。病历格式免责条款是医疗机构事先在病历、特殊检查、手术知情同意书等制定好的,当在某些情况下发生某些严重损害后果时,医疗机构可以不承担或者减轻责任的条款。因医疗行业专业性、复杂性、高风险性等独特的性质,为了提高患者就诊率,尤其手术效率,患者有时在进行医疗诊疗时无法选择或者拒绝医疗机构提供的格式免责条款,特别是

① 参见朱琳:《手术知情同意书效力认定司法实证研究》,西南大学 2020 年硕士学位论文,第 43 页。

手术知情同意书、特殊检查同意书。

（二）医疗风险合理分配

不像其他的合同关系可以较准确预测到可能发生的后果，医疗行为过程存在风险与不确定的突发因素，究其实质，甚至可以说是一门探索性自然科学研究，患者承担的是医疗风险，医疗机构承担的是执业风险。医疗风险和执业风险体现在以下几个方面：(1)现代医学技术对疾病认识的局限性；(2)医疗技术设备、器械受已有的科学技术的限制；(3)患者自身特异性的体质；(4)医师的专业水平的受限性。医疗行为是一种高度风险性、复杂性、易变性的行为，医疗诊疗行为本身存在人身侵袭性。医师诊治水准、患者自身身心素质、医疗环境条件、医疗设备配置等方面的任何一个因素，都有可能导致医疗损害或者医疗事故结果的发生。外科手术是临床治疗疾病的重要手段之一，是在一定程度上"破坏"人体而达到治疗效果，随着外科治疗手段的增加，术后并发症也逐渐增多，术后不确定因素随之增加。[①] 高、精、尖医疗科技和医术高超医生都无法保证可以完全治愈某些疑难杂症及新疾病。公立医疗机构作为不以营利为目的公益事业单位，加上医疗行为为高风险行为，决定了病历中特别是手术知情同意书中免责条款存在的合理性缘由。医疗机构在制定免责条款时并不能随意，即使看似合理实际上不公平的免责或者限制责任条款，其制定时都要根据具体病症、具体手术后遗症、具体用药可能会产生的医学药理反应来确定，其免责内容需要科学严谨的医学论证。《民法典》第 496 条第 2 款规定，"采用格式条款订立合同的，提供格式条款的一方应当遵循公平原则确定当事人之间的权利和义务，并采取合理的方式提示对方注意免除或者减轻其责任等与对方有重大利害关系的条款，按照对方的要求，对该条款予以说明"。病历格式免责条款中包含了许多医学专业的术语，根据《民法典》要求，医疗机构陈述条款时包括医护人员对患者进行告知时，必须采用最通俗易懂的，或尽到最简易明白的解释说明。

① 参见张代英、张冰斌、刘青焱：《浅谈〈民法典〉背景下手术医疗告知义务——兼议医疗纠纷告知义务的司法鉴定评价》，载《中国卫生事业管理》2020 年第 12 期。

医疗机构病历格式条款分配医疗风险时，如果医方承担过重的医疗风险，必然会导致医方在进行医疗救治时为规避风险或责任，怠于诊治。采取有利于患者但可能含有风险成分的医疗措施，医疗机构怠于进行医疗试验进行新的探索，会影响医疗技术，尤其是生物医学的进步与发展。若医疗机构滥用格式免责条款，患者承担过高的风险，医疗机构在进行诊疗行为时未尽到合理专业注意义务，会使处于弱势地位的患者的权利有可能受到更严重的侵害。据此，合理分配医疗风险在医疗纠纷中具有至关重要的作用，不仅是在保护医患双方的权利，也是在实现权利的公平正义，有利于和谐社会的实现。

二、病历格式免责条款的困境

（一）病历格式免责条款的立法规定层次较低

我国对病历中设置免责条款的法律规定主要存在于行政法规和行业规范中。如国务院颁布的《医疗事故处理条例》第 33 条规定，有下列情形之一的，不属于医疗事故：(1) 在紧急情况下为抢救垂危患者生命而采取紧急医学措施造成不良后果的；(2) 在医疗活动中由于患者病情异常或者患者体质特殊而发生医疗意外的；(3) 在现有医学科学技术条件下，发生无法预料或者不能防范的不良后果的；(4) 无过错输血感染造成不良后果的；(5) 因患方原因延误诊疗导致不良后果的；(6) 因不可抗力造成不良后果的。《医疗事故处理条例》第 49 条第 2 款规定，“不属于医疗事故的，医疗机构不承担赔偿责任”。这是我国立法对于病历设置的免责条款，若设置有如上述的条款，医疗机构有可能就此可以免责。还有各医疗机构的医院规章制度、医师的行为规范都会对一般的医疗意外设定免责条款。除此之外，免责或者限制条款最主要是存在于医疗文书中，以格式病历条款出现，主要体现在病历卡、手术谈话记录、手术知情同意书、输血同意书、有创操作同意书、麻醉同意书、内镜检查同意书、门诊手册等，都包含着医疗机构对于各种各样的病历所规定的限制或者免除责任的内容。

在医疗行为中，医疗机构为了规避医疗风险和责任，在医疗文书的病历上，以格式内容的形式规定了诊疗行为的免责条款。现代医学正处在一个由生物医学模式向生物—心理—社会医学模式转变的时期。[①] 医疗包含技术性、专业性问题，患者作为普罗大众，其一般的认知能力根本无法理解，而且格式条款本身在诊治时有时使患方没有选择的余地，患方不得不选择同意医疗机构的格式条款的内容，所以患者所签署的“同意”免责并不是完全自愿地同意医方的格式条款。当发生医疗纠纷时，往往是损害患者的利益。即使有时解决的结果是公平正义，但没有清晰明了的程序或得不到患方的理解而造成结果无法信服于患者和社会公众，不利于医疗纠纷终局解决与建立和谐医患关系。

（二）病历格式免责条款立法上的缺憾

调整医疗损害或事故纠纷的法律法规以及诊疗规范错综复杂，各个不同效力的法律规范，不同层次的法律法规对同种法律关系作出不同的规定，对于需要明确的法律规定存在立法空白。对于我国医疗格式条款效力认定问题，《民法典》中合同编有关格式条款效力等规定为法律依据。医疗服务合同纠纷明显适用《民法典》合同编的规定，但对于医疗损害或医疗事故纠纷，关于病历中的格式条款，特别手术知情同意书涉及免责内容，是否适用合同编关于格式条款的规定，在司法实践中若以医疗服务合同为由，毋庸置疑适用。为了明确医患双方的权利义务，合理分配医疗风险，医疗过程中对于病历格式条款中免责条款例外情形以法律形式确定下来，保障医疗机构免责有确切的法律依据。任何一种对免责条款的规制方式都有其长处和缺陷，单一规范手段总也无法担负起规制免责条款的重任，对免责条款的规制是一个运用多种手段、协调发挥多种功能的系统工程，构造一个结构精致、功能完备的规范免责条款控制机制。[②] 病历格式条款的免责或限制责任的内容显然也不例外。

① 参见冯正骏主编：《医疗损害司法鉴定实务》，浙江工商大学出版社2015年版，第64页。

② 参见韩世远：《免责条款研究》，载梁慧星：《民商法论丛》（第2卷），法律出版社1994年版，第506页。

三、规制病历格式免责条款的思考

(一)完善病历格式免责条款的法律规定

我国目前对于医事法律关系的调整的法律不全面、缺乏统一性,且分散在不同医疗行政法规和司法解释中,有时会出现对同件事作出不同的甚至截然相反的规定。通过一部法律来统一调整由医疗行为所产生的各种医患关系在现实生活中是必需的。根据《民法典》中有关民事的基本原则和合同的基本原理,制定一部单行医事法律应该是有必要的。弱者保护政策是现代法律的发展趋势。现代立法都会注重从程序和实质权利上提供有利于弱者的规定,以此保护弱势群体权利的实现,有利于公平与正义的实现。我国医疗行为格式条款立法的完善,在立法体例上,应体现"病人权利为中心"的新型医患关系的特点。① 法律明确医事法调整的范围、医疗行为、医疗过错认定的界定,患者在接受医疗服务时所享有的权利和应承担的义务。医事法律应规定医患双方承担的义务和享有的权利,医师应尽的谨慎行医和严格遵守的程序的义务和享有的权利,包括医疗机构和医师的"医疗行为豁免权",即医疗行为的免责。使医疗机构所制定的医疗行为的格式免责条款有明确的法律依据。法律应明确医患双方的医疗风险承担机制。同时规定医疗机构的病历格式免责条款的监督部门,比如制定的病历格式条款要通过有关卫生行政部门的审核或者备案,若患者认为病历格式免责条款存在不公平内容时可以向有关部门申诉。

根据《民法典》第496条规定,如果提供格式条款的一方当事人在签订合同时,没有完全准确地告知格式条款的免责内容,尽到谨慎告知义务,该条款对于患者不产生法律效力,即患者不受该条款的约束。在完善病历中格式免责条款的立法中,强调详细、通俗地告知患者病情是医方必尽的注意义务,规范医疗机构应如何履行各种医疗文书中关于免责或者

① 参见薛贵滨:《论手术同意书格式免责条款的解释原则》,载《漳州师范学院学报(哲学社会科学版)》2009年第3期。

限制条款的告知义务,是医事法立法应考虑的核心焦点。毕竟病历格式免责或者限制条款跟其他合同条款相比存在截然不同的特征。首先,医疗机构进行医疗行为需要遵循医疗诊疗规范,告知义务作为医疗行为的合法性前提条件,严格把握诊疗规范的程序。基于医疗诊治过程中存在的人身侵袭风险性,医疗机构履行告知注意义务比其他行业需要更为严格的程序。其次,病历条款内容中涉及专业的、晦涩的医学专业术语,在制定医疗格式条款时采取表述方式让患者了解、明白、清楚,在履行告知注意义务时,医疗机构应尽到的告知程度应是通俗告知,对某些特殊的专业术语应作出平常的、通常的、通俗的、日常的、一般意义的解释。医院向患者告知的目的是让患者知情,如果都是专业术语,患者无法理解,也就没有达到告知的目的。[①]

(二)建立合理的风险承担机制

医疗机构责任保险承保医疗机构的过失造成患者损害的赔偿,包括医疗机构、医师、护士执业责任保险。保险公司设置医疗责任保险均采取限额理赔,医疗责任保险减轻日益增多的医疗事故或者医疗损害所造成的患者的严重损害。为减少医疗机构的执业风险,保障患者能够得到赔偿的合法权利,除加强医院管理和医师职业的建设,提高医疗服务水平外,建立医疗执业保险的制度,把医疗事故或者医疗损害的高风险向社会分散转移。日益增加的高额赔偿增加了医疗机构的负担,甚至使较小或民营医疗机构无法正常运行。在诉前调解时,医疗机构为避免承担赔偿而不承认医疗事故或者医疗损害的纠纷存在,或者在病历文书设置更多免责条款。据此减轻或多方面分担医疗机构的赔偿责任,医疗机构更可能制定合理的医疗文书格式免责条款,保障患者的合法权益。

第一,推行强制医师执业责任保险制度。强制医师执业责任保险由医疗机构投保医疗事故或者医疗损害保险,医师在诊疗行为中存在过失造成患者损害,医疗机构、当事医师不直接面对患者,而主要由保

---

① 参见薛贵滨:《论手术同意书格式免责条款的解释原则》,载《漳州师范学院学报(哲学社会科学版)》2009 年第 3 期。

险公司来处理医患纠纷并负责理赔，患方诉至法院时，承保保险公司承担诉讼中抗辩责任。医疗强制责任保险即被保险人(医疗机构)因医护人员在诊疗过程中，因为诊疗、护理过失行为、错误或疏漏或业务错失，违反其业务上应尽的责任，直接导致患者残疾或死亡，依法应由保险公司负担赔偿的责任。推出医疗强制执业责任保险制度，是解决医患纠纷的重要措施，将会有助于解决医患纠纷，保障医疗机构、医师和患者三方的合法权利。

第二，推出医疗意外商业保险。患者在手术前或就诊前购买医疗商业保险，当发生了医疗意外而又不能归责于医疗机构时，患者有权获得保险公司理赔，这与乘客搭乘高铁、动车或者其他交通工具时，在买票时就附加购买意外人身损害保险性质相同。根据法理，人的健康、生命无价，医疗商业保险的保险金额和保险费无法根据保险标的物来确定，也不可能根据就诊医疗费作为基数比例厘定。为此，可以根据不同科室医疗风险系数分为不同等级。根据具体个案的疾病诊断书，病历确定医疗行为的危险等级，在计算保险费和保险金额时，以危险等级为主要计算依据，以患者的年龄为次要计算依据，合理收取医疗意外商业保险费用。

随着经济发展和医疗行业蓬勃发展，采用保险制度来分散医疗行为损害救济制度是一项有效的措施。现代社会，通过保险制度来分散专业风险已经成为社会的共识。机动车交通事故第三者强制保险或第三者商业保险、律师执业保险等都是成功的范例。据此，立法规定医疗执业强制保险制度，推行医疗商业保险有利于平衡医疗机构、患者、保险公司等多方的利益。

(三)防止滥用病历格式免责条款

医疗行为具有高风险、复杂性、未知性，诊疗行为存在的风险是医生不能完全预见、控制、避免的。医疗药物在不同患者身上会发生不同的反应，尤其有些患者属于严重过敏体质。医疗机构通过严格内部管理、严谨医疗程序避免明显不公平的格式免责或者限制条款将风险转移给患者。相对于医疗机构，患者更没有承担此种医疗风险的能力。通过病历格式条款对外转移风险并不是在解决风险和问题，而是使医患纠纷风险和矛盾问题愈演愈烈。

法理谚语有言：预防胜于救济。据此事前的预防总比事后的救济更有效果。在卫生法律法规中明确医师的注意义务，不仅可以防止医疗机构为了减轻自己的注意义务而滥用制定病历格式免责条款，现实医疗行为中严格的医疗程序可以有效地防止医疗意外或者医疗损害的发生。[①] 对于医师的注意义务，应当按照医疗服务合同的约定和其诊疗规范的义务严格、谨慎地进行治疗行为并对患者尽到告知、说明的义务，这可以使医疗机构能够防止医疗行为本身给自己带来的高度风险。

在医疗实践中，医疗机构经常在手术知情同意书、麻醉知情同意书、输血同意书等医疗病历文书中添加大量排除自己过失责任的免除或者限制责任条款，以免除医疗事故或者医疗损害医疗机构的过错责任。比如就手术知情同意书来说，手术知情同意书的法律意义有两个方面：一是患者签字后，表明医疗机构及其医务人员实施手术是合法的，“受害者同意”成为违法阻却事由。二是患者签字后，表明患者对该医疗措施的应有损害及可能发生的意外已经知晓。现在，有些医疗机构在拟定手术知情同意书时，增加了一些诸如手术出现医疗意外概不负责的条款内容。在司法实践中，医患双方的医疗文书并不能免除医疗机构及其医务人员的法定注意义务，更不能免除出现过失后应承担的赔偿责任。

（四）并发症的免责条件

医疗损害争议是围绕并发症或者不良后果发生的，临床各种并发症不外乎两类，一类由原发疾病发展、形成而继发，即疾病并发症；另一类由诊治的外力原因所继发，即医疗并发症。在所有的并发症中，只有一部分属于《医疗事故处理条例》规定的“在现有医学科学技术条件下，发生无法预料或者不能防范的不良后果”，可以免于医疗损害或者医疗事故责任。在医疗临床上应当看到相当一部分并发症并不属于这种情况。如果

① 参见薛贵滨：《论手术同意书格式免责条款的规制》，载《漳州师范学院学报（哲学社会科学版）》2007年第3期。

在并发症的发生和处理过程中,医疗机构存在医疗过失,并造成了不良后果,此类事件就构成了医疗损害或者医疗事故责任。

在医疗实践中明确并发症的三个基本特征:第一,相对可预见性。临床绝大部分并发症具有可预见性。一般来讲,各种疾病的发展与转归遵循一定的客观规律;每一种诊疗措施被规范化并允许实施,一般也都是在能够充分预见其可能对患者造成的伤害,并基本能够防范、控制已知相应并发症的前提下,为保护患者生命健康安全,明确制定相关的医疗规范常规的要求。在并发症无法预见的情况下,该项诊疗措施一般不被允许临床开展。第二,不确定性。并发症的发生和医疗条件、患者自身有关,具有复杂性及不确定性。第三,相对可免责性。并发症因其以上两个特点不可完全避免。通过严格医疗规范,积极预见风险,慎重选择个性化的治疗措施,多数已成为可以防范的医疗风险或者可避免造成严重后果的风险,实际上这种可避免性也是相对的。

医疗实践中,并发症的免责的条件如下所述。首先是预见。多数并发症能预见,故需要将能预见的并发症,包括疾病本身的及检查措施、治疗措施造成的并发症等均应告知患者,让患者知情;并对一些特殊检查、特殊治疗、手术等知情同意内容予以签字。其次是防范。对能预见的各种并发症,医疗机构应制定相应的防范措施。再次是观察。在患者疾病发展过程及检查、治疗过程中,医疗机构应做好严密观察。最后是处理。在观察到出现并发症时,医疗机构应作出及时、正确的处理,只有以上四个环节都做到了,医方才能免于对此类并发症承担责任;否则,并不能因患方签署知情同意书而免责。

医疗工作是一项风险性较高的工作,在医疗诊疗过程中仍然客观存在发生无法预料或者不能防范的不良后果的风险,即医疗意外。医疗意外的两个基本特征是无法预料和难以防范,有一部分并发症即属于此种情形。要具体病历具体分析,该并发症的发生是否属于"无法预料",而"没有预料"不等于"无法预料";此外,把握"难以防范"和"疏于防范"的判定尺度。对于确属现代医学科学所无法解释、无法预料及有效防范的并发症或者不良后果应考虑属于医疗意外而免责。

不可否认,病历格式条款在医疗生活中发挥着积极进步的作用,通过条款可以明确双方的权利义务,节约医患双方达成合意的成本等。只要能够通过各种途径使格式条款的运行规范,消除其不合理的地方,形成和谐的医患关系,医疗格式条款就能尽到其最大的社会作用。

第二章　医疗义务研究

第一节　医师告知义务

从历史上看，医疗告知义务是作为告知同意理论的重要内容发展起来的。告知义务作为医师的道德准则根植于医师的整个职业生涯和职业道德层面，在《希波克拉底誓言》中早就有完整的体现。要求医护人员在诊疗行为中将病情作一定的判断和告知，使患者对自我的疾病充分地了解、认知、选择。告知义务在法律的运用或者在司法实践中真正得以运用，始于19世纪末的大陆法系的德国。

医师告知义务体现了患者意思自治原则，《医疗事故处理条例》《医疗机构管理条例》《医疗纠纷预防和处理条例》《最高人民法院关于审理医疗损害责任纠纷案件适用法律若干问题的解释》等中对于医师的告知义务和责任均有作出了一定的规定和解释。《民法典》第七编第六章对此作出了相关规定。[①] 为医疗

---

① 《民法典》第1219条第1款：医务人员在诊疗活动中应当向患者说明病情和医疗措施。需要实施手术、特殊检查、特殊治疗的，医务人员应当及时向患者具体说明医疗风险、替代医疗方案等情况，并取得其明确同意；不能或者不宜向患者说明的，应当向患者的近亲属说明，并取得其明确同意。

机构在医疗纠纷中对患者履行义务的告知认定作出了相关的法律规定。告知义务的范围以及告知的风险,正是整个医患关系的核心要点,对于每个病历起到关键核心点。医疗领域强调患者的知情同意源于医疗行为的特殊性。

一、医师告知义务的概念以及法理背景

(一)医师的告知义务的概念

医师告知义务制度设计的目的是尊重患者就诊的决定权和选择权,医疗机构在实施侵袭性诊疗行为之前,医务人员应该向患者提供患者行使自己决定权所需的医学信息资料、手术风险、手术预后情况、并发症等。医师的告知义务的法律渊源是作为知情同意权的重要内容发展演变过来的。

知情同意权从汉语字面理解由知情权及同意权组成。二者互为前提、互相体现,知情权是同意权存在的前提和基础,同时,同意权又是知情权价值选择的体现,二者彼此相互印证。患者对于自我身体与疾病的治疗的抉择,是源自自然法中每个人的人身自由权中的人格自由,法律赋予每个人所享有。基于该理论,医疗机构在手术治疗或创伤性检查前为了得到患者的许可,对患方手术前的解释与说明疾病信息、治疗方案等,即告知。这也是医疗机构对患者生命、健康负责的职业使命所在。

医师的告知义务是基于每个患者对疾病治疗自我决定权产生的,是医师对患者承担职务上与法律上的义务。医师对患者或者近亲属、利害关系人进行告知,患者才有可能对医疗行为知情、同意及选择。医师将医疗行为充分、详细、明白地告知患者,使患者充分地了解诊疗与手术存在的风险可能性。

(二)告知义务的理论历史溯源

告知义务一词在19世纪末的德国司法实践中真正得以运用,1887年,德国最高法院以一医生出于对病患的身体机能健康的发展考虑,未经家属的同意前提,对患者做了截肢手术为由,判决该医生侵犯了患者知情

权承担伤害罪的刑事责任。

1957 年,在美国的加利福尼亚州,一位医师在对病患行胸部大动脉造影术时,并未对患者解释说明此手术可能带来的术后风险,患者对术后的病情可能进展处于恶化的困境,该病患术后由于手术风险以及后遗症,双下肢瘫痪。为此,由于医师未尽到充分的告知,加利福尼亚州法院对该医师以故意伤害罪名进行审判。这也是在判例当中首次引入了“告知后的同意”一词。

对医疗损害纠纷的实务梳理可以发现,医疗行为是一种探索性、经验性的民事活动,一旦发生医疗损害纠纷,由于损害是否是医疗机构的医疗行为过错所导致经常难以简单表面可以辨识,患方通常就会主张医生违反告知义务,侵犯其知情同意权,应当负赔偿责任。而在医患关系中,患者常常处于经济以及医学知识上的弱势地位,一般诉诸法院时受有身体、精神健康的损害,司法实务中难免倾向于让医疗机构承担一定责任,司法判决的这一倾向一定程度上也导致违反告知义务成为医院败诉的一个重要参考因素。面对医疗纠纷,医疗机构常常因为违反告知义务而陷入败诉风险,我国关于医方告知义务的规定又过于粗疏、简单、格式化,故而,医生在实践中总存在是否需要告知以及告知是否充分的困惑。①

(三)医疗机构告知的法律规定

孔子著《孝经·开宗明义章》曰:“身体发肤,受之父母,不敢毁伤,孝之始也。”古训中警戒着每个人不可以轻易地对自己的肌肤、身体进行伤害。在疾病前,人的身体与精神受到双重打击。疾病的恢复需要经历缓慢时间过程,严重疾病致患者需要选择手术治疗,医生基于患者同意前提对身体进行“合法侵袭”。从法理学上,每个公民有权利维护自我身体乃至身体上任何一个机能的完整性和健康性。医生对患者合理的、合法的、准确的肌体手术,基于正当性对患者健康权和身体权的侵袭。

---

① 参见许晓明:《医方告知义务的类型化研究》,四川省社会科学院 2021 年硕士学位论文,第 1 页。

随着成文法的逐渐完善和体系化，法律侧重对弱势群体保护，医疗法律法规亦是如此。告知义务对于医患双方同等重要，在现今的整个法律规范中均有恰当的规定。对于医疗机构告知的义务，规定如《医师法》第25条；《医疗机构管理条例》第25条、第32条；《医疗机构管理条例实施细则》第62条；《医疗事故处理条例》第11条；《母婴保健法》第19条；《医疗纠纷预防和处理条例》第13条；《民法典》第1219条、第1220条……基于此，医师的告知义务是否恰当、是否充分、是否合法履行是判断医疗过失一个重要的程序性焦点问题，也是当前社会中解决诸多医患问题的至关重要的核心点。

二、医师告知义务的范围界定

（一）医师告知必要性

医患法律关系中不论是诊疗行为还是病历书写规范，告知仍是医疗机构一种伦理上和法律上的义务，并且已经发展成为每个医师在手术前必须履行的职业义务。

告知系医师职业道德义务。从医学伦理层面上，医师除了需要掌握高超的医疗技术，还需要具备高尚的医德，在我国《医师法》第3条①中就明确规定。《医疗纠纷预防和处理条例》第9条第1款规定："医疗机构及其医务人员在诊疗活动中应当以患者为中心，加强人文关怀，严格遵守医疗卫生法律、法规、规章和诊疗相关规范、常规，恪守职业道德。"对于每个医师来讲将患者的利益放在最高位，是医师宣言中要求每个医护人员都必须遵守的道德精神。据此医师除了要有救死扶伤技能，同时须具有崇高的职业道德追求。关于其原因，首先，在整个医患关系当中，医患信息不对称。医生具有对疾病的认识与诊疗专业性，普通公民对此医疗专业知识匮乏。其次，医生道德水准、伦理规范比其他行业职务有更高要求。药王孙思邈说过："凡大医治病，必当安神定志，无欲无求，先发大慈

---

① 《医师法》第3条第1款规定：医师应当坚持人民至上、生命至上，发扬人道主义精神，弘扬敬佑生命、救死扶伤、甘于奉献、大爱无疆的崇高职业精神，恪守职业道德，遵守执业规范，提高执业水平，履行防病治病、保护人民健康的神圣职责。

恻隐之心，誓愿普救含灵之苦。”同样地，希波克拉底道：“我愿尽余之能力与判断力所及，遵守为病家谋利益之信条，并检柬一切堕落和害人行为。”明代学者裴一中在《言医·序》也言道：“技不近仙者不可为医，德不近佛者不可为医。”古今中外都要求医师以病患的利益最大化为最大目标，对其医德、医技提出严格的要求。再次，医疗卫生法律法规的不断完善也表明了立法层面对该问题的重视程度。近些年司法判决中涉及医疗机构告知内容包括病情和检查结果、术后注意事项、医疗设备及条件的局限性、用药、替代治疗方案、手术主刀医生、医疗措施及其效果与风险、转院或者擅自外出风险、患者死亡后尸检等。① 因而，法理学上对于诊疗上医师告知不仅源于医师对于病人和整个社会所负有的道德职责，也是由社会对于医学行业的需求和人类的健康需要所决定的。既是医生职业社会角色所导致的，亦是社会分配正义的结果。

我国《医师法》第25条、第26条明文规定，医师有如实向患者或者家属介绍病情的义务以及医师实施实验临床医疗，应当征得患者或者其家属同意。同时，如果医师在医疗过程中违反了第26条的规定，根据《医师法》第55条的规定应受到相应的行政处罚，根据第63条，构成犯罪的，须承担相应刑事责任。《民法典》的颁布实施及医师相关法律的修改，使医师的职业道德法律化，医疗体系中医师的告知义务的地位是越来越重要的，也是认定医疗过失的核心焦点。

（二）医师告知范围

1. 告知的形式

在《医疗事故处理条例》中，规定医师的告知时应当避免对患者产生不利身心后果。《医疗纠纷预防和处理条例》第13条第1款规定：“医务人员在诊疗活动中应当向患者说明病情和医疗措施。需要实施手术，或者开展临床试验等存在一定危险性、可能产生不良后果的特殊检查、特殊治疗的，医务人员应当及时向患者说明医疗风险、替代医疗方案等情况，

---

① 参见许晓明：《医方告知义务的类型化研究》，四川省社会科学院2021年硕士学位论文，第14～15页。

并取得其书面同意;在患者处于昏迷等无法自主作出决定的状态或者病情不宜向患者说明等情形下,应当向患者的近亲属说明,并取得其书面同意。"在临床与司法实践中,医师对于告知的瑕疵主要有:未告知、不完全告知以及不及时告知三种形式。而在医疗纠纷中,一般医师对患者都会有一定程度的告知,因此未告知的情况在医疗机构比较少见。司法实践中不完全告知以及不及时告知,是引起医疗纠纷的关键所在。原《侵权责任法》第55条规定告知形式应该采用书面形式。《民法典》第1219条规定:"医务人员在诊疗活动中应当向患者说明病情和医疗措施。需要实施手术、特殊检查、特殊治疗的,医务人员应当及时向患者具体说明医疗风险、替代医疗方案等情况,并取得其明确同意;不能或者不宜向患者说明的,应当向患者的近亲属说明,并取得其明确同意。医务人员未尽到前款义务,造成患者损害的,医疗机构应当承担赔偿责任。"对于手术、特殊检查、特殊治疗的告知,原《侵权责任法》要求必须书面告知。而《民法典》将书面告知修改为"明确同意"。司法实践中"明确同意"包含了书面同意,也包括录音、录像、微信、电话等方式,只要能够证明患方明确同意的,均视为有效告知。《民法典》该修改增加了医方告知的途径和方式,比只能"书面"告知灵活,也是适应社会发展与医学进步的需要,有利于维护医患双方的共同利益。

2. 告知的范围

医师在诊疗行为中必须告知的范围内容包括以下几个方面。

第一,基础信息告知。《医疗机构管理条例》第26条及第30条表明了医疗机构应当让患者第一时间熟知简单的医疗信息以及医务人员的相关基本信息。医疗实践中医患关系往往忽略了最为基础的医疗执业许可证、医师姓名、医疗执照执业许可范围、就诊医生执业专业或者专长、职称、毕业院校等。根据告知的基础信息,患者就医时能够及时根据所患疾病选择良好医生从而重视自己生命或健康权利。

第二,告知顺序选择。在诊疗过程中,法律上遵循患者自我选择身体疾病处理的决定权,而当患者完全或者暂时丧失民事行为能力,使其无法作出决定时,法律规定由其近亲属或利害关系人代为行使。现代生物科学技术发展,医学取得巨大跨越,但医师对医疗未知领域及一些疑难疾病的认识是有限的,对风险也无法评估得相当准确、全面。因此,术前等告知时未告知、不完全告知以及不及时告知,最后却导致患方无法接受的诊疗后果的医疗损害纠纷发生。

医疗机构对患者的告知是一种义务性的行为。其历史发展由医务人员"应当做到"演变为如今的"必须做到"。在《民法典》关于医疗损害的相关规定中,更多的告知范围都是在整个的诊疗过程当中,医疗机构告知患者病情、治疗方案、手术、保守治疗后果等,但卫生法律法规等立法没有规定对患者在诊疗前及诊疗后的告知。明确告知顺序,才能避免产生混乱。患者以外的其他告知对象与患者的远近亲疏关系是确定先后顺序的重要依据,与患者的关系越密切,其知情权越应该得到保障,如患者父母的知情权应优先于患者祖父母、外祖父母的知情权。在此建议可参照《民法典》第 1127 条规定的继承顺序确定告知顺序,因为继承顺序也是根据关系的亲密程度确定的。①

医师违反告知义务给患者造成损害时,应该承担相应赔偿责任。尽管卫生法律法规包括《民法典》中医疗损害相关章节有所规定,但是依旧不够具体、详细,只能在司法实践进行诠释。医师告知的内容是什么?如何认定合理告知?这些都是值得研究课题。

第三,医疗信息。患者到医院的挂号处挂号后,医患双方成立医疗服务合同。许多医疗机构在门诊、急诊大厅都设有 LED 显示屏,上面会浮动显示每日每科室的当日就诊医师姓名、职称、挂号费用、诊室等基本的信息。这是医疗机构告知患者相关科室医师信息初步的要求,但是现实生活中,大部分医院 LED 显示屏基本处于医院大门大厅上方或者挂号处上方。在咨询或者导医台以及挂号处的医护人员,基本不会详尽地对医师的信息进行告知。由于医患信息不对称,大部分患方无法理解 LED 显示屏上的信息实际意义。能够理解显示屏内容的病患及其家属,也未必能够及时地从显示屏上获取相应的信息。对于医院每日坐诊的医师,显

---

① 参见柯斌珍:《我国医生告知义务之法律问题研究》,载《医学与法学》2020 年第 3 期。

示屏的信息都只能滚动显示，循环往复一次一般需要花费 5 ~ 10 分钟。据此显示屏的告知作用对于患者来说是微乎其微的。因此，挂号处的医护人员以及咨询台的医护人员应当在病患及其家属进行挂号、咨询时，将医师的基本信息、专业方向详尽告知，患者在多个诊疗医师中尽可能享有充分的选择权。

首先，关于递进检查医疗的告知。在疾病诊疗中，医疗机构及其医务人员对疾病进行判断、确认，依次施以不同的医疗手段。在治疗过程中，除了医师对病人所采取的体格检查，有时还需要借助一定的医疗设备设施手段对疾病进行定性，获取病因或病理特征等临床检查，如 X 线、CT、MRI、PET 等。所有的检查都应服务于必要的疾病诊断或病因的确定。医疗过程中检查的目的超出了疾病本身的需要就称为过度诊疗。因此，医师在就诊时应当准确地对患者的疾病作出相应的判断和告知。

其次，医师及时、完整告知病情。个别经治医师选择隐瞒一定的真实内容，使患者二次就医。这种不当行为甚至导致患者病情的加重和增加不必要医疗费用。因此，在整个诊疗行为过程中，患者的具体病情、选择治疗方式、治疗的费用、手术与保守治疗优劣性、手术最佳效果等都要详尽告知。

最后，药物副作用、用药告知。部分门诊医师给患者开具处方，或者患者出院后带药治疗时，仅对该药物如何使用进行便签标示，而没有详尽的告知。对于很多药品的成分以及禁忌，医师具有专业性。在医师开完药时，应当告知患者该药的使用方法、药品的药性、药品的成分、药品副作用以及药品的相应价格。如果患者对医师首次开的药无法接受，医师应当就其要求作出相应的同等药性的药品的调换。同时医师须向患者表明食用药品的期限、回家后须注意的饮食起居的习惯、复诊时间信息。此外，应该告知患者其下一次的坐诊时间以及地点，方便患者有何疑问能够及时地进行咨询和解答。

三、医师告知义务效果的评判

根据《医师法》第25条[①]的规定，这个不利后果到底该如何来界定？什么内容才叫作对病患会产生不利后果？每个病患的心理素质和承受能力各有不同，医师也无法掌握每个病患的心理状态。为此，医疗实践中，有些医师将一些较为严重病情和情况选择隐瞒，或者不及时告知。医疗机构解释因为患者无法接受自己所患疾病，特别晚期癌症患者，如实告知使得患者病情加重，导致不利后果，医师应当承担责任。现实生活中让患者经历了多次的检查和治疗之后，患者的心态慢慢地转化为可以接纳最坏的结果时，医师再进行告知，可以减弱可能发生的法律风险。

目前医疗资源严重分配不均，在大城市中心的大型医院拥有具备高超医术的医生以及最新研发的精密的医疗设备。患者均会选择到大医院就诊，这也是造成大医院就诊难、看病贵的其中一个原因。门诊患者超量，每位医师每日的就诊人数远远超过其能负荷的人数。导致医师很多时候失去一个持之以恒的耐心，时间有限性、超负荷接诊无法将所有的病情和相应的事情如实、详细进行告知。根据法律法规的规定，对医师的要求在于其所知悉的病情内容必须满足全面、准确、真实地向患者披露，不能存在保留或者选择的情况，也不能够带有倾向性的意见，才能保证患者能够充分知情并对此自主地作出相应的选择。因此，要求医师必须使用易于患者理解和熟悉的表达方式来向患者告知医疗信息，也是《民法典》规定中“意思表示真实”的客观的、具体的要求。由于医学是属于高度专业化的一门科学，对于平常不懂得医学专业知识的病患或者常人来说，要让其完全理解其中的情况存在困境。所以，医师除在医学专业知识上有扎实的基础以外，还需要很强的交流沟通语言表达和心理理解能力。

医疗实践中对于医师的告知要求医师要做到及时、有效。“及时”指

① 《医师法》第25条规定：医师在诊疗活动中应当向患者说明病情、医疗措施和其他需要告知的事项。需要实施手术、特殊检查、特殊治疗的，医师应当及时向患者具体说明医疗风险、替代医疗方案等情况，并取得其明确同意；不能或者不宜向患者说明的，应当向患者的近亲属说明，并取得其明确同意。

的是医疗的诊疗行为在被实施之前就必须告知患者，并且要让其有充分的时间考虑。“有效”则是指在医师履行了相应的告知义务后，需要让患者确认其所告知的内容，并且内容须符合医疗法律法规规定及患者心理接纳能力。

从立法、行政、司法多方面规范医师告知责任，使得告知的内容得到的完善，从而保障医师和患者双方的利益。完善的法律法规作为一个参考标准，有利于医师对患者进行诊疗。从而建立一个医患双方良性互动的医疗体系，共创和谐社会。

第二节　急诊注意义务的研究

由于医学是一门未知性及风险性较高的自然学科，医学研究成果或者新医疗技术在临床的推广和运用受社会经济状况、医疗机构所处区域、医疗机构本身人力物力条件等客观因素的制约等原因，同时在诊疗活动中患者对诊疗行为的高期望值和医学本身固有的局限性之间的矛盾，导致了医疗纠纷的发生，部分医疗纠纷甚至引发医患之间激烈的冲突，许多医务人员在激烈的冲突中受到了身体的损害，干扰了医疗秩序的正常运行也不利于社会的和谐稳定。近年来我国医患关系的紧张局面愈演愈烈，特别在医疗机构的急救、急诊中体现更为明显。[①] 对急诊科的医护人员注意义务进行规范显然尤为重要。医疗机构的急诊活动与患者的生命健康息息相关，急诊科是院前抢救的急症首诊场所，是社会医疗服务体系的重要组成部分。

一、急诊中的注意义务的溯源

（一）急诊注意义务的概述

急诊注意义务是指医务人员对于急诊就诊患者根据法律、法规、规

---

① 参见张芮：《论我国医疗告知义务》，辽宁师范大学2019年硕士学位论文，第3页。

章、诊疗护理规范以及职务业务上的法律责任，在实施医疗行为过程中所要求的诊疗护理义务，即医护人员在诊治急诊的患者时，既能够快速熟练运用所掌握的医学专业知识和急救专业能力，又能预判到具体的病例诊疗将会出现的各种有可能发生的状况急救预案，此外在认识到自己的诊疗可能会对患者的身体造成意外的损害后，能够及时、有效采取医疗措施尽量减轻不当的损害后果。注意义务的最大的特点就是其相对性。①

（二）急诊注意义务的来源

1. 医疗卫生法律、法规与规章

医疗行为具有高度复杂性、专业性、风险性，现代社会大部分的国家普遍出台了相关的法律法规对医疗秩序进行规范，避免医患双方冲突，以此实现规范医疗注意义务，保障医患双方的各种权益的平衡。医疗卫生法律、法规、规章是医护人员在具体的诊疗活动中注意义务的最高一级来源。在我国由全国人大制定的法律，国务院制定的相关行政法规，以及各个部门和地方的规章再加上各级具体的诊疗机构所制定的相关规范一起构成了医护人员的注意义务的基本的来源，如原卫生部 2008 年颁布的《急救中心建设标准》和 2009 年《急诊科建设管理指南（试行）》等。《民法典》第 1221 条规定："医务人员在诊疗活动中未尽到与当时的医疗水平相应的诊疗义务，造成患者损害的，医疗机构应当承担赔偿责任。"在法律的层面将急诊疗过程中的注意义务予以规定，包括 18 项核心制度的首诊负责制、危重病人转院制度等制度。

2. 急诊诊疗护理常规和规范

诊疗护理常规和规范是在实际的诊疗过程中逐渐形成的。是医护人员在诊疗过程中所必须遵守的执业强制的规范，目的是保障患者基本的生命权、健康权、身体权。急诊诊疗护理常规和规范主要指急诊医护人员在具体的医疗操作中所必须遵守的诊疗方式、操作步骤、抢救方式等，是医疗机构及其医护人员在诊疗活动中遵循的最基本诊疗行为规范，是医

---

① 参见邓虹：《从汤普森诉太阳城医院案看医院对急诊患者的注意义务》，载《中国卫生法制》2010 年第 6 期。

疗程序标准的体现。比如急诊医护人员在救治在车祸中受重伤的患者时，应当先观察患者是否有骨折等伤痛并观察患者是否清醒，初步判断内脏器官有没有伤害、出血等，确定如何搬移患者，避免在救治的过程中对患者造成再次伤害，急诊中医护人员对受伤患者根据不同病情，受伤、疼痛部位进行分诊尤其重要，若在急诊中医护人员没有尽到该项注意义务，使患者发生不应有的损害，即构成侵权。诊疗行为的违法性，应包括三层含义：第一层含义是指诊疗行为违反诊疗护理常规和医疗机构自定的诊疗规章制度；第二层含义是指诊疗行为违反了卫生管理法律、行政法规、部门规章；第三层含义是指诊疗行为违反了国家关于保护民事主体合法权益不受侵害的法律规定。卫生法律、行政法规、规章、诊疗护理常规和医疗机构自定的诊疗规章制度是医疗机构和医务人员的工作依据和准则，在医疗活动中应严格遵守。[①]《急诊科建设与管理指南（试行）》第23条规定了对危重急诊患者实行"先及时救治，后补交费用"的救治原则。

3. 医疗服务合同的医疗注意义务

从合同法视角来看，医患双方是一种医疗服务合同关系，是院方提供医疗诊治服务与患方支付医药费用的法律关系，在医疗服务合同关系中，患者的诊治行为具有被动性，患者因生病就医与医疗机构成立医疗服务关系，患者到医院就诊挂号就是订立合同。作为合同的民事主体，在医疗服务合同纠纷中地位平等，医疗机构和患者互享权利、互负义务。因此医疗机构与患者所形成的诊疗合同是《民法典》中合同编规定的典型双务合同。在医疗诊治过程中医护人员对于患者关于诊疗行为的要求作出的抉择，在一定程度上符合《民法典》合同编规定的注意义务来源，但基于医疗行为特殊性、复杂性、风险性，医疗机构对关于治疗效果的口头或书面约定，若无法实现，在司法实践中一般应被认定为不具有效力。特别医疗机构在急诊中的主要义务就是挽救患者的生命或者健康，而不能作出确定性的承诺。但在现实中值得注意的是一些医疗机构，尤其是民营医疗机构在进行宣传时往往存在过多虚假的描述，或者对诊疗效果作出了

① 参见单国军：《医疗损害》，中国法制出版社2010年版，第53页。

预期承诺。基于患者对医疗机构合理的信赖利益需要,在具体的司法操作中,应认可诊疗机构作出的治疗承诺的法律效果,并把诊疗机构这种具体的承诺看作急诊中合同注意义务的来源之一。

（三）急诊注意义务来源的法理厘定

急诊中的诊疗行为过失的根本在于违背急诊过程中应履行的注意义务,医疗机构在急诊中的注意义务是医方必须高度重视的义务。对于医疗机构的急诊行为是否存在过失、在具体的诊疗活动中过错的严重程度以及具体病历存在问题的判断都需要以对注意义务的探究为前提。诊疗环节的高风险性要求医护人员更要注意力集中,高度谨慎,对医疗活动中所有的危险性都必须要科学评估、认识清楚、提前预测,根据自己的专业知识和实践经验提前判断可能会给患者带来的危害,提前将可能的危害后果和损失尽量降到最低,保护患者的生命健康利益。这是医学上高度专业的注意义务,属于一种必须遵循的具体准则和规范,即要求在急诊活动中,医护人员应该根据一个合格的医护人员所应该掌握的医疗技术、专业技巧和长期的医疗活动中所积累的经验以及医疗相关的法律法规的规定,在救治急诊患者的过程中,提前判断其治疗方案可能给患者带来的危害,提前将可能的危害后果和损失尽量降到最低的义务。

医疗行业与其他行业相比是一个具有很高风险的行业,医疗行为直接与患者的生命权等一般人格权相关联,因为在诊疗活动中是针对患者的身体来进行创伤的行为,在这一过程中难以避免对患者身体造成损害,而在急诊中由于患者病情的紧急,时间和生命两者作为都必须考虑的因素,这也决定了医疗机构急诊中的注意义务与一般诊疗中的注意义务的存在明显区别。急诊本质上是一种紧急情况下的处置,将有限的医疗资源优化配置。

1. 规范性和紧急性

急诊中医患关系属于非典型的合同关系,根据合同编的规定,医患双方在合同上地位平等,医疗服务合同医患双方主体互负权利与义务。诊疗机构的义务是抢救重症急诊患者的健康及生命或者尽到最大注意保障其健康,急诊医师治疗重、急症患者疾病或者缓解患者的病痛,问诊的医生无法保证所有疾病一定能够得到治愈。司法实践中急诊中医疗机构是否存在医疗过错,不能以疾病最终是否痊愈作为判断标准,同理也不能以是否挽救急重患者生命或者症状是否得到缓解进行认定。医疗机构有没有遵循相关的医疗法律法规,有没有按照诊疗程序进行操作,取决于诊疗机构在对急诊重症患者进行抢救的过程中,是否最大限度地避免医疗事故与医疗损害的出现,这也是判断诊疗机构是否存在过错的衡量标准。在具体病例的急诊过程中,各种疑难杂症状况更加难以确定,急重症患者病情进展迅速,变化多端,医护人员严格按照急诊分诊、救治、抢救等医疗行为和高度注意义务进行操作,而对急重患者诊疗的结果却难以保证。因此,医患双方在急诊等医疗合同关系中产生的义务即医疗注意义务,在性质上是一种方法债务,而非结果债务。①

2. 专科性与伦理性

医护人员根据医疗专业知识和专业技能进行诊治活动,医疗行为目的是解除患者疾病的折磨、挽救重症患者垂危的生命、治愈患者病痛的伦理道德原则,正是由于这种独特的特点,患者才在患病后主动寻求医疗机构的诊治,形成了一种强制缔约医疗合同关系。医护人员在医学的知识学习和技能掌握中逐渐形成了专业性的知识技巧,在医疗长期的发展历史中医务人员具备了救死扶伤这种伦理特征。最大限度地维护患者的生命和健康权益,世界各国对医务从业人员的要求很高,最低的要求一般需要医科专业五年制毕业和满三年规培临床经验,同时必须取得医师执业资格和执业证书。医疗机构急诊中的医疗注意义务一方面包括医疗相关的法律和行政法规所规定的专业性注意义务,另一方面包括医学职业道德和伦理上所具备的义务。医疗机构在急诊中只有存在以下情况才能抗辩:医院没有救治资质;有医学上的正当理由。

3. 发展性与客观性

尽管经济发展及医学在不断进步,但是还存在许多没有被解决的医学难题和新出现的疾病,比如 2020 年新型冠状病毒在全世界蔓延,这些

① 参见宛媚:《论医疗过失》,复旦大学 2013 年硕士学位论文,第 12 页。

未知疾病难题的存在一方面给人类身体健康、生命带来威胁，另一方面推动着医疗行业相关技术的进步。医疗机构在急诊中各种无法预见的因素也会影响诊治的效果，把这些因素对诊疗的负面影响降到最低程度，也是医师提高医疗注意义务的过程。医疗的注意义务具有客观性，诊疗过程必须用文字和语言或者图形来进行表述，使诊疗过程具体化和规范化。医疗水平的提高也正如人类社会的进步一样，同样医疗机构在急诊中的医疗注意义务也是伴随诊疗水平的提高而不断完善。

4. 抽象性与概括性

医学属于自然科学，医疗行业的专业性强，医护人员的专业技术、操作能力必须达到一定的理论与实践操作能力才可以救死扶伤，现实生活中不可否认医护人员的职业道德也是不可忽视的一个重要因素。在每个专科临床诊疗中，每一个患者之间都存在很大的差别，具体诊疗中必须具体问题具体分析，在实践中患者的临床症状表现丝毫不同，而对具体的检查报告数据的分析上却是极为近似的疾病，难以区分；或者实际上并非同一种疾病，但患者在临床上的症状极为相近。单凭检查数据和临床症状中的任何一种都无法对患者的病种进行确诊。在医学临床上，医护人员不但要观察患者所表现出来的不同症状，而且要作具体的综合判断并作出专科分诊。急诊医疗注意义务并非与每一种或者每一类具体的疾病所对应的，而是与某几种或者某几类具体的疾病所对应的，因此在急诊中的医疗注意义务具有概括性、抽象性。

二、急诊中注意义务的种类

（一）全面诊疗的注意义务

《民法典》第1221条充分体现了一个重要概念，即注意义务。医务人员必须完全尽到医疗机构的注意义务，才有可能不承担医疗过错的责任。全面诊疗注意义务，要求医护人员对患者的各种症状进行检查、分诊、综合分析以确认患者具体患何种疾病，比如对腹痛患者，其可能是胃肠疾病，可能是肝脏疾病，也可能是心脏疾病等，急诊医护人员对患者疾病检查、分诊、分析、判断等要细心、详细。若急诊医护人员没有完全注意到患者的全部症状、病情而错误分诊，可能最终治疗不及时而延误患者的病情。诊疗机构在没有完全履行全面的诊疗义务的情况下致使患者受到损害，诊疗机构对此必须要承担与其过失相应的法律责任。

(二)说明告知的义务

诊疗告知是法律对患者就医知情权与选择权的保障，是患方的权利，也是医疗机构和医护人员的义务。20世纪后人权运动广泛发展和新型的医患关系建立，各国都在立法层面赋予了患者自我决定权。诊疗机构只有履行了说明告知的义务，病患才有可能行使决定权，决定是否进行相关的诊疗、手术治疗。随着医学科技的高速发展和疑难疾病出现，医疗技术操作也变得更加专业和复杂，如果在诊疗过程中医护人员对其所实施的医疗行为没有向患者进行说明，一般不具有医疗专业知识的患者就无法权衡其利弊，也不能辨别接受该诊疗方案对自己疾病发展结果。诊疗机构的说明告知义务与患者知情同意权是一个问题的正反两面。在急诊的医疗行为过程中，对于重症患者，在紧急情况下无法得到患者、近亲属或者利害关系人的承诺。在为了挽救患者的生命，以及法律要求进行强制诊疗时，学理普遍认为医护人员无须向病患说明，自然也无须取得病患的同意。在司法实践中当医护人员就一项医疗行为，对病患进行了充分的说明告知并取得同意之后，也只表明医护人员尽了说明告知义务，并不免除因为过失等其他情况下给患者造成的损害的责任。告知后同意规则保护的法益应当同时包括患者身体权及自主决定权益。其中，为避免告知后同意规则实质上成为结果责任，也为了避免患者的自主决定被身体权消解，应肯定自主决定权，并通过构成要件的解释和限缩将其限制在特定范围内进行保护。①

《民法典》第1219条详细地规定了医疗机构的说明告知义务，如果医方在诊疗的过程中违反该义务就可能会形成医疗过失。《民法典》第1220条规定了在紧急情况下诊疗机构说明告知义务的例外。这一例外

① 参见蒋雪纯：《论违反医疗告知后同意规则的侵权责任——以患者自主决定权为中心》，南京大学2021年硕士学位论文，第11页。

主要考虑在急诊中近亲属陪同的情形,如遭遇严重车祸或者突发疾病,没有近亲属或利害关系人陪同,基本由120急救或警察将患者送医就诊。在这种情况下的患者基本都处于昏迷或者意识不太清醒的状态,生命机能正在不断下降,急诊诊疗机构无法履行该项义务,患者无法表达其意思表示,同时联系患者家属存在严重困境。在这种紧急情况下如果因为没有得到患者同意而不能进行急诊抢救,必然延误最佳的抢救时机。《民法典》第1220条规定:"因抢救生命垂危的患者等紧急情况,不能取得患者或者其近亲属意见的,经医疗机构负责人或者授权的负责人批准,可以立即实施相应的医疗措施。"经过诊疗机构授权的负责人或者该诊疗机构的负责人的批准才能够采取医疗措施。

(三)转诊的注意义务

转诊的义务是指诊疗机构将超出本诊疗机构救治专业领域的或者超出本医疗机构诊治水平的病患及时、准确地转至有能力救治的医院的义务。司法实践中的转诊医疗注意义务发生如下几种情况:(1)基层医院急救时遇到病情复杂的患者,超出本医疗机构治疗能力的情况时,将急需转院的患者送往有急救条件的医院;(2)危急重病人前往医院诊治,急救项目和措施属于该院救治范围之外时,医院直接将其转送到其他医院加以救治;(3)患者就诊的机构是符合救治条件的大医院,但由于对于该患者的疑难杂症,患者就诊的诊疗机构的治疗方法在本领域并非最高效的,在不危及患者生命安全的前提下将需要转院的就诊者转往治疗方法最有效的医疗机构,同时,必须为非本医疗机构诊疗范围内的急危重患者转诊时提供必要帮助。

(四)保密的注意义务

患者基于对诊疗机构的充分信赖,与医疗机构建立医疗合同关系。医护人员对其因诊疗行为所知悉的患者的病情资料等个人信息应保守秘密。医护人员应遵守对患者信赖保护义务,以其所掌握的医疗技能与神圣的医疗职业道德为患者提供诊治服务。《医师法》第23条和《民法典》第1226条均对患者隐私的保密义务作出了明确的规定。

希波克拉底时期就已经将保守患者疾病秘密规定为医护人员所要遵

守的一个规则，世界上各个国家在相关的医疗职业中普遍都有这一要求。医疗机构的保密内容包括患者的病历档案，如各种检查报告、疾病诊断结论、诊疗的方法与疾病疗程等信息。对于患者个人隐私权的保密注意义务是对患者人权的确认，也是增强医患之间的相互信任，保证准确地对疾病进行诊疗的需要。如果患者在诊疗过程中质疑医护人员甚至不信任，为了保护自己的隐私不被医护人员泄露，就会隐瞒其认为会对自身的形象或者生活造成不良影响的病情或者症状，使疾病不能得到准确的诊断。目前世界上大部分国家卫生法均有相关的规定：医护人员若非有治疗疾病等理由，禁止披露基于患者信赖而获知的疾病的相关信息。比如在紧急妇科手术中，一群医学院实习生被请来观摩，这种情形可能侵犯患者隐私权。无论患者何种性别，在急诊中患者的身体权是患者隐私权的一部分，未经患者本人同意，就可能违反医疗信息保密注意义务。

三、急诊中注意义务的缺陷与完善

急诊中注意义务规则的完善属于整个医疗过程的一部分，急诊中医疗损害责任划分、过错的认定均系一个复杂求证过程，对这些相关的法律法规进行分析后有更深层次的理解与认识。

（一）急诊中注意义务的缺陷

1. 过错认定的规则较模糊

《民法典》第1220条中用的是“可以”，换句话说，医方也可以不立即实施相应的医疗措施，如果不进行相关诊疗造成了危害后果，诊疗机构并不对此负责。这样的规定是对医方“不作为”行为的默认。现代社会的经济快速发展与进步，医疗卫生体制改革尚不能满足普通大众的需求，导致医患矛盾逐渐增加。医护人员在实际的诊疗急救的过程中不愿意承担过多法律风险，在急救中选择过于保守的治疗方案，不利于急重症患者的救治，甚至导致在急诊患者身上发生医生不作为的悲剧，比如因丈夫不愿意花费过高的手术费而拒绝签署手术知情同意书，导致孕妇和腹中胎儿死亡。若急诊等紧急的情况中，无法取得患者或者其近亲属意见，在经过医疗机构负责人或者授权的负责人的批准，就“必须”立即实施相应的救助措施,否则医方将承担相应责任。在一般情况下,医护人员确实应当充分尊重就诊者的知情权,然而在像急诊手术这样的紧急情况下,医师同时应当获得医疗豁免权,或者通过其他的途径来妥善解决这类问题,保证医师职责的行使,体现“以人为本,救死扶伤”的医疗理念。

《民法典》第1221条界定了注意义务的判定标准,即“诊疗时的医疗水平”,这指的是在一般情况下诊疗机构和医护人员可以尽到并且是能够尽到的,通过自己谨慎的作为或者不作为,来达到避免患者受到不应有的损害的义务,但因为医疗行为存在不确定性、危险性、风险性等因素,在实践中医护人员即使完全按照法律法规相关的规定,还是会给患者造成不应有的损害,因此正确理解“诊疗时的医疗水平”对是否违反急诊中该义务的定性十分的重要。《民法典》第1221条规定判断诊疗机构构成过失的标准却没有规定不同的行为主体及区域的差别,只是简单地适用统一标准。这样的做法并不符合我国实际情况。应该考虑“地域标准 + 差别”的认定,“在判断急诊室医务人员的相关注意义务时,除了普遍的衡量标准之外,还应该充分综合不同的区域、不同的主体的资质等相关因素”。目前相关规定中的统一标准并没有考虑到我国医疗水平地域之间差距,是不符合客观实际情况的。

2. 医疗损害过错鉴定的机构二元制困境

虽然《民法典》以“医疗损害责任”章节规定违反注意义务造成被诊疗人损害后果时的相关责任,但司法实践中未对鉴定机构统一标准作出进一步的解释规定。目前的医疗损害纠纷鉴定主要有两种:一是省、市级医学会组织的医疗事故技术或者医疗损害鉴定,二是通过司法鉴定机构进行医疗过错司法鉴定。

我国法律法规规定,国家对从事法医类鉴定的鉴定人和鉴定机构实行等级管理制度,医疗事故技术鉴定的内容不属于法医类鉴定,但医疗事故技术鉴定中涉及的有关问题如死亡原因、伤残等级等,属于法医类鉴定的范围。医学会组织的医疗损害鉴定或者医疗事故鉴定与司法鉴定机构主导的鉴定两者是存在明确分工的。医学会主要负责诊疗机构的治疗行为、手术操作是否符合诊疗规范,是否构成医疗事故或者医疗损害鉴定,据此判断诊疗行为与患者人身损害是否构成因果关系，过错参与度或者责任比例百分比范围。医疗机构和患者在审判中，对于两种鉴定方式都有明显的选择倾向。患者认为医学会在性质上侧重保护医方利益，因此患者对其并不十分信任。司法鉴定机构在医患双方听证会后，在相当长时间才出鉴定意见，在实践中难免存在利益输送的可能性，同时鉴定人员在分类上属于法医类而非临床专业的专家，存在外行鉴定内行的问题，因此导致医方对于此鉴定难以信服。

《医疗纠纷预防和处理条例》第 34 条第 2 款规定："医学会或者司法鉴定机构接受委托从事医疗损害鉴定，应当由鉴定事项所涉专业的临床医学、法医学等专业人员进行鉴定；医学会或者司法鉴定机构没有相关专业人员的，应当从本条例第三十五条规定的专家库中抽取相关专业专家进行鉴定。"实质上医疗损害鉴定在实践中是一个非常重要的事实认定的问题，也是在对是否违反注意义务的认定中的关键环节，其重要性是医疗纠纷案件的特殊性所决定的。

3. 损害的赔偿标准模糊

在原《侵权责任法》实施之前，我国依照《医疗事故处理条例》对医疗纠纷进行鉴定和解决。在损害赔偿问题上，也没有任何一部法律使医疗纠纷相关问题有一个系统的规定，更没有明确地规定损害赔偿的相关标准。《民法典》沿用了原《侵权责任法》的规定：用"医疗损害责任"替代了"医疗事故责任"和"医疗过错责任"表述。医疗损害与其他赔偿责任在特点上有很大的不同，急诊中的医疗损害往往是多个行为共同作用的结果，医疗过失的损害是由多个原因力引起的后果。

在实践中给双方选择鉴定机构的过程造成了较大的困扰。不同鉴定组织的选择在赔偿的结果方面有着巨大的差异。对医疗事故的鉴定是根据《医疗事故处理条例》，这种鉴定方式以及处理方式都有着很大的行政特点，偏重对医院的行政处罚或者刑事处罚而忽视了对患者的民事赔偿；而医疗过错鉴定问题是在《医疗纠纷预防和处理条例》中规定的，其赔偿标准是根据《民法典》和《最高人民法院关于审理人身损害赔偿案件适用法律若干问题的解释》关于人身损害赔偿标准进行的。

(二)对相关法律规则的完善

1.完善医疗服务合同与医疗损害赔偿的相关法律规定

明确医患双方在医疗合同上的权利和义务。只有对当事人双方的行为预先设定一定的权利义务界限,双方基于对自己权利义务的衡量才能够最大限度地减少矛盾发生,也有利于为解决医患双方纠纷提供相应准则。《民法典》规定的"诊疗注意义务"是笼统的标准而不是以医护人员的具体诊疗行为为衡量的标准,基于患者个体差异性,现实生活中也无法规定详细诊疗标准。虽然"诊疗注意义务"这一规定为解决相关的医疗损害赔偿案件提供了法律规则的支持,但是,其仅从侵权责任的归结这个层面来追究诊疗机构的责任、规范诊疗机构的行为。而在《民法典》中合同编未对其进行相关的规定,确实无法从法律规定中判断医疗机构的医疗服务合同责任、义务。

司法解释对"尽到与当时的医疗水平相应的诊疗义务"这一条文的具体含义进行明确,在衡量诊疗机构的急诊救治注意义务时,可以适当结合地域、医疗机构等级、资质等相关的因素进行考量,在司法实践中不能把未来的医疗技术水平成为判断医疗行为是否存在过错的衡量标准。

为平衡医疗机构与患者之间的权利义务关系,在此基础上立法机构有必要从保护双方的权利出发,对医疗机构的权利和承担的义务以及违反后的责任作出具体详尽的规定,专门进行规范。对医疗损害赔偿问题的实体问题和程序问题规则分别作出规定,解决医疗损害鉴定不统一的局面,进一步明确医疗损害这种民事法律关系的性质、诊疗合同中医患双方的权利和义务、医疗损害赔偿的赔偿标准、双方的责任划分、过错认定的规则、医疗损害赔偿的原则、原因力规则、医方过错的参与度等方面的内容。

2.统一医疗损害鉴定机构

在司法实践中,医疗损害或医疗事故鉴定结论是判断医方过错的重要证据之一,是审判过程中一项必不可少的证据,法院评判医疗机构在急诊中是否尽到了完全的注意义务的依据是医学领域专业的知识和诊疗规范。进行医疗损害鉴定或者医疗事故鉴定是解决医疗纠纷案件审判中不可缺少的环节,医疗的鉴定结论是直接关系到医疗纠纷案件的胜诉与败诉关键之所在。因此,有必要对医疗鉴定的基本制度进行明确与统一,这样有利于鉴定制度的规范运行。医疗损害或医疗事故鉴定的内容包括:医疗机构急救行为有没有尽到专业注意义务、过错程度、过错与对患者所造成的损害之间有没有直接的因果关系、医疗过错参与度、原因力大小等。解决诊疗机构和患者之间关于选择鉴定机构的冲突,更有利于发挥法院在处理此类问题的效率,平衡医患双方的权利和义务,公正解决医疗纠纷,促进医学科学的发展与进步。

由法院组织医疗损害鉴定符合法律规定,赋予法官对鉴定更大自由裁量权。一方面,法官有权根据案件的具体情况来决定医疗损害或医疗事故鉴定的启动、需要进行鉴定的事项。另一方面,如果对损害鉴定结果不服,可以申请重新鉴定,法院可以参照专家的意见或法庭质证的焦点对鉴定结果行使审查权,独立判断是否推翻原有的鉴定结论,是否重新鉴定。这既节约了医疗资源,也有利于司法审判效率的提高。

目前我国有资质的司法鉴定机构都在司法机关登记注册,在司法机关的监督下作出的鉴定结论更具有威信公正。在法庭上经过质证、对质的鉴定结论依法予以采纳。这种独特的鉴定制度可以有效地避免部分鉴定人员不负责任,甚至腐败的现象的出现,作出的公正的医疗鉴定更容易被患者所信服,从而作为一种证据而在法庭上更有说服力。医疗损害鉴定的专家都要在鉴定书中署名盖章。对鉴定内容负责,若存在虚假鉴定,严重者须承担刑事责任。

我国的司法鉴定组织可以进行商业化的运行,实行竞争机制,并对相关的鉴定机构进行注册年检管理,保证鉴定机构的合法运行,以保证鉴定结果的公正;对于鉴定的从业人员可以参照律师的管理制度,只有通过执业考试才能从事相关的工作,在执业的过程中还要接受相关部门的管理。实行鉴定人制度有利于提高鉴定人员的责任心,从而可以减少和防范鉴定结论不公的现象。《医疗纠纷预防和处理条例》第 34 条第 2 款规定:“医学会或者司法鉴定机构接受委托从事医疗损害鉴定,应当由鉴定事项所涉专业的临床医学、法医学等专业人员进行鉴定;医学会或者司法鉴定机构没有相关专业人员的,应当从本条例第三十五条规定的专家库中抽取相关专业专家进行鉴定。”该规定也正是为解决鉴定问题所设置。

3. 细化医疗损害的赔偿标准

《医疗事故处理条例》在分类上属于国务院颁布的行政法规,主要突出诊疗机构和医护人员的行政责任,很明显对诊疗行为中的损害赔偿这种民事问题是不能以行政的方法来解决的。因医疗行为的人身损害问题应由《民法典》来具体进行规定,患者在遭受医疗机构诊疗行为的侵害时,应该由医疗机构承担侵权责任。在诊疗过程中医患双方由于医疗专业知识信息不对称,医疗机构属于强势一方,患者在医疗行为中属于处于相对劣势的弱势群体,法律对弱势群体有所倾斜。

(1)明确赔偿项目和赔付方式

医疗损害属于侵权责任的一种,既然侵权损害赔偿的首要目的是填补或补偿患者或患者近亲属的损失,尽量使其受损状态恢复到没有被侵权之前。明确赔付的项目和标准来真正补偿受害人的损害的法律目的,正是我们需要完善的地方。但是除要完善医疗损害赔偿的项目和赔付方式之外还要优化赔偿的给付制度,在目前的人身损害赔偿制度的诉讼纠纷中,我国审判机关在具体的案件审判中对残疾赔偿金的赔偿方式是一次性支付的。这种一次性赔偿的方式,一方面给医疗机构造成了巨大的经济负担,因为对于一级到三级重症患者的寿命长短难以衡量;另一方面一次性赔偿给付存在不合理,甚至有可能存在道德风险。在司法实践中,可采用5年或10年定期给付残疾赔偿金或护理费的制度。定期给付制度更加适合于一级至三级赔偿。《民法典》或相关司法解释并没有明确定期给付制度具体实施方法,对于一级植物人或者脑瘫患者采用5年或10年定期给付残疾赔偿金或护理费的制度,有利于减轻医疗机构医疗损害赔偿负担,同时可避免诱发道德风险。

(2)合理计算死亡赔偿金

我国各省的每年可支配收入不一致,存在东西部、南北差异,同一省份也存在经济特区单独统计可支配收入的情况。司法实践中,患者存在跨省多级医疗机构进行治疗的情形,如何选择标准对于患者利益保护最大化也是患方所考虑的现实问题。现有的损害赔偿的原则是填补原则,既不能超过所受损失的金额,也不能少于所受损失的金额,其中最关键的是对损失范围的界定。所以,对于死亡赔偿金可以规定一个合理的范围,同时在这一范围内有一个合理的波动,做到“有差别的统一标准”。减少因为户籍的不同而被差别对待,对遭受损失的主体的可得利益的赔偿标准也应随着经济的发展而相应提高,但对赔偿数额应采取合理的限制,真正体现公平公正。

第三节　医师注意义务的判断标准研究

医务人员在对患者实施诊疗行为时所应尽到的专业注意义务,就是医师注意义务。医师注意义务包括预见义务和结果回避义务两个方面。预见义务,即对患者疾病诊治中可能出现的一系列问题要有专业上的预见,包括误诊、漏诊、并发症、治疗无效、意外、死亡等可能性,所以,医疗机构无论是接诊、检查、诊断、治疗还是转诊,均应当有其专业上预见义务的要求。结果回避义务,即不良后果发生的避免义务。医方针对其对患者实施诊疗过程中预见到的各种不良后果的可能性,应当采取措施努力避免这些可能性的发生。医师在诊疗活动中,只有既履行了预见义务,又履行了结果避免义务,才能说履行了法律上所要求的诊疗义务,即使最终患者出现了不良后果,医务人员也不承担法律责任。从医疗损害鉴定的角度对医疗注意义务的考察,应当考察医疗过程,而不是医疗结果。在医疗过程中,司法实践中重点考察五个环节:询问、检查、会诊、治疗、转诊。当然有的病例只涉及一个环节,有的病例可能涉及多个环节,视具体情况而定。医务人员在医疗过程中尽到卫生法律法规、诊疗规范的应尽义务。医师未尽到诊疗注意义务是认定其过错的一个关键点。

一、医师注意义务概述

(一)医师注意义务的概念

注意义务是指行为人在实施某一行为时,应有高度谨慎和注意的心理,以避免对他人造成不应有的危险或损害后果的责任。日本法院最早提出“最善”注意义务,之后在司法审判实践中对“最善”作了更进一步的解释说明:医师在治疗患者的时候要尽到“谨慎”的注意义务。“谨慎”的注意义务必须要结合各方面的原因考虑,包括医学专业知识、诊疗常规、诊疗技术、诊疗经验、出院医嘱等。在多方面的因素都加以综合衡量之后,制定出对患者效果最佳的诊疗方案,同时能将医疗风险降到最低程度。在《民法典》“医疗损害责任”一章中明文规定医务人员、医疗机构的行为准则,《医疗纠纷预防和处理条例》在医疗纠纷预防和医疗纠纷处理的章节中明文规定具体的医疗行为,但现行法律没有对医师注意义务作出较详细的规定。医疗损害鉴定把医师是否尽到注意义务作为判断医疗过失的标准,司法实践中对注意义务进行重点审视,因为它涉及判定在诊疗行为过程中医师是否有责任以及是医疗损害赔偿的依据。医师在治疗患者时要对患者尽到“最善”的注意义务,依据相关法律法规以及医疗诊疗规范积极履行职责,并且能够运用专业知识和专门技能针对患者的病情,合理地治疗患者,避免对其造成不必要损害。医师注意义务的目的是避免由于医方的疏忽大意而造成患者损害,进而保护患者的生命权、健康权。

医疗法律制度对于医师的准入制度有严格的规定,医师取得执业资格除了必须具有深厚的相关医学专业理论知识,还需经过长期的技能实践,在理论与实践相结合的基础上最后根据法律规定考试获得医师资格证书和医师执业证。医疗行为具有较强的专业性、不确定性、局限性、高风险性,这些特性又与患者的生命和健康休戚相关,影响医患关系的维度。医疗行为涉及范围广、关系复杂,足以证明规范医疗行为重要性,更深层次的原因是医师的注意义务又引导着医疗行为的发展,故而必须规范医师的注意义务。依据我国《民法典》的相关规定,医师注意义务是指医师依据相关法律法规、诊疗规范、职业伦理道德在诊治患者过程中，运用其医学专业知识和医疗技能预见医疗行为可能产生的后果，采取合理措施避免损害结果发生的义务。

(二)医师注意义务的内容

从医师注意义务的概念中可以分析它的内容包含两个方面：一方面是结果预见义务，即医师要能够预见其医疗行为给患者身心可能造成损害的后果；另一方面是结果避免义务，在诊疗过程中医师应采取合理措施尽量避免其所实施的医疗行为可能导致的损害结果。

1. 结果预见义务

医师在对患者诊治行为过程中应当预见自己的行为可能会导致的后果，医疗结果预见可能性是承担结果预见义务的前提。在医师实施一项医疗诊疗手术或者保守治疗措施之前应该根据自己的专业知识和技能判断这项措施可能会导致的结果，采取最合理的医疗措施对患者进行诊疗。然而，事实上医疗损害的发生有时具有较大的不确定性，医师不可能非常准确地预测将要发生的事情，在司法实践中诊疗的时候预见可能发生不良的结果，就可以认为其对损害结果是有预见性的。

在医疗实践中，实施一项诊疗行为，如果有可能发生医疗风险，即使风险发生的概率很低，一般医师以其专业水准知道或者应当知道风险的存在，则可认定医师应当具有预见医疗风险的发生义务。现实生活中有的医疗风险是已经被科学所证实的，但是诊治医师有可能不知情，从法理上其应该预见的义务而未预见的，构成医疗过失。

2. 结果避免义务

结果避免义务有两个层次的含义：第一个层次，要求医师根据法律的规定，在预见到可能发生损害后果时，保持谨慎的态度，综合衡量各因素决定是否舍弃存在风险的医疗行为，或者把医疗风险降低到最小值；第二个层次，当医疗行为已经导致患者处于某种危险状态时，采取合理的措施消除危险，防止损害后果的进一步扩大。

就第一个层次而言，排除危险状态的义务是不能一概而论的，当危险状态还没有实际发生的时候，只是预见到可能会有损害后果的发生可能性，这时是否继续实施医疗行为需要根据具体事实分析。原则上，医师预见到医疗损害结果后应当舍弃该存在风险的医疗行为，有原则就有例外，即使预见到损害后果的可能，但是因为患者的情况危急，必须立即手术治疗才能挽救他的生命，且因为时间地点技术的限制，没有其他更好的医疗方案，此时为了拯救患者的生命，也不应该硬性要求医师承担排除危险的义务，因为此时此刻病患的生命是首要的。

第二个层次主要分析医师要实施哪些行为以避免损害结果的发生。医师应该尽量做到以下行为。

(1)告知和说明、解释。医师在诊疗过程中应当说明患者的患病情况以及将要采取的治疗或者手术方案，告知与患者有关的可能存在的医疗危险，包括与治疗患者的药物有关的潜在危险，以及任何手术或治疗过程的合理风险并加以说明，对专业术语不理解时进行必要解释。只有当患者知道他的疾病和治疗中固有的风险时，才能对自己疾病如何诊治作出明智抉择，患者才能真正地参与到治疗，因为任何人都有权决定如何处理自己的身体。患者在医疗活动中享有的基本权利即知情同意权。医师履行告知和说明的义务不仅是法律的要求亦是尊重患者对自己身体自主的权利，这既是医师的法定义务也是社会对医师职业道德的基本要求。同时，因为患者有真正地参与诊疗行为，而不是一个旁观者的身份，在诊治期间患者能够对自己健康、生命重视，并对诊疗结果有基本认识，医患双方参与其中，有沟通和对话便可以避免不必要的医疗损害纠纷。

(2)全面、适当地履行诊疗义务。医生必须将本身所学的专业知识充分运用，对患者进行问诊、合理检查，结合问诊结果以及医疗仪器检查、病理分析结果，同时根据实践经验诊断疾病作出诊断结果，及时为患者提供恰当、有效的治疗，包括合理和审慎的手术方案技术中谨慎义务；使用符合患者病情的药物；后续治疗和康复护理建议等。

(3)采取替代方案。当一项医疗措施可能导致损害后果的发生时，医师应当及时调整治疗方案，在现有时间和技术条件的情况下应当采取最少后遗症或者损害最小的替代方案。医师必须有效防范损害后果发生的基本措施与方案。

医疗行为结果避免义务包括摒弃可能存在危险的医疗行为和采取安全措施避免损害后果发生的注意义务。包括在医疗行为前考虑是否舍弃该危险行为,如果决定实施,就应考虑排除损害后果的措施;在进行手术治疗时保持专注注意义务;在医疗损害后果可能发生时,实施及时有效的医疗行为避免损害后果扩大或进一步加重病情。在整个诊疗过程中医师都需要注意尊重患者知情同意权,全面、适当地履行诊疗义务,保持谨慎的注意义务。

(三)医师违反注意义务的情形

医师由于疏忽大意没有预见医疗损害后果,或者已经预见损害后果但因过于自信没有采取合理的措施防止损害后果的发生,属于违反医疗专业注意义务。医师违反注意义务具体包括下列情形。

1.违背相关医疗法律法规、诊疗规范

医师违反注意义务的最基本情形之一即违背相关法律法规、医疗专业技术诊疗规范。第一,医师实施了不符合医疗方面的相关规定的医疗行为,即违法违规操作,例如在医疗诊治过程中使用有缺陷或者不合格的医疗产品;第二,医师在诊疗过程中过于自信或者过失实施了不当的医疗行为,例如对相应的疾病手术等级不符合资质却仍然实施手术行为,或没有恰当地履行与当时医疗水平相当的诊疗义务,侵害患者的生命健康权。

2.违背职业伦理注意义务

在治疗过程中,医师违反职业伦理道德的要求而造成患者损害。主要包括:未向患者或其近亲属履行告知、说明、解释义务。医师的告知、说明、解释义务是尊重病人对其身体自主的权利,医师未把能够影响患者是否决定治疗的事项告知患者,或者虽有告知但没有对其中治疗方式的利弊得失、风险进行必要的说明,让患者知悉其中情况,侵犯患者的知情同意权,若造成损害医疗机构应承担侵权责任。医师在实施医疗行为时,未尽到保护患者隐私的义务,泄露与患者病情有关的隐私或秘密,导致患者隐私权受到侵害,并由此导致损害后果的发生而承担责任。任何自然人行使的权利必须是合法的。行使合法权利不得超越法定权利,边际滥用权利或规避、疏于履行法定义务或者违背国家法律。

二、医师违反注意义务的评判标准

确定医师行为违反注意义务的评判标准,有利于医疗损害纠纷的审判认定,也有利于处理医患关系。医师违反注意义务的判断标准确认需要考虑到平衡医患关系。医师违反注意义务标准的认定既不能导致医师治疗患者时过度治疗,如为了防止医疗损害后果的可能发生,对于轻微感冒也进行全身检查或者使用无关的昂贵药物,浪费医疗资源的同时形成过度医疗现象,这些从本质上是不利于患者也不利于良好的医患关系发展;也不能制定过于低的判断标准,这样不利于医师提高责任意识,最终患者的健康还是得不到保障,医患关系更加紧张。因此不管是医学界还是法学界都一直在追求一个平衡点,以制定一个能够权衡利弊,兼顾医患双方利益的判断标准。医师的注意义务并不是学者一开始的研究对象,最初法官、社会学者讨论的是行为人违反注意义务的判断标准。自 19 世纪初开始,裁判者以任何人都应尽通常的注意义务以维护他人的利益作为过失侵权的判断标准。从而产生了权衡普通人的统一标准,即理性人判断,这是英美法系国家比较通用的标准。在大陆法系有“最善”注意义务的标准或者善良管理人的认定。该标准应用于医学领域则相对应是合理医师的评判或者医师“最善”注意义务的标准。

(一)合理性医师评判

“理性人”是亚当·斯密经济学一个非常重要概念,从法学角度系判断一个人的行为是否违反了注意义务的评判准则。理性人是法律所拟制的人,故而理性人的标准也是一种法律拟制,其标准是较为客观的,是被一个社会所认可的。在司法实践中,在相同或相似的条件下,行为人与理性人的行为进行对比,如若其行为符合社会公众所认可的行为标准,就不存在违反注意义务的问题;相反,认定行为人违反了注意义务则是因为他的行为不符合社会所认可的客观标准。因为理性人是一个普通的人,是一个有关理性行为的社会理想的状态,虽然存在缺陷和一定弊病,但是仍然在社会所能容忍的范围内,即理性人的行为总是需要符合法律和社会认可的客观标准。因理性人评判是一种法律拟制,是社会公众认可的一般客观标准,故会随着社会的发展而不断发生变化,具体个案中确定行为人是否违反注意义务应以社会的整体利益为核心进行考量,不偏不倚,尽可能地避免不公平、不公正的司法裁决结果。

医师违反注意义务的评判标准是将一般理性人准则适用在特殊主体行为,在医疗行业就是合理医师的标准,即以一个医师通常情况下具有的水平为判断诊疗过失的规范。医疗行为不可能是万能的,疑难疾病时,医师有时无能为力,故而医师不能也不可能总是能够保证可以治愈患者,只要他所实施的医疗行为符合医疗专科专业领域所确定的规范注意义务。医师职业具有特殊性、专业性,医疗领域的卫生法律法规、诊疗规范要求他们承担比一般普通人更高的注意义务。所以专家评判不仅没有脱离理性人标准的本质,而且其实质规范标准内容更高、考量因素更专业。首先,它要求医师在专业技术上达到这个领域的医师通常应该达到的知识、操作水平,既要考察医师是否符合医疗相关规定诊疗规范,还要考量医师的医疗行为是否满足专科专业或者技能能力。其次,医学的分工细致,医师有分不同的科室,不能要求掌握不同专业的医师承担相同的注意义务。最后,还需要考虑到地区的医疗水平发展状况。不同的地区经济发展不同,诊疗水平以及医师的职业能力也有高低之分,不应当将不同地区的医师放置于同一个标准之下考量,这是标准应具有的合理性的当然要求。所以判定医师是否违反注意义务应当要考量的是将其行为放置于相同或者相似的条件下,该地区该专业的医师是否采取相应的医疗措施。医疗水平是我国侵权法上判断医务人员实施医疗行为时是否尽到注意义务的判断标准之一。对于医疗水平的评价和把握,需要注意:医疗行为的有效性和安全性已经得到认可;医疗行为已经成为临床医疗实施的目标。

理性医师标准,一般是指"医师平均、通常具备的技能"的标准。理性医师标准不仅要求医务人员应遵守法律、行政法规、规章以及其他有关诊疗规范的明文规定,同时应达到"医师平均、通常具备的技能"的标准。如何判断是否符合理性医师标准?一是教科书、文献、各类工具书、专家共识、医疗习惯等可以作为对医务人员是否达到了理性医师标准的参考依据;二是依据《最高人民法院关于审理医疗损害责任纠纷案件适用法律若干问题的解释》,还应综合考虑患者病情的紧急程度、患者个体差异、当地的医疗水平、医疗机构与医务人员资质等因素。综上,是否符合理性医师标准,是衡量医务人员是否尽到注意义务的重要工具。是否符合理性医师标准,应综合包括但不限于以上的各种因素考虑。

综上,合理医师标准本质上并没有偏离理性人标准,故而在司法实践中判定医师是否有违注意义务,首先是将其当作一个理性人看待,其次才是判断其是否违反了专门领域的注意义务。如果医师在治疗患者时连普通的社会认可的一般标准要求都没有达到,显然更是不可能符合专业领域要求的注意义务;在医师的行为符合理性人标准的前提下,则可以依据医疗行业注意义务的具体标准进一步判断其行为是否违反合理医师的标准。

(二)医疗水准论

医疗水准论是日本对医师注意义务的判断标准,医师在对患者进行诊疗行为时,其专业知识、执业技术水平、道德规范等对患者的注意程度要达到一般医疗专业水准的医师在同一情况下遵守的专科规范。医疗水准所认可的医疗行为的安全性和有效性经过了这个国家在特定时期医疗实践的考验。医疗水准论是在司法实践中所确定的“最善”的注意义务发展而来的,其内容上可以分为两个方面,一方面指的是理论上的医疗水平,即只要某一项诊疗行为或观点获得专业、指南、共识的一致承认;另一方面,指临床上的医疗水平,即在临床实践中普遍使用的或者通用的医疗技术规范。在司法实务中该理论被不断细化和完善,形成了配套的理论,在用医疗水准评定医师的注意义务时,须考量医疗机构等级、主治或者手术医生职称、紧急情况医疗行为等,细化对医院等级、个体诊所、不同地域机构的区别对待。结合医学与法学的专业理论与实践基础,形成了具有相对性的理论,成为医学、法学界所共识的医师注意义务认定标准。

(三)医师违反注意义务的评判标准分析

医务人员的注意义务要求医务人员应遵守法律、行政法规、规章以及其他有关专科诊疗规范的明文规定,这是最基本的刚性要求,如有违反诊疗规范造成患者人身损害,则存在医疗过错。例如高龄产妇产前检查显示唐筛高风险,但医师没有建议产前诊断,最后产下唐氏综合征的孩子。依据《母婴保健法》第 17 条,经产前检查,医师发现或者怀疑胎儿异常的,应当对孕妇进行产前诊断。医务人员的行为违反该法律规定,显然未尽到注意义务,导致了产妇丧失健康生育选择权的机会,存在医疗过错。对于其他有关诊疗规范的成文规定理解,应该界定为人民卫生出版社出版专业教材、诊疗规范、专家共识、指南等。

根据我国《民法典》第 1221 条的规定,判断医师注意义务的标准在我国的司法实践中以"当时的医疗水平"标准来认定。医师在处理具体患者疾病时,在相同病种的情形下,应当以同一地域的医师相当的医学专业知识、技能与经验作为医师注意义务的评判标准。因为医学不断进步,无法比较长时期固定医师注意义务标准,据此《民法典》也没有进一步对"当时的医疗水平"进行详细规定,医学临床上也无法对抽象标准进行固定阐释,虽患同样疾病,但存在个体差异性,疾病发展也不一致,据此没有具体的固定实施细则可以进行比较。

三、完善医师违反注意义务评判标准的路径

医师违反注意义务的评判标准的界定实际上就是平衡医生集体利益与社会利益。既不能以过高的标准苛求医师诊疗注意义务也不能将义务标准设置过低从而有可能损害患者乃至社会公众利益。评判医师是否违反注意义务首先要有法律规定且明确,目前我国对医师违反注意义务的评判标准过于抽象,为了保障患者和医师双方利益,有必要完善医师注意义务的评判的路径。

(一)合理界定医疗水平标准

《民法典》规定"当时的医疗水平"是指在某个特定时期的医疗水平,它的客观性以及合理性在一定程度上有助于平衡医患双方利益。我国的国情是各地区因经济发展不平衡,不同地域的医疗水平也不尽相同,对于如何理解"当时的医疗水平"法律没有详细的规定,因此司法实践中就需要对"医疗水平"标准进行进一步的完善,确立一个合理且具有操作性的标准。所以应当及时出台司法解释,对"合理诊疗义务""当时的医疗水

平相应的诊疗义务”“紧急情况”等相关概念进行明确的解释，但同时需要注意司法实践中应该以医疗行业的专业性、时间的紧急性、地区的差异性为限。尽量做到医疗水平判断标准的客观统一性。司法解释的完善，对相关概念进行解释，有利于判断标准的明确，防止产生不必要的争议，满足司法实践中法律适用的需要。

医疗水平是我国《民法典》判断医务人员实施医疗行为时是否尽到注意义务的判断标准。医疗行业内一般能否达到对患者实施诊疗活动的技术状况和义务能力，是医疗执业能力的“平均线”，即医疗水平。在一定区域内，医疗机构及医务人员的技术水平有高低之分，不能以那种能力特别强的医疗机构和医务人员的技术水平作为标杆来衡量，也不能以那些能力差、不求上进的医疗机构和医务人员的技术水平来作为衡量标准，而应当以大多数医疗机构和医务人员的医疗技术和能力作为衡量标准。对医疗水平的评价和把握，一方面考虑医疗行为的有效性和安全性已经得到认可；另一方面医疗行为已经成为临床医疗实施的目标。

《民法典》关于医疗水平的规定，采用的限制词是“当时”，《最高人民法院关于审理医疗损害责任纠纷案件适用法律若干问题的解释》使用的限制词是“当地”。从字面意思来看，“当时”是一个时间概念，“当地”是一个地域概念，但是如果对医疗水平的把握仅从医疗行为实施的时间或者地域来判断，是不全面的，可能会造成鉴定错误。医疗损害鉴定中，首先要区分是一般的诊疗行为还是特殊的诊疗行为。如果是一般的医疗行为，仅需要考虑“当时的医疗水平”，如果有特殊要求、需要特殊设备并需要特殊训练才能掌握的特殊医疗行为，应当综合当时、当地、同类别医疗机构、同类别医务人员等因素来判断。

（二）优化知情同意权

患者的知情同意权包括知情权和同意权两部分的内容，它的实现是以医师完全履行告知说明义务为前提条件，该项义务也是证明医师履行注意义务的关键核心点。患者的知情同意权能够平衡医患关系中双方的利益，患者虽然处于弱势地位但仍然受到了尊重，也可以增强患者对医师的信任感。因此，法律有必要在医疗领域对患者知情同意这项权利进行强调。我国法律虽然有关于知情同意权的规定，但是不够具体系统，故而要对相关事项进行详细的规定。在尊重人权，保护人权的当今社会，患者获得知情同意权利，了解自己病情，作出理性决定，无疑是一种进步。

1. 医师解释说明内容

要界定医师说明义务的内容即法律应该明确哪些事项是需要对患者进行解释说明的。医师说明的范围应包括患者的病情，拟采取的医疗措施、检查项目及医疗费用预估，以及手术名称、手术的风险性，出现并发症后的医疗选择等。在医疗实践中知情同意书需列明每一项内容，条理清晰，对重要的部分特别是免责或者限制责任内容还需要做足以引起患者或者近亲属注意的加黑、加粗的标记。

2. 知情同意权的行使主体

医疗治疗首先要得到患者同意，但当特殊情况下患者本人无法行使该项权利时，应当向患者的近亲属或者利害关系人说明，并获得其明确的同意，涉及由近亲属代理病重患者行使知情同意权的有关问题。特殊情况主要指：第一种情况，患者民事行为能力受限，包括无民事行为能力人以及限制民事行为能力人；第二种情况，患者虽然是完全民事行为能力人，但是因为疾病或者意外事故，患者突发意识障碍，医疗机构无法直接向患者履行说明义务。这种情况下患者的近亲属作为行使知情同意权的代理人应当依法获取患者的诊疗信息，并决定是否签署知情同意书或者作出口头同意等行为，使医师获得医疗治疗的明确同意。对于近亲属界定，依据《民法典》等相关法律的规定，为第一顺序与第二顺序继承人或者利害关系人，包括配偶、父母、子女、兄弟姐妹、祖父母、外祖父母、孙子女、外孙子女。若代理行使知情同意权能够自由地行使则很有可能损害到患者的生命健康以及财产安全，容易造成权利的滥用，所以，为了避免行使权利导致冲突的发生，法律需明确患者在不能自已行使权利时代为行使人的顺序和范围。

3. 告知解释说明义务的标准

我国现行法律并没有明确医师告知患者相关事项应该达到的程度标准。法律不应苛求医师面面俱到，当然解释、说明相关医疗文书应通俗易懂。说明标准应是以保障患者权益为中心,医师能够充分而恰当履行说明义务的同时应避免对医师的严格苛求。患者在医师所提供信息的基础上作出了正当合理的选择,可以认为医师恰当履行了义务,故而,医师对患者作出决定有实质影响的事项均应告知并作合理的解释说明,医师可以根据实际情况以及自身临床经验选择自己的方式说明,应解释、说明至患者可以理解的程度。

完善患者知情同意权的相关规范保护的同时需要有合理限制。若让医疗机构或医师完全处于被动的状态,可能导致患者权利的滥用,有损医师积极性的同时不利于医患关系的良性互动发展,所以要对患者的知情同意权进行适当的限制。第一,医疗机构在确实履行了告知、解释、说明义务的前提下,若患者因为其自身原因对知情同意权拒绝或者放弃,或怠于作出决定,造成损害,事后以医师侵害其知情同意权为由提出诉求就不能得到支持。第二,为了社会公共利益,在特殊情况下医师根据法律法规的授权,依程序可以对患者进行强制医疗,不需要经过患者或其近亲属的明确同意。如治疗部分传染病病人以及有严重精神障碍者,出于对其自身以及他人的安全的保护,对其进行强制治疗时不仅不需征得患者本人的意见,也不需征得其法定代理人的意见。第三,紧急情况下,医师也有一定的自由处置权。在危急时刻拯救患者生命是法律赋予医师权利和义务,没有近亲属在场同时患者意识不清或者没有意识的时候,医师可对其直接采取急救措施。在危急情况时,医师行使自由处置权,当患者恢复认知能力可以行使权利时,医师仍应向患者进行说明告知,事后取得其追认。

法律规定不断完善的同时,医师的专业技术水平以及职业道德也需要不断加强。一方面,医疗机构要加大对医师的培训力度,强化他们对相关法律法规的了解掌握,尤其要注重了解掌握医疗行业注意义务,增强法律意识,以确保医师按照法律规定治疗患者,履行行业的职责;另一方面,加强医师职业道德修养和纪律教育,履行医疗注意义务,切实保护患者的利益,有利于减少医患纠纷的发生。

完善医师注意义务的评判标准的法律规定是调整医患关系,完善医师注意义务的重要内容,有利于医患双方的利益平衡,相互沟通增强信任感。在互相尊重的基础上,医师履行职责挽救生命,维护患者的权益;患者在信赖的基础上配合医师积极治疗,医患双方利益与共才利于医患关系和谐发展。医疗法律制度、医疗管理体制不断地完善,有利于医患双方平等对话交流,让患者知情同意权得到尊重。毋庸置疑要保障实现患者的知情同意权、规范医师履行告知说明义务。据此制定出一套符合我国医疗实践的法律体系尤为重要。医师注意义务的评判标准需要理论与实践不断探究,并结合法律、医疗实践各方面的发展不断完善。

医师违反注意义务从法理上理解是医师在可以预见其行为可能带来的损害后果,并且可以采取措施避免损害发生的情况下,因没有预见或没有采取措施,导致患者人身权益遭受损害。医师违反注意义务的评判标准研究不仅需要理论层次探讨,同时结合司法实践中医患关系的发展,医疗水平发展的实际情况与时俱进。虽然我国《民法典》中提出医疗水平为我国医师违反注意义务的评判标准提供了依据。然而,它的规定过于抽象,无法直接应用于现实中错综复杂的医疗损害侵权案件,因此要解决医师违反注意义务的判断标准问题,相关的配套制度必须同时加以完善。结合理论上的理性人标准、合理医师标准以及医疗水准论可知医师违反注意义务的评判标准没有统一的标准。制定评判违反注意义务的标准要综合考虑医学领域的专科性、医疗水平的发展阶段、患者疾病、区域等因素,科学、合法地进行界定,尽可能地做到客观、合理、公平、公正处理医患纠纷,让医患关系良性互动发展。

第三章　产前法律责任研究

第一节　产前错误诊断的法律责任

我国法律对自然人的民事权利能力的起止时限有非常明确的界定。《民法典》第 13 条规定:“自然人从出生时起到死亡时止,具有民事权利能力,依法享有民事权利,承担民事义务。”自然人的民事权利能力存在的时间界限是:起于出生,止于死亡。显然胎儿在母体中还不具备公民的民事主体资格,因而也不具有相应的民事权利能力。医疗司法实践中活产指胎儿全身娩出时有呼吸、心跳、脐带搏动及随意肌收缩四项生命现象之一的新生儿。而临床一般认为,有心跳、呼吸两项是判定是否活产最关键的指标。2000 年原卫生部对原湖北省卫生厅《关于医疗事故技术鉴定中胎儿死亡事件如何认定的批复》(卫医发〔2000〕455 号)(部分失效)亦指出,胎死宫内或胎儿受损害的,被鉴定的主体是孕产妇。该文件在“被鉴定的主体”认定上与我国法律是一致的,《医疗事故处理条例》《医疗纠纷预防和处理条例》《民法典》与其也无冲突。产前诊断系孕父母选择终止或者继续妊娠非常重要依据,医疗实践中医疗机构产前错误诊断对孕妇的损害研究是一个复杂、疑难的课题。在我国,做好产前诊断是预防新生儿缺陷最有效的措施。目前,除对有明显结构异常或畸形的胎儿通过超声等辅助检查诊断外,大部分均需通过侵入性操作进行产前诊断避免缺陷儿的出生。[①]

一、产前诊断的界定及相关法律规定

(一)产前诊断概念厘定

出生缺陷不仅给家庭与社会带来了沉重的疾病负担,还严重阻碍了我国人口素质的提高。国家卫生健康委员会妇幼健康司发布的《全国出生缺陷综合防治方案》明确提出,要向群众提供公平可及、优质高效的出生缺陷综合防治服务。产前诊断是出生缺陷二级预防措施的重要组成部分,在预防缺陷胎儿出生方面发挥着重要作用。[②] 产前诊断是对孕妇中的胎儿进行成像检测分析,利用细胞与生物分子遗传学等技术直接或间接的对其基因、染色体核型进行检测剖析,避免存在严重的遗传疾病、精神发育迟滞、先天性畸形、无脑儿等缺陷婴儿的出生。

产前诊断与产前检查是两个不同的概念,产前检查是孕妇根据产妇孕期诊疗规范进行有规律的健康检查,以便判断和预防孕妇和胎儿可能出现的各种孕期异常。产前诊断的对象不是孕妇而是未出生的胎儿,是对胎儿出生前是否存在先天性缺陷、遗传疾病等严重畸形进行诊断的措施,是降低婴儿出生缺陷率的重要医疗技术措施。产前检查是孕妇孕期检查必须经历的,但是产前诊断却不是所有进行孕期检查的孕妇都要实施的。《母婴保健法》第 17 条规定:“经产前检查,医师发现或者怀疑胎儿异常的,应当对孕妇进行产前诊断。”据此规定产前检查只是对孕妇的常规性检查,而产前诊断却是确定未出生胎儿是否健康的检测手段。

(二)产前诊断的相关法律规定

在 20 世纪 70、80 年代,基于我国人口数量庞大,我国开始实施计划

---

① 参见柯茗、苏洁玲等:《不同产前诊断临床指征与 TORCH 感染相关性的临床分析》,载《中国妇幼健康研究》2022 年第 5 期。

② 参见徐颖、杨肖光、周萍:《我国产前诊断机构空间可及性与公平性》,载《中国卫生资源》2021 年第 3 期。

生育,其核心就是提倡晚婚晚育,优生优育。孕妇进行孕期检查是必不可少的程序,我国《计划生育法》第五章第35条就明确孕妇孕期检查的重要性。产前诊断作为孕妇产检的重要环节,它包含遗传学上的咨询、影像分析、唐氏筛查、基因检测等。《产前诊断技术管理办法》中明确了产前诊断技术的目的就是防止缺陷儿的出生。除此之外,该管理办法第三章第17条还列举了孕妇需要进行产前诊断的情形,规定了医生在选择产前诊断技术时应将实施该技术可能存在的风险性、诊断结果的不确定性告知孕妇及近亲属。对于是否进行产前诊断以及知道诊断结果后是否终止妊娠都是由孕妇及家属进行决定。产前诊断医师只是提供专业的医学意见。对提供专业的医学建议的规定,我国《母婴保健法》第18条和《产前诊断技术管理办法》第24条对医生在何种情况下需要向孕妇及家属进行说明以及书面提出自己专业的医学建议作出具体与明确的规定。

二、医疗机构产前错误诊断的法律责任厘定

产前诊断可以通过先进的医疗仪器和技术观察胎儿是否健康,分析胎儿的染色体核型,监测胎儿的生化检查项目与基因,对胎儿是否伴有先天性疾病及遗传性疾病作出诊断。[①] 医疗机构的产前诊断义务主要包括产前诊断的义务、履行知情告知的义务、提出终止妊娠的医学意见建议三个部分内容。医疗机构的诊疗过失行为或者不作为行为最终造成缺陷婴儿的不当出生,作为缺陷婴儿的父母亲或者近亲属有权依法向医疗机构主张民事赔偿。目前对医院产前诊断错误的法律责任的界定有两种观点:基于医疗合同关系主张违约责任或基于医疗机构的侵权行为产生的请求权主张侵权责任。

(一)合同责任说

我国《民法典》合同编第583条规定:"当事人一方不履行合同义务或者履行合同义务不符合约定的,在履行义务或者采取补救措施后,对方

---

① 参见陈丹、黄紫娟、程琳:《产前诊断孕妇心理问题分析及护理对策研究》,载《心理月刊》2021年第11期。

还有其他损失的,应当赔偿损失。"违约责任建立在存在合同关系的基础之上,对于接受产前诊断的孕妇和实施产前诊断的医院,医疗机构与孕妇两者之间就存在医疗服务合同关系。合同的主体是进行产前诊断的孕妇和实施产前诊断的医疗机构;客体是医患双方的权利和义务,即孕妇有接受产前诊断的权利和缴纳相关费用的义务,而医疗机构获得医疗费用的权利和对接受产前诊断的孕妇进行产前诊断、提出相关孕期保健意见以及向孕妇及时说明胎儿健康状况的义务;合同的内容就是医疗机构根据孕妇个人身体状况及胎儿实际发育情况所实施的相关具体的产前诊断和提出相应建议的行为。当医疗机构在产前诊断过程中未能尽到医疗合同注意义务,对于产前检查中可以通过相应医疗干预就能矫正的轻度缺陷胎儿没有采取相应措施,或者在进行产前诊断时由于医务人员的疏忽大意必须发现而未能发现胎儿的先天缺陷或者发现胎儿先天缺陷没有及时告知或隐瞒真实情况等情形,医疗机构未尽医疗服务合同法定或者约定的义务,就该因其存在的违约行为承担相应的合同责任。

(二)侵权责任说

我国《民法典》第1219条第1款规定:"医务人员在诊疗活动中应当向患者说明病情和医疗措施。需要实施手术、特殊检查、特殊治疗的,医务人员应当及时向患者说明医疗风险、替代医疗方案等情况,并取得其明确同意;不能或者不宜向患者说明的,应当向患者的近亲属说明,并取得其明确同意。"医院产前诊断错误实质上就是诊断过失的诊疗过错的一种形式,医疗机构提供胎儿信息给孕父母的义务,是否终止妊娠由孕父母决定,胎儿无法决定。而诊断过失行为本质属于侵权行为,它侵犯了孕妇的知情同意权或者健康生育选择权。根据侵权责任之规定,受损一方可以依据《民法典》第1219条第2款之规定提起侵权损害赔偿。

(三)医疗侵权责任和医疗违约责任法理之比较

发生产前诊断错误后,患方到底选择违约责任还是侵权责任主张合法的权益,哪一个更趋合理性与公平性,以下从四个方面来比较二者之间的区别。

第一,损害责任构成要件。对于医疗违约责任来说,合同违约责任的归责原则采用无过错责任原则，据此违约行为、损害后果发生以及两者间存在因果关系就可以认定存在违约责任，而行为人是否存在过错并不影响违约责任的认定。对于侵权责任来说，因医疗行为错误产生的侵权责任适用过错推定原则，所以认定一个侵权责任的成立必须满足侵权主体、侵权行为、损害后果、主观过错、因果关系五个要件。

第二，请求权主体。相对性是合同一个基本特征，在违约责任中一般合同的双方当事人才具有诉讼主体资格，向违约方提起民事诉讼。在医疗合同中，合同的双方当事人分别是接受孕期产前诊断的孕妇和进行产前诊断的医疗机构，胎儿此时只是母体器官的一部分，不是独立的民事主体，法律上不能成为请求权主体。医疗机构作出的产前诊断过失致使缺陷儿出生，公民的民事权利始于出生，据此，此时请求权的主体为已出生的婴儿，可以请求不当出生所产生的损害请求赔偿。

第三，举证责任分配。在违约之诉中，权利请求权人只需证明两项内容，即证明存在合同关系和遭受损害的事实，而对于医疗机构而言，其举证责任就是要证明对方遭受的损失并非己方的行为造成的，否则，医疗机构承担因举证不能而可能败诉的准备。然而对于侵权之诉的举证责任，根据《民法典》第1222条和最高人民法院关于民事证据的有关规定，过错推定原则适用于医疗纠纷，医疗机构要有充分证据表明其诊断行为是正确的，一般要通过鉴定才能明确责任方。在司法实践中，主要通过医学会进行的医疗损害鉴定或者司法过错鉴定，明确医疗机构产前诊断是否存在过失与责任参与度或者原因力比较，根据《民法典》谁主张，谁举证的原则，一般由患方承担申请鉴定的责任，并承担预交鉴定费用的责任。患方若不申请，将承担可能败诉的法律后果。

第四，赔偿范围。在医疗违约责任中损害赔偿适用以意思自治为主、法定赔偿为辅的原则，而且请求权人主张赔偿的数额不得超过其实际损失。所以，在医疗服务合同违约之诉中，请求权人只能就实际财产损失向违约方主张损害赔偿，除此之外，在损害发生时请求权人有责任防止损害扩大，否则违约方有权不赔偿怠于就诊而扩大的损失。在侵权责任中，损害赔偿范围一般包括因侵权行为所产生的财产损害，而且包括患者或者近亲属精神方面的损害赔偿，具体来说，当事人一般可以主张医疗费用、残疾赔偿金、死亡赔偿金、精神抚慰金、残疾辅助器具费、后续治疗费用、康复治疗费用、交通费用、营养费用、被抚养人生活费用等损失。

产前诊断过失导致缺陷儿出生的情形按医疗服务合同规定解决的法理分析。一是孕妇决定是否生育并未因医院产前诊断错误行为而受到损害；二是就合同法的利益构造而言，医生提供的检查、分析信息影响孕妇及其近亲属是否继续妊娠的选择及决定权，其产前诊断行为并没有损害到孕妇及胎儿的生命健康，毕竟孕妇中胎儿是否存在缺陷是受其基因遗传或染色体影响的。高龄、文化程度低、产科并发症如妊娠期糖尿病等是胎儿出生缺陷发病的危险因素。[①] 产前诊断应该重视上述因素，因诊断错误致使缺陷婴儿的错误出生应当按照合同法来进行规范并承担相应责任。但是，通过违约责任来解决孕妇因产前诊断错误而使缺陷儿出生这一问题，根据《民法典》合同编的规定，违约责任赔偿范围不包括精神损害赔偿。根据合同有关规定，违约责任赔偿范围不得违反可预见规则。一般来说，违约金责任、定金责任、实际履行以及损害赔偿责任是承担违约责任的主要方式，对于孕妇与医疗机构之间签订的医疗合同一般不约定违约金和给付定金，所以在医疗机构违反合同约定未能履行合同义务时，向其主张这两项责任显然是不太可能实现的。除此之外，由于孕妇与医疗机构之间的合同是对胎儿进行检查诊断，随着胎儿的出生，该医疗合同也就随之终止，所以孕妇要求医疗机构实际履行也已不可能。故而，作为受害方的孕妇一般只能适用损害赔偿责任来主张自身权利，而且以违约提起诉讼不能主张精神损害赔偿，除非合同另有约定。现实司法实践中提起违约之诉时，请求权主体只能是与医疗机构订立合同的孕妇，胎儿及其父亲无权就此提起违约之诉。因为请求权主体要受到合同相对性这一特点的限制，一旦医疗机构违约，接受孕期检查的孕妇才有权利请求违约方承担违约责任，而一出生就患有残疾的婴儿及其父亲不能要求医疗

① 参见刘容菊、周丽玲等：《产前诊断技术干预下体外受精—胚胎移植后先天畸形的发生情况》，载《中国妇幼保健》2022年第6期。

机构承担违约责任,这就大大妨碍了缺陷婴儿一方的权利保护。据此孕妇及其近亲属以侵权之诉提起更能保障其合法的权益。

三、产前诊断侵权责任要件的认定

一般而言,从法理上侵权责任的构成的要件即是侵权主体、侵权行为、过错、损害后果、因果关系。对于医院产前诊断过错而产生的侵权责任,其要件的分析有以下四点。

(一)产前诊断侵权行为的界定

法律的行为分为作为和不作为,侵权行为是违反民法的注意义务规定的行为。《民法典》规定对于侵权行为的认定,违反注意义务行为已经损害了当事人的合法利益,主观上无论是故意的还是过失的。对于医疗机构中违法的医疗行为的认定一般是以医务人员是否违反了18项核心制度或者医疗操作技术作为标准。在医疗机构的产前诊断过程中,产检医生未能遵守法律法规、诊疗规范制度等,以至于产前诊断出现错误,造成先天缺陷的胎儿不当出生,医疗机构的过失行为构成对缺陷婴儿或孕父母的侵权。司法实践中医疗机构在产前诊断中怀疑胎儿可能存在缺陷,但是因其过于自信从而未将胎儿的可能存在异常的情况告知胎儿的父母,这种行为可以认定医疗机构不作为的行为。根据我国《母婴保健法实施办法》和《产前诊断技术管理办法》的相关规定,除非是当时医疗条件存在限制,否则医疗机构在符合法定条件下对孕妇进行产前诊断时应履行告知义务和提供相关产期医学建议义务,该义务属于法定义务,一旦医院发现孕妇须进行产前诊断而未进行,或者在产前诊断后未告知胎儿存在缺陷,或是就产前诊断结果未书面提出专业的医疗处理意见,医疗机构对孕父母造成了不当出生损害就应当承担相应的法律责任。

(二)产前诊断过失

我国《民法典》第1221条规定医务人员应尽到与当时医疗水平相应的义务,否则须承担赔偿责任。根据我国《产前诊断技术管理办法》有关规定,医疗机构和医务人员开展并进行产前诊断需要具备相应的资质的条件,如果医疗机构和医务人员没有相应的资质就对孕妇进行产前诊断,或者医疗机构即医务人员有产前诊断的资格但是未尽到产前诊断应该注意的义务，此时医疗机构和医务人员就存在过失，孕妇及近亲属就有权向其主张产前诊断损害赔偿。因此产前诊断指征与胎儿染色体异常密切相关，临床应结合孕妇自身情况，制订合理的筛查与诊断方案，提高异常检出率，减少出生缺陷发生。[①] 从而减少医疗纠纷的发生的可能性。

（三）产前诊断损害后果

在产前诊断错误导致缺陷儿出生之诉中，医疗机构的过错在于未能尽到注意义务，包括未进行产前诊断的义务、对诊断结论未进行告知说明义务以及未能提出相应的医疗处理建议。医疗机构的产前诊断错误行为最终导致了孕妇及近亲属未能及时作出正确的选择，即终止妊娠抑或继续孕育缺陷胎儿的知情选择权。在医疗行为中，法律法规强调了尊重患者个人意志自由选择的重要性，对于有缺陷胎儿存在的可能性，医务人员应及时通知孕妇并提出相应的医学建议，而具体是否实施相应措施及如何采取措施就应当由孕妇自己选择决定。孕妇之所以选择进行产前诊断就是为了获取胎儿是否健康的较准确信息，并希望在此基础上能够作出是否继续妊娠的决定，所以医院的产前诊断错误行为侵犯了孕妇的知情同意权。

我国《宪法》明确规定了公民的人格权不受侵犯；《民法典》第 1219 条也规定医务人员应当向患者或其家属说明病情以及采取医疗措施和诊疗手段的风险和后果，在取得患者和家属的明确同意之后才能实施相应诊疗措施。对于知情同意权的具体内容，从大的方面规定于《民法典》同时在《医师法》《母婴保健法》《医疗事故处理条例》《医疗纠纷预防和处理条例》等专业性较强的卫生法律、法规中，如《母婴保健法》第 18 条规定，在孕妇接受产前诊断检查中，有下列情形之一的，医生有责任对夫妻双方说明情形，一定条件下要提出实施人工流产的医学意见：胎儿患有严重遗传性疾病的；胎儿有严重缺陷的；因患严重疾病，继续妊娠可能危及

① 参见梁灼健、何慧燕等：《不同产前诊断指征与胎儿脐带血染色体异常核型分析》，载《检验医学与临床》2022 年第 6 期。

孕妇生命安全或者严重危害孕妇健康的。比如唐氏筛查(孕早期、孕中期)高风险孕妇需要进行介入性产前诊断,抽取胎儿(绒毛、羊水、脐血)细胞进行体外培养,并采用细胞遗传染色体 G 显带核型分析进行诊断。[①]从卫生法律法规中明确规定孕妇享有产前诊断中规定的权利、义务,同时医疗机构应尽到法律规定的责任与义务。

(四)产前诊断过失与缺陷婴儿不当出生存在因果关系

虽然缺陷婴儿自身所携带的缺陷病因与医疗机构的医疗行为没有实质上的关联,胎儿缺陷的原因是复杂的,可能是先天发育、遗传问题、后天环境污染、用药的过失等。孕妇之所以选择产前诊断就是出于对医疗机构的专业信赖,以及专业医师在产前诊断过程中能给予自己一些医学建议以便更好地孕育健康胎儿,医疗机构产前诊断错误过失行为,以致孕妇在不知自身胎儿实际情况的前提下产下有缺陷的婴儿,造成不可逆转的后果。据此医院产前诊断错误过失和缺陷婴儿出生两者之间存在因果关系。

四、产前错误诊断赔偿司法适用

(一)损害赔偿范围

侵权行为造成的损害包括财产损害和人身损害,由于产前诊断错误的侵权损害赔偿的特殊性,接受孕期检查的孕妇的生命健康权并未受到损害,所以在错误出生侵权之诉中,请求财产损害赔偿的主张是重点。但是由于产前诊断错误导致缺陷儿出生,在一定程度上造成了孕妇及胎儿的父亲精神损害,侵犯了孕父母的知情同意权,可以提起精神损害赔偿。

1. 财产损害

财产损害可以确定并可以计算具体数额的货币损失。孕妇及家属因医院产前诊断错误行为所提起的侵权之诉中财产损害赔偿包括两个方面:第一,医疗费用。医疗费用主要是针对医院产前诊断错误造成的缺陷儿出生所需的医疗费用以及该缺陷儿未来治疗的费用。因为该费用产生

---

① 参见黄丽婵、陈亚军、雷庆华:《无创产前筛查非整倍体及额外检测信息在产前诊断中的应用》,载《检验临床医学与临床》2021 年第 22 期。

的原因就是医院产前的诊断错误，且该笔费用是可计算的。第二，特殊抚育费用。这项费用是指超出抚育正常孩子所额外支出的费用，主要包括为照顾缺陷孩子所雇用的护理、保姆，或是缺陷儿长大后进行特殊教育的费用等。此种做法不是否认父母不尽到抚育孩子的义务，而是通过向第三人请求赔偿的方式将父母的损害降到最低，以更好地保障父母的权益。①

2. 精神损害赔偿

精神损害赔偿是指自然人因人身权益受到不法侵害而导致精神痛苦，受害人就其精神痛苦要求物质上的赔偿，以对受害人予以安慰并制裁不法行为人。② 我国最高人民法院对精神损害赔偿的适用范围作出司法解释，《民法典》第1183条也明确精神损害赔偿。关于医院产前诊断失误所侵犯的客体即知情同意权，属于人格权的一种，所以在医院产前诊断错误的侵权损害赔偿中要求精神损害赔偿是有法可依的。

（二）请求权主体

在侵权损害赔偿中，赔偿权利主体也就是请求人有三者：一是婴儿的母亲。在医院产前诊断错误所产生的侵权责任中，存在缺陷的孩子是在其母亲体内孕育成长的，母亲是最有资格享有知情同意权的人，她有权了解自己所孕育的胎儿的具体发育状况，并自主决定是否终止妊娠，所以其有权利向医疗机构提起侵权之诉。二是婴儿的父亲。在社会普遍观念中，父亲就是家庭中的精神支柱和经济来源，父母双方共同抚育孩子，所以父亲也享有知情同意权，具有提起侵权损害赔偿的请求权。三是在司法实践中，出生后缺陷的婴儿有赔偿请求权，包括医疗费、残疾赔偿金、残疾辅助器具费、精神抚慰金、交通费用、营养费用、后续治疗费用、康复治疗费用等费用。

随着社会文明的进步以及生育政策的开放，医疗机构的产前诊断是优生优育的医学屏障。然而在现实生活中，医疗机构以及医务人员在产

① 参见王泽鉴：《侵权行为》（第3版），北京大学出版社2016年版，第165～170页。

② 参见王利明：《侵权责任研究》，中国人民大学出版社2011年版，第699页。

前诊断过程中未能履行法定职责、注意义务，导致有缺陷的婴儿不当出生，增加了家庭的经济负担和精神压力，同时给社会带来不稳定的因素。明确医疗机构因产前诊断过失而产生的责任，既能够保护孕妇及近亲属的合法权益，也能促使医疗机构一方谨慎产前诊断义务，严格遵守职业技能与恪守职业道德，依法、依规行医。

第二节 不当妊娠之诉损害赔偿

不当妊娠之诉自 20 世纪 50 年代以来逐渐演变成多数国家，特别是法治发达国家法律实践界与理论界争论的焦点。不当妊娠之诉是医学的发展对法学提出的新挑战，随着经济发展与生物医学技术的快速发展，近几年我国不当妊娠之诉在各个地方法院的诉讼案件越来越多，理论上的探讨和争议越来越激烈。在错误生命诉讼中，由于不当出生原因复杂，有孕父母的自身基因问题，也有医疗机构医疗过失的原因，不当妊娠诉讼的赔偿范围、标准、诉讼时效等更加错综复杂。

不当妊娠之诉在各个国家的医事法理论与实践中占据重要地位。同样，这类新型诉讼给我国司法界提出了许多现实的课题。不当妊娠造成何种权利损害？医疗机构是否应该承担相应的法律赔偿责任？损害责任范围应如何界定？据此研究不当妊娠损害赔偿问题对于预防产前检查和分娩的医疗过失、合理填补损害有着非常重要的理论及实践上的意义。

一、不当妊娠之诉的概述

不当妊娠之诉是由于医疗机构的诊疗的过失，绝育手术不成功、避孕药物使用不当或者提供不恰当的避孕医学意见、避孕措施失败等，致使无生育意愿的女性意外受孕而引起的损害赔偿之诉。

从法理上看，不当妊娠在民事权利上损害女性的生育自由选择权。既然配偶一方选择进行节育手术等方式进行避孕，一定有不愿意生育的基础原因，如果怀孕，孕妇需要选择继续妊娠或者堕胎。孕妇如选择继续妊娠,后续将会带来合理的支出,比如产前检查的费用、手术费、整个妊娠及生育后的营养费、交通费、误工费用等。孕父母选择放弃妊娠,首先对于女性的身体健康造成一定的损害。其次,女性面临终止妊娠,对其精神上造成一定的损害。最后,在终止妊娠后,女性需要一段时间合理的休养,因此无法正常工作或者进行其他的社会生活活动,同时需要营养支持及流产术后期的治疗、检查费用,以上均会产生额外的营养费、医疗费、误工费、护理费、交通费等合理性支出。在不当妊娠诉讼中,医疗机构的过失行为在不法性质上属于"加害给付",构成合同编上的违约责任或者侵权责任。

二、不当妊娠之诉损害赔偿的研究

(一)域外对不当妊娠之诉损害赔偿的规则

1. 在美国的司法实践

2022 年 6 月 24 日美国最高法院推翻了 1973 年"罗伊诉韦德案"的裁决,即堕胎并非宪法赋予的权利,将是否允许堕胎的决定权交给各州自行裁决。在此之前美国各个州的法院在不当妊娠导致婴儿出生的诉讼案件中争论的焦点是原告可得到的损害赔偿范围不包含抚养费。其在认定损害赔偿的范围上有三类基本规则。

(1)限额损害赔偿

美国大多数州遵循有限损害赔偿来对不当妊娠损害赔偿范围进行确定,即仅对女性因妊娠、分娩产生的治疗费用、收入损失等货币上的损害及因为怀孕、分娩产生的疼痛与折磨等精神损害进行赔偿,大多的法院不支持对子女抚养费赔偿请求是因为基于公共政策考虑,抚养费并不能计算为确实产生的损害。抚养子女给夫妻带来的利益大于损失,抚养费的赔偿会因此贬低生命存在的价值。同时因为要求医疗机构或者当事医生支付抚养费,会侵害不当出生子女的情感,不利于家庭、社会的和谐。

(2)损益相抵

美国个别州适用损益相抵的规则,法官认为损益相抵规则的优点在于其所有的可调节性,法官能依据每件案子的具体情况——家庭的人数、收支情况、夫妻的年龄及婚姻情况综合认定受损父母在实际上是否存在损失的发生。个别法院甚至还会考量父母做绝育手术的原因，通常为优生优育型、治疗预防遗传疾病型、经济困窘型，法院对那些经济困窘型才予以判处医疗机构承担抚养费，但在判决时考虑父母抚养子女带来的欢乐和益处，即损益相抵原则。

(3)完全赔偿

美国仅有极个别的州选择完全赔偿的规则，作出医疗机构赔偿孕父母因为妊娠、分娩产生的治疗费、收支水平明显低于之前状况等经济上的损失及怀孕、分娩带来的疼痛与折磨等精神损害的判决，需对孩子的出生进行完全的赔付。但是完全赔偿规则在前期仅仅用于因不当妊娠而导致有先天性疾病孩子的赔偿。法院认为医疗机构在绝育手术上过失必然会产生对不当子女出生后产生的抚养费用。孕父母要求的抚养费在法律上的目的是给这个孩子未来更优质的生活。

2. 英国法的判例

在英国早期的司法实践里，并不支持对孩子的抚养费赔付。法院都否定了因为绝育手术的失败，父母作为原告向医疗机构要求支付抚养孩子的费用，仅赔偿因生育而产生的生育的痛苦及手术费用等，不赔偿原告所申请的抚养孩子的费用。晚近，法官在审判中会考虑由于不当妊娠而分娩有先天性疾病或缺陷的婴儿的诉讼，需依照具体情况另当别论。

3. 德国法的规定

在德国，从合同法的角度解释诊疗过失责任中医疗机构应当承担的责任。《德国民法典》第 280 条第 1 款规定，医生由于过错违反了医患合同中的义务，因而需赔偿损失。德国联邦最高普通法院判处有医疗机构的过失，且违背了夫妻的意志而不当出生，应由过错方来承担此责任，包括承担抚养费用。

德国法对于堕胎的行为予以严格法律控制，不当妊娠之后，除非充分检查证明胎儿存在畸形，危及产妇生命、健康等严重情形，孕父母必须分娩。在德国联邦最高法院认为，父母是儿童健康人格的监护人，没有抚育将没有生命的延续，判决医疗机构赔偿抚养费系对生命延续的尊重。

(二)不当妊娠损害赔偿的适用及存在的困境

1.请求权基础

在我国的法律上,不当妊娠损害赔偿的请求权基础有两个,分别为医疗合同责任和医疗侵权责任。

(1)合同责任

绝育医疗行为是女性与医疗机构两者之间的医疗合同关系。医疗合同的目标就是接受绝育手术从而产生不孕的结果。据此,若医疗机构避孕诊疗或绝育手术失败而致使接受避孕手术者受孕,孕父母则为医疗合同关系中相对的一方,有权利要求医疗机构承担没有按医疗服务合同履行的违约责任。

(2)侵权责任

每个公民享有生育自由的权利。政府为公民提供正确、有效、适当的避孕措施。医疗机构的过失而致使公民的避孕失效再次怀孕,医疗机构构成侵害接受手术者的生育自由权。对女性而言,妊娠、堕胎、分娩等身体痛苦及精神折磨也构成了对女性一方身体权、健康权的侵害。

不当妊娠损害赔偿的请求权基础分别为合同责任和侵权责任,司法实践存在两种责任的竞合。依照《民法典》的规定,患方只能二者选其一。司法实践中,如若用合同责任来作为请求权基础而提起违约之诉,存在以下的局限。

第一,请求权主体。基于合同的相对性原理,合同里的当事人才享有请求权,否则诉讼主体不适格。绝育手术中的夫妻的权利皆有可能受损害。如果接受绝育手术的是配偶的其中一方,而另一方不能成为合同的当事人或者作为原告参与诉讼过程中,据此,司法实践以合同责任来请求损害赔偿就会存在不利一方当事人的困境。

第二,赔偿范围。违约责任赔偿的范围主要在于财产损失方面的赔偿,违约责任的精神损害往往不能获得支持。在我国的医疗侵权类诉讼之中,医疗机构一方是否具有过错以及医疗行为与损害结果的发生是否具有因果关系都是需要通过鉴定确定是否存在责任及责任范围比例,所以,对于患方来说,提起侵权的诉讼请求获得赔偿金额较高。

2. 诉讼主体

在不当妊娠的医疗服务合同责任之诉中,诉讼主体的认定相对较为容易,即医疗合同中的双方当事人。但是,在不当妊娠侵权损害赔偿的诉讼中,诉讼主体就相对比较难以认定。

(1)原告

第一,原告主体可为女方个人。如若接受绝育手术的是女方,且手术失败致使其受孕,此时女方能为原告,对被告医疗机构主张违约责任或者侵权责任。第二,原告可为男方个人。如若是男方进行了绝育手术,而手术失败导致其另一半受孕,此时男方能为原告对被告医疗机构主张违约抑或侵权责任。第三,夫妻双方可共同提起诉讼,作为原告。但是,当以夫妻的名义提起诉讼时,其损害赔偿的范围是不能叠加的。

(2)被告

在我国的不当妊娠的诉讼中,被告主体应该是对夫妻进行绝育手术的医疗机构。在我国,医疗机构是医疗侵权责任的承担者。晚近,域外国家一些判例判决将安全套的生产商、开错药的药剂师列为不当妊娠之诉的被告。在大陆法系的德国,有将制造劣质的避孕药生产公司列为被告的情形。他山之石,可以攻玉,近些年司法改革推进,我国法院立案采用登记制,据此,我国司法实践也会遇到类似新型的案件。

3. 过错认定

在不当妊娠损害赔偿之诉中,医疗机构对于孕父母避孕措施的失败存在过错是医疗机构承担侵权赔偿责任的前提。在我国的医疗损害纠纷之诉中,医疗机构一方是否存在过失行为,根据《民法典》《民事诉讼法》及相关司法解释的规定,举证责任由患方承担。司法实践中医疗机构的过错责任表现为两方面。

(1)医疗行为的过失

医疗机构所实施的医疗行为未完全尽到卫生法律法规所要求的医疗技术规范中所应尽到的注意义务。第一,节育手术的过失。例如,医疗机构进行男性的结扎术时,医生可能由于技术方面的过失,错误结扎了输精管以外的地方,结扎手术完成后并没有细致检查工作致结扎失败等。第二,给药方面的过失。例如医师错开避孕药、药剂师错将其他药物作为避孕的药物致使避孕失败等情况。

(2)侵犯知情权

医疗机构未把绝育手术的有可能产生的后果和发生的并发症及时告诉男女双方。医生有义务向孕父母解释、说明目前并没有完全绝对把握的避孕措施,应当对绝育手术及其他的避孕措施的利弊比较且充分的告知,由此孕父母可以参考医疗机构的解释、说明进行选择。

(3)医疗过失的认定

对于医疗过失的认定,在我国医疗机构是否具有过错需要患方来承担举证责任。司法实践中患方通常通过申请医疗事故或医疗损害鉴定,由鉴定机构判断医疗机构在诊疗行为中是否存在过错及对过错责任参与度进行认定,在司法实践中医疗诉讼的审判周期很长,消耗医患双方的精力、财力。在法院审理过程中,根据医疗事故或医疗损害鉴定所的鉴定意见判断医疗机构是否对于女方的受孕造成损害存在因果关系进行分析,从而可能对患方的诉讼请求是否予以支持作出合理决断。

4. 损害赔偿范围

依照我国的相关规定,不当妊娠往往选择提前结束妊娠的方式,从法理角度来看,损害赔偿的范围应当包含因为妊娠、堕胎而产生的一系列的医疗费、误工费、护理费、交通费、住院伙食补助费、营养费用等财产上的损害赔偿,以及因受孕、堕胎而产生精神上的损害赔偿。司法实践中对于不当妊娠分娩情况,子女的抚养费是否需要由医疗机构承担需要依据实际的状况进行认定。根据我国《民法典》及相关的司法解释,对于不当妊娠,医疗机构需赔偿项目包括:不当怀孕及堕胎所支出的医疗费、住院伙食补助费、营养费、误工费、交通费、进行二次避孕手术的费用、精神抚慰金等。

在不当妊娠孕妇选择生育婴儿的情形下,原告所遭受的损害可以分为三部分。第一部分是指因怀孕和分娩本身所造成的损失,它包括:为怀孕及分娩所支出的医疗费、住院伙食补助费、营养费、误工费、交通费、进行二次避孕手术的费用等。第二部分为精神损害抚慰金,但是在司法实践中精神抚慰金需根据患者受损害程度严重与否进行认定。第三部分是指与抚养孩子有关的财产损失和精神损害,包括原告抚养孩子至成年的各项合理性支出。对各国司法判决是否支持婴儿抚养生活费的问题进行比较分析,发现各国对该问题基本上是持否定态度的。大多数观点认为抚养未成年子女过程中有痛苦但伴随着快乐。快乐如何衡量精确的金额,法律无法进行计算。

(三)解决不当妊娠损害赔偿之困境

随着社会经济和医疗科技的快速发展,不当妊娠之诉在各个国家呈逐渐增多的态势。各个国家因为经济制度、政治体制、法律制度、政府政策、宗教习俗、思想观念、道德思维等方面的差异,从而对不当妊娠之诉有着不同的司法判决。

法官基于对法律理解的不一致,对不当妊娠之诉作出相应的判决也不尽相同,法院判决范围中包括医疗费、营养费、误工费、住院伙食补助费、精神损失费,未包括不当出生子女的抚养费赔偿,究其根本,基于医疗机构过失行为导致的夫妻没有采取恰当避孕措施,从而导致了女性怀孕的诉讼行为。配偶一方进行绝育手术的缘由就是希望通过避孕手段而避免受孕的发生,不会使自己陷入亲情与政策的两难之中。因医疗机构绝育手术失败的意外受孕状态,夫妻双方或一方的生育自由权受到医疗机构的侵害,而孩子出生产生的额外费用也与医疗机构的过错行为存在因果关系。从法理角度来看,对完善我国不当妊娠之诉提出几点法律建议。

1. 从立法上对夫妻生育选择权的保护。目前的立法上,仅于现行《宪法》和《民法典》中规定了夫妻的生育选择权,但此权利并未明确归为一项人格权,无法满足社会生活中的各种各样生育选择权纠纷的需要。在司法实践中,法院无法直接运用现有的条文对此类案件进行审理,缺乏可操作性。因此,应当在未来的立法中对于夫妻生育选择权这一人格权加以明确立法,让法院判决有法可依。

我国可以在今后的立法或司法解释上对胎儿的权益加以保护,对于终止妊娠的条件进行严格限制。包括对终止妊娠手术的条件、地点、人员进行严格的控制,实施手术者必须要在国家允许的医疗机构及须持有相关的资格证书才可进行终止妊娠手术。

对于未分娩胎儿权利的保护问题。我国法律对自然人的民事权利能力的起止时限已有非常明确的界定。《民法典》第 13 条规定:“自然人从出生时起到死亡时止,具有民事权利能力,依法享有民事权利,承担民事义务。”可见,自然人的民事权利能力存在的时间界限是:起于出生,止于死亡。显然胎儿在母体中还不具备公民的民事主体资格,因而也不具有相应的民事权利能力。临床实践中,活产指胎儿全身娩出时有呼吸、心跳、脐带搏动及随意肌收缩四项生育现象之一的新生儿。而临床一般认为,有心跳、呼吸两项是判定是否活产最关键的指标。

2. 提高医师执业水平。首先,应尽到产前检查、产前诊断筛查告知义务。完善对医疗技术的发展研究,尤其是产前诊断筛查技术,并尽到事前告知的义务。在避孕措施的安全性上,选择以节育手术的方式进行。医疗机构在就现在无法达到完全节育的效果的情况下,需要在手术之前提前告知待手术者手术后仍可能会有怀孕的可能性,从而使夫妻自行决定是否进行采取绝育手术。其次,增强对节育手术的医疗技术的研究及实践,以达到更高的手术成功率。

3. 提高生育知识认知。对夫妻进行正确避孕措施及行为的教育。现实中性教育方面缺乏,大多数夫妻对于避孕的知识相当匮乏。因此,加强对夫妻进行相关生理知识教育也是减少此类诉讼的方法之一。从这些角度出发,或许可以从根源上缓解不当妊娠之诉不断增长的态势及诉讼当中存在的问题纠纷。

随着经济和医疗技术快速的发展,不当妊娠之诉逐渐演变为产前过失侵权概念下的具体化类型之一。夫妻选择以结扎、上环等医疗手段进行节育的越来越多。尽量避免不当妊娠情况的出现及完善不当妊娠之诉立法、司法,有利于不当妊娠的子女的权益的保护,有利于维护社会主义社会医患关系的和谐。

第三节 人工辅助受精胚胎法律属性

胚胎是动物早期的生命形式,对胚胎的法律保护包含在胎儿的法律保护之中。人工辅助生殖技术的发展带来了福音,更冲击着道德观念和法律制度。当人工辅助生殖技术的运用变得规范化,负面影响也就会减少,最终会使社会的道德观发生变化。而其研究和应用的深入会使大众对相关的道德问题有更加正确的认识。对于新技术和社会需求之间契合困境的化解,会因契合条件的改善从而能够带来新思想观念的改变。[①]

沈某与刘某夫妇都是独生子女且未生育子女,刘某与沈某 2013 年 3 月双双遭遇车祸身亡。该夫妇生前在南京鼓楼医院通过辅助生殖技术留下了四枚体外受精胚胎。这四枚体外受精胚胎便成为双方家族延续生命、传承后代的唯一期待。沈某与刘某夫妇近亲属对这四枚体外受精胚胎的权属产生争议。死者沈某的父母遂以死者刘某的父母为被告,以南京鼓楼医院为第三人诉至法院要求获得胚胎的所有权、支配权。一审法院经过审理后法官认为:胚胎具有潜在的生命特征,不得继承,同时因胚胎权利的行使应受国家计划生育相关法律法规和社会伦理道德、公共政策的约束,故判决认为胚胎不能继承。驳回了原告的诉讼请求。其后,二审法院决定将案由由一审的继承权纠纷变更为监管权和处置权纠纷。并作出与一审相反的判决,其认为胚胎将可能发展成为生命活体,应受到特殊尊重与保护。是故撤销原审判决。四位"失独"老人获得对胚胎共同的监管权和处置权。[②]

体外受精胚胎对于四位"失独"老人来说,体现了双方家族的基因遗传信息,而且寄托了亲人情感与精神。基于特殊利益保护,这四枚胚胎的相关权利,于法于情都应归属于四位老人。公序良俗、天常人伦等社会道

---

① 参见王莲花:《人工辅助生殖技术应用中的道德难题》,载《法制与社会》2018 年第 20 期。

② 江苏省无锡市中级人民法院民事判决书,(2014)锡民终字第 01235 号。

德因素，常以“伦理秩序”和“价值判断”等形式存在于法律之中。[①] 拉伦茨认为，法官既需要在法律中获得裁判依据，也需要兼顾正当的伦理要求。[②] 该胚胎案从胚胎的处置权、监管权着手，独辟蹊径进行论证。在我国现行法律框架对胚胎的地位及权属等相关规定空白的现状之下，表明尊重特殊利益保护的立场，实为破冰之举，兼顾法理与人情及公众情感。其中所蕴含的法律之深度与人情之温度，值得从法理与情理延伸。

上述胚胎案权益的诉求在现行法律框架下合法合理得以解决。而这些更深层次、尚未厘清的人工辅助受精胚胎权利属性问题正是现代法治进程中产生的新的法律问题，也是保护公民合法权益与回应社会现实的过程中无法回避的新生法律事务。胚胎是前沿的生命伦理学问题，也是当前世界各国面临的司法问题。

在表面上，将胚胎称作“具有未来生命特征的特殊物”。但胚胎的法律属性究竟是否为民法上的物，为何种物？仍未给予明确的答案。我国现行法律对胚胎的法律地位及其权属未具明文，从而形成法律争议。法律上的困境，使得司法机关在面临此类问题时难免产生避重就轻之虞。现行的法律框架存在空隙需要填补，是一个亟待厘清的医事法律问题。对于胚胎的权属纠纷，是否是监管权和处置权？胚胎监管权、处置权又是依据何种法律关系产生的，是否得于继承？胚胎是否可以成为继承的标的？仍然是悬而未决的问题。在司法实践中生命法益、天常人伦、生育政策、生物科学及财产利益等公益和私益之间如何达到平衡等一系列的胚胎难题，涉及医学、法学、社会学、伦理学、政治学等方面，对此研究具有理论与实践意义。

一、人工辅助受精胚胎的法律性质之探究

人工辅助受精胚胎的法律性质如何界定，法学界与医疗界众说纷纭。主要有以下三种观点，即主体说、客体说及中间说。主体说将胚胎视为民

---

① 参见张婷婷：《科技、法律与道德关系的司法检视——以“宜兴胚胎案”为例的分析》，载《法学论坛》2016年第1期。

② 参见[德]卡尔·拉伦茨：《法学方法论》，黄家镇译，商务印书馆2020年版，第28页。

事主体,认为其具有法律上的权利主体地位。客体说则主张胚胎仅为民事法律关系中的客体。将胚胎视为一般物,具有非人格性、独立性。中间说则将胚胎视为既非民事主体也非一般物,认为胚胎是一种伦理物。

(一)人工辅助受精胚胎系民法上的伦理物

基于民法基本物质结构的人和物的二元处理方法,器官或组织若脱离了人的身体,将不再是人格的载体,而应当归属于物的类型。考虑到医学上辅助生殖技术的发展,规定自然人的精子、组织、器官、血液、卵子等,以不违背公共秩序和善良风俗为限,可以成为民事权利的客体。①

人的生命始于受孕,据此人工辅助胚胎的法律属性值得研究。第一,人工辅助胚胎具有独立性和非人格性。体外受精胚胎是分别从男方和女方身体中取出的精子与卵子,通过医学技术在体外受精形成的受精卵或合子,根据医疗生物技术分裂成准胚胎,再将它们植入母体的子宫。胚胎是从人体中分离出来,并且能够独立于人体之外而存在的。从这个意义上来说,胚胎同时具备了“物”的非人格性和独立性。第二,胚胎具有可支配性。进行体外受精—胚胎移植手术的夫妻双方共同享有胚胎的所有权。夫妻双方在不违反法律法规、公序良俗、公共政策的情况下,可以对胚胎进行使用、监管、处置,还可以将剩余胚胎作医学研究用途捐献。表明了胚胎具有“物”之为人力所支配的特性。体外受精胚胎同时具备非人格性、独立性及可支配性等一系列“物”的特征,符合民法理论上对“物”的定义。因此,将胚胎作为民事权利的客体符合法理学中法律关系中的“物”的特性。

人的身体,虽不是物,但人体的一部分如已分离,不问其分离原因如何,均成为物。② 由于胚胎在植入子宫前是处于人体之外、独立存在的。虽然具有孕育成生命活体的潜在性,但此时其在实质上并不具有人的任何器官和结构特征。司法实践认为胚胎是“具有潜在的生命特征之存在”。换言之,胚胎暂不具有人的身体或器官结构,同理也不是人格的载

---

① 参见梁慧星编:《中国民法典草案建议稿附理由:条文说明理由立法例——总则编》,法律出版社 2013 年版,第 124 页。

② 参见王泽鉴:《民法总则》(增订版),中国政法大学出版社 2001 年版,第 217 页。

体。因此无法取得与人类同等的法律地位。而坚持将胚胎作为民事权利主体的主体说更是无从展开。随着胚胎冷冻技术的提高,体外受精胚胎可以保存更长时间。

(二)民法保护人工辅助受精胚胎伦理物的特殊性

在认定人工辅助受精胚胎的法律属性为物的同时,并不否认其所具有的特殊性,而是将体外受精胚胎作为物的最高规格即伦理物加以特殊的保护和对待。科学技术的发展带来世界观的变化,将传统民法从人和物、权利的主体和客体古典二元论,发展为人和物及其中间状态的存在三类。

民法上的物依据物格制度分为三个种类:一般物、特殊物、伦理物。其中伦理物为最高物格,体外受精胚胎就归属于这一物格。由于体外受精胚胎隐含了人类繁衍的基因密码,为潜在的生命体,因此具有伦理性。这一特殊性区别其他一般的物。除了具有理论上一般的物之特性外,体外受精胚胎包含了潜在的生命特征。一旦将胚胎与母体结合,可能演变成具有民事权利上的人,是可能成为未来市民社会其中一员的存在。从公序良俗或法律价值判断出发,都无法否定其特有的伦理性。基于上述特殊理由,法理上应该将其界定为伦理物。伦理物处于民法物格制度的顶端。在法律上,理应给予较一般物相比更为特殊的地位和更受注重的保护。任何人对其行使支配权时都要受到一定的限制,防止其中包含的潜在生命受到损害。把人工辅助受精胚胎界定为伦理物,为胚胎在民事活动中的地位提供了特殊的保护,是符合客观事实及人伦情理、社会经济发展的需要。这样的规制有利于保障各方的合法权益,构建更为和谐有序、物有所归的司法秩序。因而没有必要将体外受精胚胎界定为主体,也没有必要为之在主体和客体之间创设第三类民法的基本物质;将人工辅助受精胚胎作为伦理物对待,并不否认其特殊性,同样能够使其得到法律特殊的保护。

二、人工辅助受精胚胎继承的法理考量

(一)人工辅助受精胚胎可作为伦理物予以继承

首先,人工辅助受精胚胎可以作为伦理物进行继承。既然人工辅助

受精胚胎属于物的一类,在物的所有权人死亡后,人工辅助受精胚胎与人体已经产生分离可以界定为遗产,成为继承人继承的标的。将体外受精胚胎称为伦理物突出其特性的同时,并不能忽略其物的基本属性。人工辅助受精胚胎既然归属于物的类型之一,可以成为继承的标的。由于胚胎伦理物的特殊性,在不违背法律和公序良俗的情况下,可以在法律法规的框架下对继承人之于胚胎的处置权予以一定程度的限制,但并不能以此为理由否认继承人享有的对伦理物的继承权。以体外受精胚胎"乃未来的生命体,不得随意地继承"为由,继而作出"胚胎不得继承"的结论的逻辑推理不严密。第一,未明确认识到人工辅助受精胚胎为物的法律特性。人工辅助受精胚胎虽作为与人伦具有密切联系的特殊之物,但又不同于人身权等因具有人身排他性而不能成为继承的标的。其乃合法的物之所在。第二,不得随意继承并不能等同于绝对的不能继承,对特殊之物的继承,在法律框架上可以加以人伦情理、公序良俗、公共政策等道德因素的考量,为其合法的特殊利益保护寻求解决的路径。①

其次,人工辅助受精胚胎可以适用继承的相关规定。人工辅助受精胚胎符合《民法典》关于遗产是自然人死亡时遗留的个人合法财产②的规定,该项规定属于概括性条款。随着现代经济发展,纳入公民合法财产的范围势必愈来愈广泛。科技创新的日新月异将衍生出一系列超出人类主观能动性的、多元化的财产类型,例如体外受精胚胎。而兜底性条款的设立正是为了避免法律滞后性所可能带来的无法可依的局面。从法理上只要是合法的、能够满足人类生活需要的物,都宜纳入"公民其他的合法财产"的这一兜底条款之规定,以此保障公民的合法权益。人工辅助受精胚胎可以视为夫妻双方生命延续的希望,对继承人来说具有寄托情感和精神的独特意义,即符合满足人们的需要这一要件,同时,从某种意义上讲,其又乃死亡夫妇所付手术费用、保管费用等经济价值的凝聚。故人工辅助受精胚胎作为公民个人合法财产可以继承。

---

① 参见陈连杰:《胚胎之争的法学思考——以二审法院判决为视角》,载《成都理工大学学报(社会科学版)》2016年第1期。

② 《民法典》第1122条第1款:遗产是自然人死亡时遗留的个人合法财产。

(二)平衡人工辅助受精胚胎继承权与代孕禁令的冲突权利

尽管因胚胎所有权人死亡后通过手术实现繁育后代的目的已无法实现,但不得以违背公序良俗孕育胚胎为由,判决人工辅助受精胚胎不能继承。在司法实践中,行使人工辅助受精继承权与代孕禁令是否存在权利冲突。

首先,已故夫妻以生育为目的,进行人工辅助生殖手术行使其生育权系其意思自治表现。但生育权并不属于胚胎之物上权能,而是属于夫妻双方的人身自由权。否认胚胎的继承权混淆了胚胎的存在价值仅为实现已故夫妻生育权这一目的,而忽略了寄存于胚胎之上的权能还有如使用、监管、处置等支配权,是对物权的否定。《人类辅助生殖技术管理办法》的实施是以部令的形式颁布的部门规章,其中规定严禁买卖胚胎,严厉禁止实施代孕技术。[①] 但这些规定仅规范医疗机构和医务人员[②],并未提到对胚胎相关权利行使的限制。

承认人工辅助受精胚胎的继承性,符合法律本性与人道主义精神。人工辅助受精胚胎对于已故近亲属而言,不仅是具有伦理联系的亲缘之存在,也是寄托对已故儿女的情感与哀思之处。承认近亲属对人工辅助受精胚胎享有继承权,符合情理且不违背法律法规与社会伦理。在法理上,在尊重人的生命,尊重人类根本权利的法律要求下,仅以现行政策禁止进行代孕为理由而拒绝继承人的正当要求,显然是不近人情的,也是不尊重人的生命和尊严的。[③] 虽然继承后对胚胎的后续处置可能牵涉法律、伦理等社会问题,但依附于胚胎的权属包括使用权、处置权、监管权等权能。不能一概就此否认继承人对胚胎的继承权,这违背《民法典》对公民财产性权利的保护的相关规定。

在现行法律框架下,对人工辅助受精胚胎的法律地位及权属配置存

---

① 《人类辅助生殖技术管理办法》第3条第2句规定:禁止以任何形式买卖配子、合子、胚胎。医疗机构和医务人员不得实施任何形式的代孕技术。

② 《人类辅助生殖技术管理办法》第2条规定:本办法适用于开展人类辅助生殖技术的各类医疗机构。

③ 参见陈连杰:《胚胎之争的法学思考——以二审法院判决为视角》,载《成都理工大学学报(社会科学版)》2016年第1期。

在法律框架间的空隙。尤其对于“失独”的公民,在目前没有相关的法律法规作出禁止性或限制性规定的情况下,就其已故子女遗留下来的人工辅助受精胚胎所产生的正当诉求,法律上应该予以尊重及确权。[①] 任何公权力机关或从事体外受精及胚胎移植的医疗机构,都应秉持遵循私法领域内“法无禁止即自由”的意思自治精神,不得随意侵害公民合法的民事权利。据此从法理上,人工辅助受精胚胎的继承与代孕禁令等政策之间并不存在直接的冲突。胚胎在民法上的地位和保护是对科技发展与社会变迁的回应。

三、人工辅助受精胚胎法律保护的思考

(一)人工辅助受精胚胎法律继承性

人工辅助受精胚胎作为民法上特殊的物并赋予其继承性法理思考,解决现实中的人工辅助受精胚胎难题,使其定分止争以保护公民的合法权益,应是法律适应经济发展的需要。在科学技术的进步冲击传统法律范畴的大背景下,成文法对于权利的保护难免存在滞后性,而频繁修改旧法、创设新法也不契合实际。[②] 法律或法规应明确人工辅助受精胚胎为伦理物,并且可以继承。与其消耗司法资源创设新型的法律法规,不如依法对现行法律规范加以法律解释,为其增添适应社会变迁的内涵。结合伦理道德和实际发展需要,应在法律解释中,明确体外受精胚胎的物质属性,规定继承人对体外受精胚胎的继承权。在出现法律漏洞时,无论是创造性补充还是价值补充,对现行规定的缺陷修补和完善,都不得恣意为之,必须以法律的内涵为价值导向,合乎法律之基本原则,并能纳入现有的法律内在体系形成自上而下、情理法三者的有机统一。增添法律权利的内涵,不仅使法律规范更具开放性以适应社会变迁,而且使司法机关在审判时能够使用更贴近现实问题的法律规范为裁判的依据,使判决将更

---

① 参见张圣斌、范莉、庄绪龙:《人体冷冻胚胎监管、处置权归属的认识》,载《法律适用》2014 年第 11 期。

② 参见王蔚:《宪法学视角下的冷冻胚胎权属纠纷案评析》,载《中国法律评论》2015 年第 4 期。

具权威性，符合法律基本精神。同时，也使法律更富有人文关怀，使其促进科学发展和社会和谐。现实中的纠纷得以定分止争，情有所归，保障各方的合法权益。

（二）公权力限制性的法理思考

将"国家政策"这四字从《民法典》条文中删除，这表明，国家政策将不再作为民法的法源。此处修改遵循了法律保留原则，维护了民法规范的法律优先效力。《民法典》第10条[①]将习惯引入民事活动的规范中，主要是为了填补法律框架的间隙，但习惯因此也具有第二位阶民法法源的性质，且属于法律明文规定的正式法源，可被法院引为裁判依据。[②] 将有可能侵害到公民的人身权利及以财产权为代表的社会经济权利等事项，为法律所保留。这是最大限度地保护公民权利、私法自由不受国家公权力干扰的举措。立法确定对自由和财产的干涉必须要由高等级的法律作出规定，形成一个基于"法律保留原则"的"干涉结构"，[③]使法律更具权威性，公民的合法权益享受更为安心的保障。

产生人工辅助受精胚胎难题的实质体现的是公民权利与国家权力的自由之争。在法律没有明确规定的情况下，国家权力通过政策等形式，对私法领域中的公民权利加以限制。而私法领域向来遵循"法无禁止皆可为"的民法原则，尊重意思自治的自由精神，因此自然对国家权力通过法律以外的形式加以干涉、限制产生抵触情绪。就本章所述胚胎继承纠纷案而言，面对《宪法》《民法典》关于尊重人格尊严、保护物权、保障继承权的实现等明确规定，法不限制便自由，法律不能拒绝当事人合法、合理的请求。以规范实施体外受精及胚胎移植技术的医疗机构和医务人员的部门规章，来对抗法律所赋予的当事人的合法权利，这是同法律位阶的基本原则背道而驰的。不能以低位阶的规章来限制高位阶的法律，限制公民

---

① 《民法典》第10条规定：处理民事纠纷，应当依照法律；法律没有规定的，可以适用习惯，但是不得违背公序良俗。

② 参见李敏：《民法上国家政策之反思——兼论〈民法通则〉第6条之存废》，载《法律科学（西北政法大学学报）》2015年第3期。

③ 参见［德］奥托·迈耶：《德国行政法》，刘飞译，商务印书馆2002年版，第13页。

所享有的基本权利。

行政权追求公益应有凌越私益的优越性,但必须符合目的性,并严格遵循比例原则,以最小侵害的方式进行。比例原则又称作“禁止过分”原则,公权力的行使应当在法律框架内,对公民权利的侵害若无法避免,则必须采取损害最小的方式,不得造成过分的侵害。尼采说过:最动人的美不做暴烈的醉人的进攻。要发挥法律规范的柔性之美,此刻就取决于运用主体行政机关的决策。行政机关在制定相关部门规章、政府规章的同时,应根据立法背景、法律的整体精神、社会公共价值利益等交融因素,作出综合的判断。

随着辅助生殖技术的进步与推广,以体外受精——胚胎移植、卵母细胞单精子注射为主的人类辅助生殖术使大量存在生殖障碍的夫妇孕育子女得以实现。[①] 行政机关在颁布行政政令对公民生活进行引导、规范时,不仅要满足合法性、合理性的要求,还必须充分考量目的是否必要,手段是否恰当,即其是否符合必要性原则及适当性原则。综合考量、权衡社会利益与个人利益,使其在制约与自由之间达至平衡。于人工辅助受精胚胎法律问题研究之范畴而言,公权力机关在涉及公民基本权利的问题上,应该综合平衡权力与权利冲突。从实际出发,深度剖析现实中亟待解决的问题。实行更为精细化的分类管理,使公权力对公民基本权利的限制缩减到最少侵害的限度,才有利于积极回应社会的需求,保护各方的合法权益。

---

① 参见李春梅、万盈璐、张小青:《辅助生殖技术异位妊娠特点及高危因素分析》,载《护理实践与研究》2020年第4期。

第四章　医师权益保障研究

第一节　医师多点执业的法律审视

“健康中国”战略是习近平总书记在党的十九大报告中明确提出并确保实施的国家战略。随着“健康中国”战略的提出，运用法治思维和方式推动医疗卫生体制的改革与发展，寻求医师多点执业制度的改革方向，降低法律风险势在必行。[①] 医师多点执业指医师在满足准入条件后在卫生行政部门注册登记，在两个以上医疗机构签订协议并提供诊疗的行为。近年来在医疗改革的环境下，放宽医疗政策，推进医药卫生体制改革，推动医师多点执业发展，从而盘活医疗资源环境，使医疗资源及医务人力充分整合、流动。

一、医师多点执业法律背景

（一）医师多点执业的立法溯源

2009年中共中央、国务院颁布的《关于深化医药卫生体制改革的意见》就明文指出要推进公立医院改革试点，鼓励各地积极探索政事分开、管办分开的有

① 参见应欢：《“健康中国”视域下医师多点执业法律问题研究》，载《大学》2021年第33期。

效形式,推进人事制度改革,鼓励地方探索注册医师多点执业的办法和形式。2009年9月《卫生部关于医师多点执业有关问题的通知》(已失效)在《关于深化医药卫生体制改革的意见》的内容上进行了更为详细的解释和说明,明确了医师多点执业的定义、分类和详细的管理办法。2014年原国家卫生和计划生育委员会、国家发展和改革委员会、人力资源和社会保障部、国家中医药管理局和原中国保监会《关于印发推进和规范医师多点执业的若干意见》发布,探索了医师多点执业的注册管理办法、人事(劳动)管理和医疗责任。医师与第一执业医疗机构相互协商,一致签订聘用(劳动)合同,明确双方人事(劳动)关系和权利义务,不违背国家有关参加社会保险的规定;并和非第一执业的其他医疗机构另行订立劳务协议,对医师及医疗机构通过补充保险或商业保险等方式提高医师的医疗、养老保障水平的行为加以鼓励;同时指出条件成熟的地方可以探索实行医师多点执业区域注册。2017年原国家卫生和计划生育委员会在修改《医疗机构管理条例实施细则》的决定通过后,发布了《医师执业注册管理办法》,正式将医生区域注册制度推向全国。卫生行政部门加强了异地注册管理和电子注册管理,实现了一次注册,区域有效;放宽了多点执业的限制,完善了医师退出机制。2018年6月,国家卫生健康委员会、国家中医药管理局发布《关于进一步改革完善医疗机构、医师审批工作的通知》,明确医师可在省、县级一次注册有效,可以在网上进行申请。通过放宽申请的条件,简化审批的手续与工作的方式,使医师注册与申请更加方便快捷,大大节约时间和资源。

医师在选择执业机构时会想要了解机构的薪酬水平、科研能力、工作环境以及人才梯队情况,而医疗机构也会想要了解医生的临床业务能力、团队合作能力以及整体专业水准。①

我国医师多点执业在立法方面仍须完善,要使医疗资源更合理地分配,医师、患者都能更好地行使自己的权利和义务刻不容缓。

---

① 参见袁枚:《公立医院人力资源管理工作风险分析与防控——基于医师多点执业的医疗体制改革背景》,载《人才资源开发》2021年第23期。

（二）多点执业医师与医疗机构之间的法律属性分析

1. 传统医疗体制下的法律关系

新医改未颁布前，在传统医疗体制下医师与医疗机构之间的关系较为单一。作为医疗服务的实施者，医师受雇于医疗机构，发生医疗纠纷后不能作为被告的独立诉讼主体存在。与患方产生医疗服务合同关系或者在发生医疗损害后产生的侵权法律关系的主体都将是医疗机构，而不是当事的医生。在传统医疗体系下，医生与医疗机构产生的劳动人事关系也较为简单，在公立医院属于人事编制，国有事业单位与医护人员签订岗位聘任合同，在私立医院属于雇主与雇员的关系，签署岗位聘用合同。

2. 医师多点执业下的法律关系

医师多点执业实践中医师与医疗机构之间的法律关系一般被认为合同关系。医师进行多点执业时，其不在其他执业点任职，其以自身而非供职医疗机构的身份参与多点执业。相当于医师作为合同主体与医疗机构发生法律关系。多点执业医师与医疗机构合同关系应具体划分为劳动合同关系、雇佣关系、承揽关系、委托关系，这要视双方协议签署的内容进行确定。在现实实践中可以将医师与各个医疗机构之间的法律关系作具体分析，以便厘清医师与医疗机构在不同的法律关系中的权利义务以及医疗损害责任的承担范围。

第一，劳动关系。医疗机构作为用人单位与医师依法签订劳动合同形成劳动关系。因此当医师在执业过程中发生医疗事故或医疗损害等情况时，应按照《民法典》有关医疗损害责任规范，判断医疗损害的承担主体。根据《民法典》，患者在诊疗活动中受到损害，医疗机构或者其医务人员有过错的，应由医疗机构承担赔偿责任。医师在其主要供职的医疗机构执业时，所产生的医疗损害或者医疗事故由医疗机构作为主体承担损害责任，并非医师自行承担责任。医师在诊疗过程中存在重大过错，医疗机构赔偿后有权向医师追偿。

第二，劳务关系。医师在其他医疗机构执业时，以自身的医务能力为医疗机构提供劳务，医疗机构向其支付劳动报酬。他们之间为平等关系，不存在隶属关系，医师可以向多家医疗机构提供服务。医师与医疗机构的关系可以视为雇佣关系。据此，医师与不同医疗机构的法律关系是不同的，与主要入职的注册医院之间产生劳动合同法律关系，与其他多点执业的医疗机构之间产生雇佣的劳务关系。

第三，承揽关系。承担医疗机构中医疗技能、辅助类科室医师常按照其他医疗机构的要求完成一定的医疗技能工作，交付劳动成果，医疗机构定作人接受工作成果并给付报酬。在法律上，以自己的设备、技术、劳力为医疗机构方完成工作，并承担工作不能完成的风险责任的方式应是在多点执业过程中普遍发生的承揽关系。在承揽合同关系下发生的医疗损害或者医疗事故，医师作为承揽人和医疗机构作为定作人是否作为责任主体要视具体而定。多点执业医师提供的医疗技术服务或医疗器械存在缺陷导致医疗损害或者医疗事故发生的情况，多点执业医师承担损害赔偿责任。医院对多点执业医师有监督的义务，如果医院未严格履行监督义务，最终导致医疗损害的发生，医院也应当承担与其过错相当的损害责任。如果医院向多点执业医师提供的是错误的病历、信息或有瑕疵的器械材料，最终影响多点执业医师作出错误的判断并由此导致损害责任，应当由医院承担责任。①

（三）医师多点执业的法律困境

传统医疗模式下，医师多点执业可以促进民营医院、基层医疗机构等小型医疗机构的发展，提升其医疗水平，增强竞争力，使多点执业医院从中获益。但对于医生的原执业单位，通常是一些大型公立医院，在本身医疗工作满负荷运转的情况下，医师多点执业带来的更多的是人力资源的分流与流失，他们对医师多点执业的推行缺乏主动性。②

随着多点执业各省试点工作的不断推进与拓展，相关的注册管理办法依法颁布，为我国医师多点执业工作提供法律依据。没有完善的法律法规加以约束和引导，在多点执业过程中发生医疗损害或医疗事故的处

---

① 参见钱志诚、王高伟：《医师多点执业过程中有关法律问题的分析》，载《卫生软科学》2018 年第 12 期。

② 参见黄小龙、任俊方等：《互联网医疗推动医师多点执业的思考》，载《中国卫生质量管理》2021 年第 1 期。

理具有复杂性、困难性，同时医疗机构与多点执业医师法律关系属性没有界定明确，导致发生医疗纠纷时无法有效解决。

1. 立法规定比较模糊

《医师法》第 13 条规定：国家实行医师执业注册制度。医师执业资格的取得，需在所在地县级以上地方人民政府卫生行政部门进行注册申请。第 14 条对医师注册后的执业地点、类别、范围等内容加以详细约束，使医师可以根据规范从事相应的医疗、预防、保健业务。未获得执业证书的医师，禁止其执业行为。《医师法》并未对医师多点执业进行明确的规范，该法第 18 条规定，医师变更执业地点、执业类别、执业范围等注册事项的，应当依照本法规定到准予注册的卫生健康主管部门办理变更注册手续。医师从事下列活动的，可以不办理相关变更注册手续：参加规范化培训、进修、对口支援、会诊、突发事件医疗救援、慈善或者其他公益性医疗、义诊；承担国家任务或者参加政府组织的重要活动等；在医疗联合体内的医疗机构中执业。《医师执业注册管理办法》允许医师申请在同一或不同地点的多个医疗机构执业，并完善了相关申请注册程序。不同法律法规的效力位阶有所不同。《医师法》作为法律效力明显高于《医师执业注册管理办法》这类部门规章。作为上位法的《医师法》无明确规定，致使医师多点执业存在困境。《关于医师多点执业有关问题的通知》规定了医师多点执业的类别：执行政治指令任务、医疗机构合作以及主动受聘的医师个人行为三类。除了政府指令以外，第二、第三类遭到了大医院的“冷遇”，多点执业呈现“媒体政府热、医院冷、医师观望”的现象。政府希望通过多点执业平衡医疗资源，化解医疗服务需求与供给间的矛盾，缓解“看病难”的难题，但目前医师多点执业的开展仍面临挑战。[①]

2. 医疗责任承担不明确

医师多点执业的流动性肯定带来更多更大的医疗风险。我国的医疗保险是基本医疗保险，在多点执业方面，并未推行相关的医疗多点执业风

---

① 参见黄小龙、任俊方等：《互联网医疗推动医师多点执业的思考》，载《中国卫生质量管理》2021 年第 1 期。

险险种。医师在多点执业中发生医疗损害或医疗事故时,医师、患者及医疗机构的相应权利有可能无法得到切实的保障。尤其在医疗损害发生时,如果法律法规没有较详细规定责任的承担,各个主体需要承担的责任相应也难以界定。对多点执业医师与医疗机构发生医疗事故或医疗纠纷时法律责任的分担方式,《关于医师多点执业有关问题的通知》出具了具体规定,要求多点执业医师与受聘的医疗机构事前签订相关协议,降低医疗风险。但是执业医师是否需要直接承担责任、直接面对患者、具体如何分配实施才更公平合理等问题仍具有较大的争议,现实生活中与医疗机构等级、手术等级、多点执业医师资质等问题相关联。医师多点执业后,医疗行为的安全性无法得到有效保障,这要求主执业医院结合需求,制订相应的分类管理制度,兼职和全职的医师在工资、奖金、工作时间、绩效考核、社会保障福利等方面应有所不同,结合兼职医师要在其他执业机构执业会获得相应收入,其在原单位的工作量和薪酬可以进行适当调整。医师多点执业的施行,根本上要从公立医院人事制度上着手,通过健全人事管理制度,细化人事管理规则,以减少多点执业医师面临的法律风险,从而助推多点执业的发展。①

(四)医师多点执业的法律监管困境

1. 监管困难

卫生行政部门目前无法对医师多点执业建立完善、成熟的监督管理体系。监督管理体系不仅要明确多点执业医师和医疗机构的准入、退出机制,还要将医师、医疗机构及患者的信息数据化、共享化,使得患者能够获得更准确便捷的医疗服务信息。卫生行政部门要在保障医师流动性的同时,对医师加以监管,并有效地保障医师及医疗机构所提供的医疗服务质量。现实生活中不同地区对医师多点执业有不同的管理办法,这也增加了卫生行政部门的监管难度。

---

① 参见范亲敏、钟三宇:《医师多点执业的法律风险及防控对策研究》,载《南京医科大学学报(社会科学版)》2021年第1期。

2. 利益分配和义务承担机制模糊

医师多点执业各方的利益、权利、义务均无法明确，如医师的薪酬待遇及考核机制还要具体规划，是劳动关系或者劳务关系抑或承揽关系，如何确定各方责任及利益分配制度，均是重要的问题。不仅如此，多点执业医师与普通医师之间也存在问题。要保证双方薪资待遇的相对合理，建立完备的绩效考核机制，在现实生活中社会保险缴纳是否分担，原执业机构代为缴纳"五险一金"的费用是否需要与其他执业机构分摊，[①]并借此发挥医师多点执业的优越性，促进医疗资源的更合理配置。

二、域外医师多点执业法律溯源

医师多点执业的立法初衷是让医师进入执业市场，整合医疗资源。事实上在许多国家，医师系自由职业，据此，医师能够多点执业从身份上没有严格限制，而我国医师在公立医院，具有事业编制。借鉴域外做法，完善我国医师多点执业制度。

（一）英美法系

（1）英国

英国对医师在公立医院的执业时间进行限制，每周不少于四天，对医师在非公立医院的执业时间相反不做管理，使其执业时间方式自由。这样既能保障医师自由执业，也可以促进公立医院和非公立医院的医疗资源合理分配。而医师通过和非公立医院签订个体或集体合同的方式，订立与工作时间、工作任务有关的条款，具有较高的执业自由度。[②]

相对我国目前的医改，英国的医疗制度在保证了公共医疗资源的同时赋予其流动性，形成良性积极的医疗竞争环境，我国的医师多点执业改革可以参照其医疗资源分配的方面加以改进，合理分配医疗资源，把市场的因素加入医疗环境中。

---

① 参见陆从明：《我国医师多点执业法律规制》，载《法制与社会》2018 年第 22 期。

② 参见韩胜昔、叶露：《新医改下医师多点执业的研究与探索》，载《中国卫生资源》2013 年第 3 期。

(2)美国

其一,美国在医疗改革方面困境与中国迥然相异。2010 年,时任美国总统奥巴马施行医疗制度改革以前,在各个发达国家中,美国的医疗费用高且持续上涨,同时就医条件方面却存在显著差距。美国各州之间的医疗保险、医疗补助的支付内容和标准也存在显著差异,改善中低收入者的就医条件迫在眉睫。奥巴马在位期间也并未达到全民皆保的局面。医疗改革受到政治、经济、历史、文化、风土、政策等各个方面的制约,而随着我国的医师多点执业政策试点工作的不断推进,合力形成不同省份不同医患对象的利益共同体以目前法律、制度确实存在困境。

其二,美国的多点执业医师与医疗机构之间属于合同关系,并在合同内详细约定医师服务的地点和时间,明确各自的权利和义务。同时设立第三方专门部门医师协会,对医师执业行为进行监督管理,建立数据库定期归纳分析医师服务质量,包括随访治愈率、死亡率、满意度等。这给我国医师多点执业的管理、人事制度改革、竞业管理提供参考路径。

其三,美国医师的注册管理以州为分界,医师在某一州的注册,只能在该州内的医疗机构合法执业。大多数的美国医师会为两个及以上的医疗机构提供医疗服务。我国的医师多点执业的自由度也可以对此加以参考,为医疗服务提供更便利的环境,人事管理方面也可以依据改革现状加以完善。

其四,美国医师在发生医疗纠纷时,执业前购买的医师医疗责任保险能够合理合法地保障他们的权利。美国法律也明文禁止未购买医疗责任保险的医师进行执业活动,而购买医疗责任保险的医师若发生纠纷,均由承保保险公司来承担理赔、应诉等事务,医师完全可以脱离执业过程风险。在医疗方面建立了一种征信制度,由相关部门对执业医师的医疗技术、治疗效果以及医德等进行考核,这种全面的,考虑到医师多点执业流动性的管理办法具有相当的借鉴意义。

(3)澳大利亚

在澳大利亚,医师执业灵活、多变,法律制度允许医师在公立医院任职,也允许医师在其他公立和私立医院兼职,医师也因此被分为全职医师和非全职医师。尽管公立医院集中了较为优越的顶层的医师、医疗资源，但多数医师是非全职医师。通常情况下，一位医师会在三四家医疗机构供职。但是为了平衡全职医师与非全职医师数量差异等，全职医师在公立医院的劳动报酬和待遇较非全职医师要优越，但非全职医师的总收入通常会比全职医师要高。①

这与美国的几乎全兼职式的医师、英国的限定在公立医院执业时间的医师都有很大不同，可以说兼具双方的特点。而薪资方面的不同又在一定程度上保障了公立医院的优势，以此来保障公立医疗资源的充足。借用全职医师工作薪资的稳定和优越性来调和医疗资源的分配，但是这很可能造成普通民众很难得到优越的医疗服务，对中国来说很难实现。

（二）大陆法系

（1）德国

德国的医师执业注册管理办法对我国有相当的借鉴意义。一方面德国与我国同属于大陆法系国家，法律体例、法律制度比较相近。另一方面德国与我国相似，医师与医疗机构之间都签署劳动合同，医疗机构与医师存在聘任合同关系。双方区别在于目前我国医师与公立医院之间多数仍为隶属关系，医师属事业单位编制。“德国医师与医疗机构之间不具有行政隶属关系，因此德国医师被称作‘自由职业者’。任何在以州为单位的相关机构合法注册的医师，都能在该州的各个医疗机构执业。”德国要求医师必须在公立医院执业，同时限制医师兼职行为，例如保障医师在每周的五个半工作日内有四个工作日在公立医院执业，其余的时间则属于医师的“自由时间”。

在对医师的监督管理方面，德国也同美国一样建立了医师协会。医师协会对医师的聘用、吊销、准入资格、购买职业保险都加以严格的限制和管理。同时对已入职医师执业的管理也十分详尽，包括设立医师随访制，对医师执业进行年检，分析医师医疗服务的患者治愈率、病发率和死

① 参见董大宁：《我国医师多点执业的现状、存在问题及对策研究》，苏州大学2016年硕士学位论文，第35页。

亡率。借此为患者提供更好的医疗服务。

(2)日本

日本作为亚洲的发达国家不仅有领先于世界的医疗制度与政策,而且实现了全民皆保。在法律制度上,日本通过对医师在兼职医疗机构执业时间的限制,每个星期不超过一个工作日,来保障公立医疗资源。同时设立日本医师协会具体监督管理。日本的医疗责任保险并不允许医师以个人名义参保,团体参保则可以选择由日本医师协会或其他学会组织参保。此外,医疗损害的保险赔付也更为灵活,与损害率成正比。

三、完善我国医师多点执业的路径

我国医师多点执业目前的实施存在困境,相应制度与政策、法律法规不完善。为实现患者、医师、医疗机构、政府四方之间的共赢,建议在参考不同法系、不同国家相关医疗管理政策经验的同时,结合我国医疗法律制度、民法的规定,制定符合我国国情的法律法规、保险制度、监督管理制度及人事管理制度等。

1. 完善医师多点执业上位法或相关司法解释

在传统公立医疗体制下,医生与医疗机构属于岗位合同关系,因此无论是与患者建立的医疗服务合同关系,还是产生医疗责任后的侵权法律关系,均是医疗机构作为单位法人与患者建立的,医师不会成为民事法律上的当事人。但多点执业后,原先患者和医疗机构的双边关系转变为患者、主体医疗机构、医师、多点执业医疗机构的多角关系,医师拥有民事主体身份,也就意味着在出现医疗纠纷时可能会面临被诉风险,医师和医疗机构的责任如何划分将成为重大问题。①

医师多点执业的法律法规相对现实情况具有滞后性,要使法律法规更加合情合理,医师法或者其司法解释应完善,让医师多点执业在上位法有法可依,达到其合法目的。医师法或者其司法解释不仅要有医师多点

---

① 参见贾迪、郑亚群等:《医师多点执业发展困境与对策》,载《解放军医院管理杂志》2021年第8期。

执业的注册管理办法、撤销退出机制,还要对医师与医疗机构之间的权力进行再分配,对医师多点执业实施细节和监督管理,保障我国医师多点执业事业的方向性和生命力。

2. 拓宽人事管理体制

医师多点执业使得公立医院隶属的医师事业单位编制制度被打破,医疗资源的整合使得医师具有更强的流动性、利用性。拓宽人事管理制度变成核心点。新的人事管理制度要使医师自由度不受限的同时,更便捷、细致、数据化地对医师加强管理。医师多点执业不仅是医药卫生体制改革的一项手段或者目的,而且是医师的一项基本权利,是医师执业权的延伸。因此,医院有义务保障医师行使多点执业的权利。①

3. 推行医疗责任保险

医疗责任保险既是一种医疗损害救济途径,也是一种分配医疗损害责任的管理制度。在发展我国基础医疗保险的同时,要针对医师多点执业设立专门的险种。加强我国医疗管理机构和保险公司的合作,建立更健全的医疗职业责任保险制度。多数发达国家的职业责任保险中,医疗责任保险是支柱性业务。各类医疗健康机构、医疗服务团体都鼓励医师参保投入。相对来说,我国的医疗保险制度相对存在缺乏。一方面,要推动我国医师积极参与医疗责任保险投保;另一方面,投保途径上允许医师一个人和团体的名义投保医疗责任保险,保障在自身或多点执业医疗机构发生医疗事故或医疗损害责任的赔付责任。在依法依规中尽可能维护职业的权利义务,降低医疗行业风险。原国家卫生和计划生育委员会等五部门发布的《关于印发推进和规范医师多点执业的若干意见》提出:医师要与拟多点执业机构分别签订劳务协议。实际上说明两者之间是法律上的劳务关系,而在执业的过程中,双方协议上关系并不明确双方的权利和义务,导致发生法律纠纷无法和谐解决。法律法规并没有明确关于医师与多点执业机构应当如何承担医疗侵权责任,或者是执业医师本人是

① 参见郑瑞军、杨叶等:《基于利益相关者理论的医师多点执业损益分析》,载《卫生软科学》2021年第6期。

否承担法律责任,卫生部门相关政策规定医师在执业前应就可能发生的医疗纠纷或事故的责任分担与多点执业机构以协议的形式加以明确,但对多点执业医师并没有相应的法律责任。据此,投保医疗责任保险有利于转嫁执业过程中产生的法律风险。

4. 建立合理竞业制度

医疗医师多点执业是医疗体制改革、振兴乡村医疗的重要政策。多点执业提高医疗人才资源的流动,提升优质医疗服务的覆盖面。有利于大型公立医院的医师能够到优质医疗资源匮乏的地区执业,或者开通远程执业通道,使当地患者远程也能享受到大医院的高水平医疗服务。[①]医疗行业涉及国计民生,推进医改及医师多点执业,需要具备合理合法的竞业限制制度。作为用人单位,医疗机构要求医师遵守职业道德,保守相关医疗商业秘密,积极维护供职机构的合法权利。对于损害医疗机构合法权益的行为,要在法律上加以明文禁止。卫生行政管理部门和医师协会团体都应对此严加管理和惩罚。通过大数据,对各医师执业下患者后续恢复的数据进行分析,强化医生职业道德教育,改革医师退出机制等方式,提高医务人员医疗水准。在医师与医疗机构订立合同时也可以添加保密条款、竞业限制条款等。

5. 完善医师多点执业行政监管

医师多点执业是实现医师合理性流动,增强医疗服务可及性的有效措施,但必须以确保医疗质量和医疗安全为前提,于是监管机制与综合考评变得尤为重要。[②] 医师多点执业通过法律、行政法规加以限制和管理,才能更符合社会公众利益。卫生行政部门要对多点执业医师准入的地域、职称、业务能力、学历、身体健康、执业时间、医德、手术等级等各方面的标准加以细化。为患者和医疗机构提供更优秀的医疗服务人才。在医师执业的过程中,严格遵守共享的监督管理机构和医师素质考评制度。

---

① 参见刘亚莉:《新医改背景下推动成都医师多点执业的困境与对策研究》,电子科技大学 2021 年硕士学位论文,第 4 页。

② 参见袁有树、郭卫东、龙琴英:《医师多点执业国内外发展状况比较研究》,载《现代医院管理》2021 年第 3 期。

同时对医师的多点执业流动性推行相应的税务监管制度,使医师劳动报酬更透明,规避偷税漏税的违法行为。医师与注册及非主要注册医院之间签订的合同或者协议形式包括劳动合同、雇佣合同、承揽合同等。合同或协议形式订立有关限定医师执业范围、约定工作时间、规定工作地点、细化薪资待遇、标明聘请期限、划分科研成果的归属以及违约责任等的条款,合同或协议双方达成一致协议。在多点执业过程中发生医疗事故、医疗损害纠纷时,医师、就职医院及多点执业医院的就医协议明确责任,也保障各方合法利益。医师多点执业是"健康中国"战略中不可或缺的一部分。促进医疗资源的合理流动和科学配置一直都是推行医师多点执业的宗旨所在,医师多点执业的核心始终是保障医疗服务与质量安全。①

第二节 "医闹"行为的法律规制

良好的健康素质是国家富强的重要标志,和谐的医患关系是社会稳定的关键一环。"医闹"不是一个法律概念,而是一种经济发展阶段产生的社会现象,是一种社会文化冲突的缩影,"医闹"问题出现渐渐成为社会各行业,特别是医疗界重点关注的焦点。最高人民法院、最高人民检察院、公安部、司法部、原国家卫生和计划生育委员会五部委联合发布了《关于依法惩处涉医违法犯罪维护正常医疗秩序的意见》等相关法律文件规制"医闹"违法行为,但是存在"医闹"的社会问题仍无法完全解决的困境。《医师法》第49条第3款规定:"禁止任何组织或者个人阻碍医师依法执业,干扰医师正常工作、生活;禁止通过侮辱、诽谤、威胁、殴打等方式,侵犯医师的人格尊严、人身安全。"同时在第60条规定:"违反本法规定,阻碍医师依法执业,干扰医师正常工作、生活,或者通过侮辱、诽谤、威胁、殴打等方式,侵犯医师人格尊严、人身安全,构成违反治安管理行为

① 参见杜海仙、羊海燕:《医师多点执业制度的实施疑难问题破解》,载《法制博览》2021年第19期。

的，依法给予治安管理处罚。”对“医闹”的概念、溯因、对策、预防等问题深入体系研究，对改善医患关系、建设健康的医疗环境、维护社会主义社会和谐都具有重要的理论与实践意义。

一、“医闹”行为的厘定与类型

无论是对医院内正常医疗活动的维护还是对医院外交通秩序的疏通，甚至是对公共安全的保障，行为人实施的“医闹”都是对社会资源的占用。[①] “医闹”是以解决医疗纠纷的名义，采用非正常处理方法和程序，或者用极端行为方式向医疗机构进行索取不合理或不合法巨额赔偿为目的，迫使医疗机构屈从其不合理或不合法要求而干扰医院正常秩序的人。“医闹”通常为患方采取非法律途径或者受患者方的雇佣，与患者家属一起或者单独采取各种非正当途径及手段以严重妨碍医疗秩序、夸大医患纠纷程度、骚扰当事医生、围追医院机构负责人等行为给医疗机构造成负面影响的形式给医疗机构施加压力，从中获取不当利益或者超额利益，并以此作为谋生手段的组织或者个人。“医闹”行为有时并不是由患者本人或者其家属实施，而是借由所谓医疗纠纷发生进行炒作及商业运作获取非法利益的第三方实施的行为。据此，“医闹”不仅应该包括患者的亲属及其相关人员，还应该包括受患者方雇佣的第三方。前一种可以被称为非职业“医闹”，后者则被称为职业“医闹”。故而法律上“医闹”行为指患者的亲属及其相关人员或者受患方雇佣的第三方不以合法手段，而以解决医疗纠纷为名，妨碍医疗秩序、扩大纠纷程度、给医疗机构造成负面影响从而求得不正当或者不符合法律规定超额赔偿的非法行为。

“医闹”行为的表现形式各种各样，比如包括辱骂、殴打、跟踪、围堵等具有现实紧迫危险的积极暴力行为，也包括在医疗机构场所内采取不适当的拉横幅、静坐、摆灵堂等足以干扰正常医疗秩序的消极暴力行为。依“医闹”行为的暴力程度，可分为纠纷式“医闹”和违法式“医闹”。

---

① 参见薛君：《“医闹”行为刑法规制存在的主要问题及其完善建议》，西北大学2021年硕士学位论文，第14页。

二、"医闹"行为的社会影响和特征

(一)"医闹"行为的社会影响

"医闹"行为已经不仅是单纯的医疗机构与患方之间的争议纠纷,非理性的行为已经发展为一种违法甚至是犯罪行为。患方及其雇佣的专业"医闹",采用过激、非理性甚至是暴力的手段解决医患纠纷,进行打砸、毁坏医疗机构公共财产,甚至演变为暴力伤医事件。一方面,"医闹"行为扰乱了医疗机构的正常工作秩序,不仅给医务人员的身体和精神上造成了巨大的损害,也侵犯了其他患者的合法权益。另一方面,"医闹"行为的频繁发生,也在一定程度上打击了医护人员职业存在感,从而严重阻碍医学技术的科学发展。此外,"医闹"行为不仅不能正确解决医患纠纷之间存在的矛盾,而且进一步加深了双方的分歧,使矛盾尖锐化。随着现在网络媒体的飞速发展,"医闹"行为的影响范围已经突破了地域的界限,对医疗机构以及患方的社会影响也在不断扩大。

在现实生活中,专门从事接受患者或者近亲属的雇请的职业"医闹",同患方一道采用非理性等手段,扰乱医疗机构秩序,侵害医务人员身心健康,给医疗机构施压,通过此种途径牟取不正当利益。职业"医闹"的出现是世界观、价值观、人生观扭曲的一种社会现象。职业"医闹"采取在医疗机构周围寻找机会制造医患关系不和谐的手段,谋取不合法、不合理、不正当利益。在经济和医学发展的社会,职业"医闹"的产生也在一定程度上加剧了医患双方矛盾。

(二)"医闹"行为的特征

"医闹"行为具有如下特征:(1)行为主体的广泛性。"医闹"行为主体既包括患者及患者亲朋好友在内的普遍群体,也包括专职以此为业的特殊职业"医闹"群体。(2)行为方式的多样性。"医闹"行为形式多种多样,总体上可分为暴力型和温和型两种。(3)法律关系的复杂性、竞合性。"医闹"行为既可涉及刑事关系、民事关系、行政关系,更能涉及某种法律关系内部的几种法律关系。(4)危害后果的严重性。对人、对物、对整个医疗环境、社会环境都可能造成难以挽回的破坏性影响。①

三、"医闹"行为的产生溯因

(一)法律、政策制度上的因素

1. 法律依据不完善

虽然近年来颁布了《关于维护医疗机构秩序的通告》《关于加强医院安全防范系统建设的指导意见》《关于依法惩处涉医违法犯罪维护正常医疗秩序的意见》《医师法》等法律法规来规制"医闹"行为，但是依然无法全面规制"医闹"行为，只能援引《治安管理处罚法》《刑法》的相关规定，法律效果有时并不明显。由于"医闹"一词在刑法学上尚缺乏普遍能接受的定义，这为司法实践中对相关行为的认定带来困扰。②

关于规制"医闹"行为的法律条文，对于情节比较轻微的，也只能依据《治安管理处罚法》中第 23、25、26、30、32、42、43、49、50、55、65 条的规定予以处罚，情节严重的，援引《刑法》的故意杀人罪、故意伤害罪、故意毁坏财物罪、聚众扰乱社会秩序罪、聚众扰乱公共场所秩序、交通秩序罪、非法拘禁罪、侮辱罪、诽谤罪、非法携带枪支、弹药、管制刀具、危险物品危及公共安全罪、寻衅滋事罪等刑法条文。相关部门发布的意见、通告等都属于一般规范性文件，法律效力明显不如上位法。医疗纠纷不仅指医疗事故，还有医疗服务合同纠纷、医疗损害纠纷、安全保障义务纠纷等，非医疗事故的纠纷数量绝不会少于医疗事故。据此我国需一部专门的部门法来规范医疗纠纷，规制"医闹"等行为。

2. 处理机制不健全

现阶段我国针对医疗纠纷行为的处理方法主要有：调解、和解、诉讼。首先，由于医疗活动具有高度专业性、高风险性、不确定性、复杂性等特点，医方与患者方很难在医疗过程中就呈现的客观事实以及医务人员采

---

① 参见杜海仙、羊海燕：《医师多点执业制度的实施疑难问题破解》，载《法制博览》2021 年第 19 期。

② 参见艾汕：《"医闹型"聚众扰乱社会秩序罪的司法认定》，南昌大学 2021 年硕士学位论文，第 136 页。

取医疗行为的恰当性、合理性达成一致性的意见。和解虽然较迅速便捷，但是建立在双方达成共识的基础上，因而和解并不是我国解决“医闹”纠纷的主要方式。其次，我国的调解机制中存在先天不足，影响调解的质量、效率。我国医疗纠纷的部分调解部门为卫生行政部门，因此我国的医疗纠纷调解属于行政调解，而调解依据为医学会或者司法鉴定机构的鉴定意见。我国医疗机构的上级管理部门为卫生行政部门，因而卫生行政部门与医疗机构之间是上下级的监督管理关系。基于对部门保护主义及行业本位主义的担心使得患者方对于行政调解抱着怀疑的态度，缺乏信心，认为行政调解不公正。最后，由于受我国诉讼制度发展的影响，医疗损害纠纷具有审理难、审理周期长和缺乏专业性的特点，司法是正义最后一道防线，据此患方在最后情况才选择诉讼的。总之，我国针对“医闹”行为的处理机制上存在弊端。虽然现在医疗纠纷第三方调解机构、医患中心调解委员会已经相继在全国各个地方建立，为解决医患纠纷提供了保障，要根本解决“医闹”的行为须深入研究与探讨多方面举措。

3. 医疗体制不完善

随着新医改的推进，对于医疗体制弊端的改革问题，需要循序渐进，现阶段就医环境存在“看病难、看病贵”的社会问题，还无法得到全面解决。虽然近些年我国加大了对医疗事业、社会保障方面的投入，但是医疗卫生的投入在国内生产总值占的比例偏低。我国的卫生资源分配也不够合理，地域、城乡差距大。在偏远地区、在西部、在农村，医疗投入不足，医疗资源缺乏，医疗设备落后。虽然医保等社会保障制度惠及国民，但是现阶段医保报销之外的大病医疗费用较高，部分患者因病致贫，因病致穷。

（二）医疗机构内部因素

1. 解决“医闹”行为的长效机制不健全

部分医疗机构特别是基层卫生院没有专门处理医患纠纷的机构，对于患方的投诉，没有理性对待。对于行为较轻的非理性“医闹”行为没有足够重视，医疗机构只有在发生较严重“医闹”才作出应急措施，当患方不理性行为发展到一定程度，采用堵截的方式已为时已晚。对于如何有效地避免“医闹”行为，医疗机构面对潜在的医患矛盾纠纷，应该主动地去沟通、协调,对于患方的投诉,应认真对待,从“医闹”的可能发生根源予以重视。

2. 医患双方医疗信息不对称

医疗风险告知是卫生法律法规对患者就医知情权和选择权的保障,是患者的权利,也是医疗机构和医护人员的义务。无论是公立医疗机构,还是民营医疗机构、门诊部、诊所,只要存在医疗风险的行为就需要履行医疗告知。医院作为专门服务机构,在医疗专业上存在专业知识、信息资源上的优势,享有在医药药品价格、各种诊疗方案的医疗费用、治疗方案、手术措施等信息的专业掌握的优势,而对于医疗机构掌握的这些医疗信息患者一般是不太了解的。医护人员具有向患者或其近亲属告知病情、保守治疗、手术风险等的义务,医生的告知义务没有充分或者不完全履行,会侵犯患者知情同意选择权。医疗机构如果不及时把医疗信息告诉患者及其近亲属,或者未考虑患者的医学专业水平,告知内容流于形式,告知不详细、不完善,未能真正地保障患者的知情选择权利,则可能使患者家属产生误解而与医疗机构引起“医闹”纠纷。

3. 医护人员专业水平与服务态度

医生专业水平与病患疾病不能相匹配,无法按照专业知识、医疗诊疗规范进行诊治,导致误诊、延误治疗、未对症治疗,或者对较轻疾病患者过度医疗。在部分医疗纠纷中医务人员的医生职业道德、服务态度等非医疗技术问题导致“医闹”的产生也是另外一方面的原因。

(三)新闻媒体的舆情

新闻媒体依据患者方对医疗机构的不信任状态以及患者信息不对称的医学专业知识,在未查明真相的情况下不恰当报道与发表倾向性意见。有部分媒体为了制造新闻效应,吸引观众关注度,未进行调查或未进行医疗损害过错鉴定前作出不实报道,误导社会舆情,而社会上普遍存在保护弱者的心理,未进行鉴定前就把医疗过错全部归责医疗机构,更进一步加深了医患矛盾。新闻媒体不恰当的舆情加剧了医患双方的不信任,对于“医闹”行为起了推手的作用。

四、域外的医疗制度及借鉴规制"医闹"行为的可行性分析

(一)美国的医疗制度

1. 医疗保险赔付制度

在美国,无论是医疗机构、医生,还是患者都更依赖于保险公司。美国的保险机构参与了患者从挂号、开药到治疗的全过程的保险。执业医生执业期间每年都会购买数额较大的医疗责任保险,当医患之间产生医疗纠纷,患方会直接与保险公司进行交涉与谈判,若无法协调,患方可以对医疗机构或者医生提起诉讼。如果患方胜诉,保险公司必须依据法院的判决赔偿病患的经济损失。所以在整个纠纷解决的过程中医疗机构、医生和患方或者其近亲属只有在法庭上才碰面,医患矛盾就不容升级至言语、身体冲突,医疗机构、医生就不会直接遭受患者方的巨额索赔,减少了"医闹"行为发生的可能性,患者合理、合法的赔偿可以获得保证。

2. 医疗机构伦理委员会

美国的所有医院都设有医院伦理委员会,其成员不仅包括医学方面的专家,也包括伦理学专家、患方代表、法学专家、社会学专家等。美国的医院伦理委员会最主要功能是从专业方面处理医患纠纷。伦理委员会从专业技术的角度,调查存在争议的案件,从各个专业角度判断主治医生是否按诊疗规范履行职责,是否存在诊疗的过失、诊疗过失的原因力、过错参与度等。伦理委员会调查医患纠纷的主治医师在医疗过程中存在过错时,有权对该医疗纠纷的过失责任人员实施专业上的惩罚的建议权,同时将主治医生医疗过失报告给医疗卫生行政部门。

随着市场经济和生物医疗行业的迅速发展,医疗机构与患方之间的矛盾问题并不会减少,因此,医疗机构医学伦理建设也越发引起社会的重视,医疗机构应注重医院伦理委员会的建制、管理、运行。医院伦理委员会是其他机构所不能替代的,它作出的决定更具有科学性,更具说服力和公信力。我国目前医疗机构伦理委员会主要考量新药上市前的药物临床试验质量管理规范、医院课题研究等,基本不涉及医疗纠纷的处理。据此充分发挥医院伦理委员会的功能作用,对于规制我国的"医闹"行为有一

定现实的意义。

(二)日本的医疗制度

1. 医疗评估机构

在日本,每年都会对所有医生和医疗机构进行综合素质的评估。参与评估的人员包括独立专家和政府官员、国民,国民在医疗评估中承担举足轻重的地位。医疗评估机构根据团队评估结果对合格的医疗机构和医生颁发评估合格证书,对评估结果不合格的医疗机构或者医生根据评估分数的高低提出不同程度级别的警示。医疗评估机构还会向国民公示评估的结果。日本评估结果具有相当公开性、公正性,因此,患者及其近亲属在就医前,对医疗机构专科科室与医生的专业技术水平会有一个基本认识,对患者正确就医提供选择。因此,评估制度促使医疗机构和医生加强专业水准及服务态度建设。

我国医疗机构可以参考日本这项制度。日本的医疗评估制度是一项比较公正、客观的制度,对于提升医疗机构及医务人员的医疗服务水平和专业能力具有推动的作用。我国的医疗评估中病患的评价匮乏或者流于形式,合理利用医疗评估机制,可以更好地服务社会。

2. 医疗纠纷数据库

日本医疗机构在处理医患纠纷时重视从失败中总结经验与教训,建制医疗纠纷数据库,并且专门成立医疗纠纷信息研讨会,研讨会由医生、律师、民间社团组织。研究会主要工作内容是探讨预防医疗纠纷产生的机制、探讨个案特殊医疗纠纷、查明医疗纠纷发生原因以及寻求重大医疗纠纷的应对措施等。医疗信息研讨会的工作目标是积累个案信息,形成一个综合信息网络与社会共享。医患双方可以在数据库中找到与自我需求有共同点的案例,自我研习与运用,从中吸取医疗经验教训,避免重蹈覆辙,增强医师的责任心。

医疗纠纷数据库具有实践作用,但数据库的建立需要时间和精力,我国可以借鉴医疗纠纷数据库,有利于医患双方从中获得信息资源。

五、规制“医闹”行为的法律路径

(一)完善法律制度与政策

1. 合理界定“医闹”的行为

完善医事立法,对于“医闹”行为的界定应在法律中加以明确,避免不同行业理解错误产生歧义。法律应把医疗机构纳入“公共场所”的范围内。在法律上应明确对“医闹”行为的处理方式,进一步规范非医疗纠纷处理的途径,对医患纠纷的和解、调解程序、金额等作出详细的规定,保障纠纷解决效率。应明确一般的医疗纠纷与“医闹”行为的法律界限,明确罪与非罪的法律界限,区别对待“非职业医闹”与“职业医闹”的两种不同行为。现实生活中,公安机关对于医疗机构就“医闹”行为的报案经常以医疗纠纷怠于处理,导致患方非理性行为进一步升级,据此应完善相关的法律法规,对于规制“医闹”行为时有法可依。

2. 健全医疗体制

随着经济发展,政府应提高对医疗事业改革的投入比例。首先,加大对公共医疗卫生事业上的投资力度,财政投入的增加应该是医疗卫生投入所占政府财政总支出比例的增加。完善医疗服务体系,加大偏远地区以及农村的高、精、尖医疗设备、设施投入力度,提高医疗技术水平和服务质量,保障公共医疗服务事业有效、高效率的运转,逐渐解决“看病难”的老大难问题。其次,推行全民医保,提高大病医保赔付的比例,覆盖全社会每个公民的医疗社会保险,确实解决看病贵、看病难的问题,这些举措可以缓解“医闹”问题。有助于缓和因为医疗损害赔偿而使医疗机构与患者之间利益不平衡的矛盾,对于解决“医闹”问题起着积极的推动作用。在急诊科发生的概率较高,急诊科科室性质本身具有危急性、不确定性,风险系数大,患者家属的情绪易波动;在门诊往往因挂号、就诊、秩序维持、治疗方案意见不一等问题引发争执纠纷,导致情绪化的过激行为。[①]

---

① 参见李若玄:《“医闹”型犯罪的成因与防治探析——基于对80例“医闹”刑事案件的实证考察》,载《山西警察学院学报》2020年第4期。

3. 完善医疗纠纷的解决路径

首先,医疗机构应设立专门的医患纠纷投诉解决部门。医疗纠纷涉及不同学科专业问题,主治医生或者医疗团队应该积极参与调解,了解患者或者其近亲属对治疗的细节不认同的原因,并积极同患者方协商解决。医院投诉部门如果有效地解决投诉纠纷,并取得患方的认同,就可能减少诉讼案件或者"医闹"发生可能。

其次,完善医患纠纷的第三方调解中心。卫生行政部门调解属于行政调解,行政调解的公正性被患方质疑,现实生活中,建立完全中立的第三方调解机制具有充分必要性。第三方调解中心应建立调解员人才库,调解员应体现专业性、复合性特征,由于医患纠纷的复杂性,建议调解人员由医学专家、法学专家、社会学专家、心理学专家、保险工作人员、法医专家、专业律师等人士构成,充分体现第三方调解中心的专业性特征。调解中心定期对调解员进行法律、简单医学常识等培训,以保证医患纠纷调解的专业性、公正性、效率性。第三方调解中心对于解决医患纠纷具有重要意义,现实生活对于减少"医闹"行为具有积极的推动作用。构建一种多元化的处理方案,使法治治理成为主要的途径,不断完善医疗纠纷的人民调解机制,并与行政调解和司法诉讼相结合,形成大解决机制的格局。①

(二)建立"医闹"风险防范机制

1. 加强医患沟通

"医闹"行为发生的一个原因是医患双方之间沟通不足。医疗活动的专业性特征造成了医患之间医疗专业信息的不对称,患者的医学专业知识薄弱。"医闹"行为的发生反映出医方与患者之间的互相信任出现了裂痕,患者对于医疗机构缺乏信任以及我国医疗纠纷解决机制的种种弊端,使患者及其近亲属会选择用"医闹"这一所谓最快捷的途径来解决问题。

---

① 参见施长丽:《"医闹型"聚众扰乱社会秩序罪的相关问题研究》,东南大学 2019 年硕士学位论文,第 23 页。

医疗机构及时向患者及其近亲属告知病情、医疗风险等方面的信息，充分保障患者方的知情权。医务人员也应当讲究告知技巧，注意患者的心理状况发展变化。良好的医患沟通，能增进医患间的信任，把“医闹”问题的发生消灭在萌芽中。

2. 合理医疗责任保险机制

医疗损害保险机制包括医疗责任保险制度和医疗意外保险制度。医疗责任保险是指医疗机构或者医务人员在保险期间内，因过失发生医疗损害或医疗事故造成的依法应由医疗机构承担的损害赔偿由保险公司承担的责任保险。医疗责任保险的范围为因过失发生的医疗损害或医疗事故，因医疗责任保险制度目前不属于医疗机构需投保强制保险制度。由于医疗行为的高风险，医疗意外事故发生不可避免，医疗意外保险推行是社会发展的需要。医疗意外保险属于商业保险，其采用自愿原则，患者或其近亲属在接受手术救治前进行投保。据此，医疗机构投保医疗责任保险与患者投保医疗意外保险可以互相补充，实现医患双方风险转移。

医疗责任保险受益人为医疗机构，其可以转嫁医生的执业风险，也缓解了医疗机构因为赔偿带来的经济负担。而医疗意外保险的主要受益人是患者或近亲属。医疗活动具有高风险性、不确定性等特点，医疗意外保险适应了医疗活动的特性。患者可以购买医疗意外保险，发生医疗意外时可以得以一定的补偿。减小患者心理落差，这样缓解了医患之间的矛盾，减少了“医闹”行为发生的可能性。

3. 医疗机构安保建设

医院应进一步加强内部的治安管理工作，加强重点科室、重点地段的监控和巡查，强化保安人员的技能训练和素质教育，提高安全意识和医院防范意识。医院强有力的安保设施，从源头上削弱了患者方在医疗机构进行“医闹”行为空间。可以在急诊室、住院部、医院门诊部等“医闹”行为高发的地点设置一键报警装置。二级以上医院设立警务室，并完善警务设备，根据医院级别配备相应数量的警务人员。设立专门的医务人员备用出口，完善医疗机构内安全监控系统，实现医院内监控全覆盖，一并接入警务室网络。完善医疗机构安保人员值守和安全巡查制度。[①]

由于医疗机构普通保安没有执法权,需要与公安部门合作,打造一支强而有力的安保队伍。当发生“医闹”行为时,普通的安保力量只有保护医务人员以及医院秩序的权利,加强医院安保与公安机构的合作,对于严重的“医闹”者可以先行采取拘留等措施,控制纠纷场面,保障相关人员的生命健康安全,维护正常的社会秩序。这对于解决“医闹”行为具有重要意义。

4. 新闻媒体的客观报道

新闻媒体应当把握公平报道的标尺。作为媒体,报道的事实应当具有确实的依据,不能带有主观色彩,倾向于其中一方。新闻媒体应对确实违背医生职业道德、违背救死扶伤行为进行披露,但新闻报道应避免片面、偏激色彩,正确引导舆论的方向,发挥媒体的正面效应,形成公平、公正的社会舆论,营造良好的舆论与医疗环境,促进医患关系朝着健康的方向发展。

“医闹”行为使得医患关系日益紧张,而医患关系的不和谐不仅使医疗机构受到损害,患者是更大的受害者。“医闹”行为严重影响了医疗秩序、社会秩序,阻碍了医疗事业的健康发展,更直接损害医护人员从医自信心。努力改善医患关系,遏制“医闹”行为的发生,创造出更和谐的医疗环境,更好地服务于社会,有利于建立社会主义和谐的医患关系。

第三节 “医赖”行为的法律规制

随着经济和科技快速发展,社会公众通过互联网、新闻媒体、抖音视频、微博等了解社会资讯,包括医疗资讯、医患纠纷、医患矛盾等。近些年新闻报道较多的是“医托”“倒号”“医闹”等扰乱医疗秩序行为,随着经济

---

① 参见李若玄:《“医闹”型犯罪的成因与防治探析——基于对80例“医闹”刑事案件的实证考察》,载《山西警察学院学报》2020年第4期。

与社会发展,"医赖"也逐渐出现在医疗秩序的视野中。"医赖"的出现严重影响医疗机构的行医秩序,浪费医疗资源,既损害医疗机构权益,也损害了其他患者就医权利。首先,对于患者或者其近亲属,其合法的权利并没有通过正当的程序予以维护,而是以"医赖"的行为达成自己的不恰当目的,获得不合理诉求。其次,实施"医赖"行为的患者,长期霸占病床、病房,导致医疗资源的浪费。长久以往,医患关系就在医疗纠纷的过程中变得紧张与无序。目前我国法律法规对于"医赖"作出明确规定的有2022年6月30日修订的《深圳经济特区医疗条例》。据此医疗机构在遇到"医赖"患者若没有行之有效的解决方案,会对医疗资源造成浪费,导致医患纠纷的矛盾越来越深。

显而易见,依法依规处理"医赖"现象已经成为解决医患纠纷的一个重要课题,对"医赖"从立法、行政、司法等多方面进行法律规制,以维护患方、医疗机构、社会公众的合法权益,缓解医患关系,维护社会安定。

一、"医赖"的概念厘定及其法理分析

(一)"医赖"的概念

"医赖"指已经符合出院条件而继续留院治疗,拒不离开医院,免费享用医院提供的诊疗、饮食、住宿服务的人。① 根据该定义,可以很明确地得出一个结论:"医赖"指的是患者。根据《现代汉语词典》,"医"字被解释为医疗行为,而"赖"字可以被解释为留在某处不肯走开,不讲道理。所以从"医赖"的字面意思上可以理解,"医赖"行为是指不讲道理地强占着享受医疗资源的行为。针对医院等医疗机构,所谓的强占便是指经医院诊断不必要或不需要继续住院治疗,并已经向患者或者其家属出具出院通知的决定,而患者却不愿意搬离病床的行为。据此"医赖"行为是指经医疗机构诊断患者病情痊愈、稳定不需要继续住院治疗,但因客观原因或者索要不合理的诉求而赖着病床拒不离开医疗机构,拖欠医疗费或拒不缴费而不合理地享用医疗机构提供的诊疗、住宿、饮食、护理等浪费

① 参见曹庆华、邓世雄、周莉红:《"医赖"的成因和对策》,载《重庆医学》2010年第12期。

医疗资源,破坏医疗秩序,损害医疗机构和医务人员合法权益的违法行为。

(二)“医赖”行为的法律定性

“医赖”行为依照其字面意思应定义为一种社会行为。《民法典》明确规定保护医疗机构及其医务人员的合法权益,“医赖”是强占医疗资源行为。对医疗机构而言,“医赖”行为可以认定为妨碍医疗秩序、干扰正常诊疗等医疗机构的正常经营运行以及医务人员的合法权益的行为,因此“医赖”行为被认定为违法行为是符合法律精神的。对“医赖”行为进行定义可以从两个方面进行:首先,依据《深圳经济特区医疗条例》第108条第1项①规定,“医赖”行为是属于该规定中的强占医疗机构执业场所的行为。该条款规定实施强占行为是法律禁止的行为,因此“医赖”行为是该条款所禁止的行为,而实施该行为必然违反法律规定,因而认定“医赖”行为符合治安管理处罚法关于违法行为的相关规定。其次,依据《深圳经济特区医疗条例》第108条第6项②规定,符合出院条件的患者应该出院,无正当理由不得拒绝出院。根据“医赖”的定义,实施该行为的患者是符合出院条件但是拒绝出院的人,并且该患者是为了一己之私而作出“赖”之行为。由此可知,“医赖”行为是违反第108条第6项规定的违法行为。因此,无论是《深圳经济特区医疗条例》第108条第1项还是第6项都可以被适用于“医赖”行为。

(三)“医赖”行为的类型

从法理上分析“医赖”行为与“医闹”行为是两种不同社会行为,“医闹”行为属于作为,“医赖”行为属于不作为,“医赖”行为在现实生活中未涉及不当为而为之暴力行为。“医赖”现象的产生和发展并非偶然,而是“医闹”现象医疗体制改革与经济进一步发展的必然结果,是一部分价值观念发生扭曲的患者为一己之私益而作出的违法行为,是我国法律和社

---

① 《深圳经济特区医疗条例》第108条第1项规定:“任何人不得有下列行为:(一)实施暴力或者以暴力相威胁、要挟医疗机构,或者聚众闹事、围堵、强占、冲击医疗机构等。”

② 《深圳经济特区医疗条例》第108条第6项规定:“(六)符合出院条件或者转诊标准滞留医疗机构,扰乱医疗秩序的。”

会保障制度相对滞后性的体现和必然结果。当前,“医赖”主要分为以下几种。

1.“医闹”型“医赖”。患者就医疗行为与医疗机构产生纠纷时,以长时间无正当理由或者不正当诉求占有病床,扰乱医院正常秩序来获得自身提出的不合理、不合法赔偿。现实生活中主要表现为拉横幅、骚扰及殴打医务人员、破坏医疗设备等行为才能被称为“医闹”,在医疗资源紧张的现今,长期霸占病床已然使“医闹”变相表现为“医赖”。医疗行为的核心在于诊疗,即诊断、治疗行为。诊疗是医师为了治疗伤病、预防疾病、矫正畸形、助产等,向对象使用医学知识、技能的活动。[①] 然而患者采用“医赖”行为导致医疗机构无法正常经营。

2.养老型“医赖”。患者将医疗机构当作享受低廉费用、高质量服务的养老机构。基于社会保障制度完善,对于公立医院,其床位价格便宜,而且部分费用还可以由医保予以报销。在医疗机构中有专业的护理人员进行照顾,衣、食、住相对方便,与民办养老院高额的费用相比,把公立医院当作养老栖身场所更佳。此外,由于部分公民的世界观、人生观、价值观发生错误认识,不履行赡养义务,在将年迈父母亲、患有疾病未成年子女或者其他家庭成员送往公立医院后便不愿再承担法律义务。

3.不当目的型“医赖”。患方以自己不正当诉求的目的,赖在医疗机构作为患者或者家属与政府部门进行谈判的筹码,从而扰乱医疗秩序。此类型的“医赖”是小部分拆迁、信访户。政府部门依据法律规定以及社会管理的需要进行合法的拆迁时,部分的拆迁户不愿搬离或者对拆迁补偿款不满意而拒绝接受搬迁,阻碍政府部门工作人员的正常拆迁工作,与拆迁人员发生纠纷导致受伤住院。以赖在医疗机构作为超出合理诉求的不当目的与政府部门进行谈判,从而达成不正当的目的诉求。信访者通过信访的行为仍无法达到自己的预期利益,期冀借口以赖在医疗机构的不当行为获得不合理诉求。

---

① 参见艾汕:《“医闹型”聚众扰乱社会秩序罪的司法认定》,南昌大学2021年硕士学位论文,第15页。

4. 被动型“医赖”。患者将医疗机构作为救助站，对于部分无亲属抚养、无劳动能力、无经济来源的“三无”社会人员或者“五保户”在患病住院后，即使痊愈或者病情完全稳定，因其考虑在出院后没有家属或者单位人员予以照护，难以在社会上生活，同时病患还有大量医疗费等费用未缴清等客观因素，而赖在医疗机构无法或者不愿意离开。

二、“医赖”凸显的社会治理问题之探讨

“医赖”之出现并非偶然，而是经济发展与医疗体制改革必然出现的社会行为，随着“医赖”的产生、发展和其社会影响，其所凸显的社会问题也逐渐出现在公民视野中。“医赖”出现的社会问题，除了“医赖”及其家庭成员法律意识淡薄的问题，社会制度与法律规制的缺失等更是“医赖”所凸显的问题之重点。

（一）社会体制方面

1. 社会基本养老保险资金匮乏

随着我国老龄化的出现、社会观念的演变，社会群体中较大的一部分为老年人群体，老年人入住养老机构也将成为社会发展趋势。政府部分保证老有所医、老有所养、老有所住也将成为保障老年人权利的重要组成部分。社会中我国养老机构主要是公办养老机构和民办养老机构两大类。公办养老机构以非营利为经营原则，其收费为政府定价或政府指导价，其价格较为低廉，社会公众首先选择能够进入公办养老机构。根据2016年国务院办公厅发布的《关于全面放开养老服务市场提升养老服务质量的若干意见》中规定，政府部门经营的养老机构对于老年人入住要进行合理、合法评估，综合评估其申请入住的条件，据此并非所有的老年人都能够入住公办养老机构。对排除入住公办养老机构的老年人只能选择入住民办养老机构或者在家中自行养老。民办养老机构众所周知是营利机构，其价格是由经营者根据市场情况自主确定，因此价格较为昂贵，大多数老年人经济条件无法承担。根据《社会保险法》中关于基本养老保险部分的法律相关规定，参加基本养老保险的社会成员在退休时根据《社会保险法》的相关规定领取相应的养老金，满足社会成员日常基本生活的

需要。因此大部分退休社会成员在年老时仅靠领取的养老金是不足以支付入住民办养老机构的昂贵的费用的,因此,养老型“医赖”患者将医疗机构当作价格低廉、服务较好的养老场所。据此针对养老型“医赖”仅仅依据我国现今的社会基本养老保险法律规定进行规制是无法得到合理、妥善地解决的。

2. 医疗救助制度不完善

我国目前存在职工基本医疗保险、城镇居民基本医疗保险、新型农村合作医疗保险三大基本医疗保险,以解决社会公众患病时医疗费用的负担。对于普通民众患大病,患者医疗花费的医疗费用昂贵,即使是由基本医疗保险予以部分报销也仍然有较大部分缺口。据此需要医疗救助制度来解决大病患者的社会问题,在现实生活中,医疗救助的对象主要包括弱势群体、经济生活极度困难人士、孤寡老人、失去监护人的未成年人、自救性的乞讨儿童等。据此社会救助法须对救助原则、对象、内容、比例、法律责任等进行明确规定,例如2014年公布实施的《社会救助暂行办法》以及2015年4月由《国务院办公厅转发民政部等部门关于进一步完善医疗救助制度全面开展重特大疾病医疗救助工作意见的通知》(以下简称《重特大疾病医疗救助工作意见》)。虽然在《重特大疾病医疗救助工作意见》出台后全国有29个省(自治区、直辖市)在该《重特大疾病医疗救助工作意见》的基础上各自制定并实施相关的大病救助政策,但是不同地区不同政策也导致救助标准上的有所不同。[①] 首先,在《重特大疾病医疗救助工作意见》中仅原则性地提出要明确列入救助的药品种类,原则上以基本医疗保险以及城镇居民大病保险的相关规定为参照,因此在具体实施过程中就会呈现出各地的药品种类不同的问题。其次,《重特大疾病医疗救助工作意见》中表明对大病救助需要依据资金筹集的情况进行确定,而现今我国的救助资金大多数由国家财政支出,社会捐助比例较少,从而导致资金筹集的困难。未来社会救助法在资金筹集方面会综合考虑各个方面途

① 参见成呈:《大病医疗救助对象范围与救助标准探讨——基于全国29省〈大病医疗救助实施方案〉的比较》,载《卫生经济研究》2016年第11期。

径,有利于达到社会救助的立法根本目的。

(二)国家法律层面

1."医赖"规制立法层级低

我国明确提出"医赖"概念以及解决办法的法律法规有《深圳经济特区医疗条例》和《四川省医疗机构管理条例》,这两部条例都是地方性条例。因此便产生了以下两个方面的问题:第一,在法律效力方面,根据《立法法》第99条[①],该地方性条例在适用上的法律效力是低于法律的。我国针对医疗纠纷的解决依据是《医疗事故处理条例》《医疗纠纷预防和处理条例》《医师法》《民法典》等相关法律规定。其中《医师法》《民法典》是法律,在适用上其效力是高于地方性条例的。第二,在适用范围方面,虽然现今深圳经济特区出台了《深圳经济特区医疗条例》,该条例不仅针对"医闹""医托""医赖"等现象作出明确的禁止性规定,更是明确规定了医疗机构执业场所是医疗机构提供医疗服务的公共场所,为深圳经济特区人民以及相关机构维权提供了法律依据,但是该条例属于地方性条例,其适用范围仅限于出台该条例的地区。而如今的"医赖"现象在全国大部分医院均有出现,由于地方性条例在适用范围上的局限性,导致解决"医赖"行为更多的是依据《民法典》第1228条、《医疗事故处理条例》第59条、《医疗纠纷预防和处理条例》第29条、《医师法》第49条的规定予以处理。

2."医赖"纠纷适用法律不完善

我国的医疗法律体系是不健全的。首先,我国法律并没有对医疗纠纷的处理和预防作出完善的规定,一直以来对于扰乱医疗纠纷依据《民法典》第1228条[②]、《医疗事故处理条例》第59条[③]和《医师法》第

---

① 《立法法》第99条规定:"法律的效力高于行政法规、地方性法规、规章。行政法规的效力高于地方性法规、规章。"

② 《民法典》第1228条规定:"医疗机构及其医务人员的合法权益受法律保护。干扰医疗秩序,妨害医务人员工作、生活,侵害医务人员合法权益的,应当依法承担法律责任。"

③ 《医疗事故处理条例》第59条规定:"以医疗事故为由,寻衅滋事、抢夺病历资料,扰乱医疗机构正常医疗秩序和医疗事故技术鉴定工作,依照刑法关于扰乱社会秩序罪的规定,依法追究刑事责任;尚不够刑事处罚的,依法给予治安管理处罚。"

49 条[①]的规定予以解决。各地在处理纠纷时,首先依据《民法典》第 1228 条确定侵权者应该承担的侵权责任,再结合《医疗事故处理条例》《医疗纠纷预防和处理条例》《医师法》的相关规定予以解决,但结合这三部法律法规只能够解决寻衅滋事、抢夺病历资料、诽谤、威胁医师等扰乱医疗秩序和侵犯医务人员合法权益的民事侵权事件,而对于"医赖"等扰乱医疗秩序的现象,无论是依据《医疗事故处理条例》第 59 条还是《医师法》第 49 条都无法得到解决,只因该条文中只对寻衅滋事、抢夺病历资料、诽谤、威胁医师等行为予以规定,并没有对"医赖"行为的法律规则作出明确的规定。据此,若仅仅根据现有的《民法典》《医疗事故处理条例》《医疗纠纷预防和处理条例》《医师法》无法用法律解决"医赖"的行为。

3."医赖"执法主体模糊

依据《深圳经济特区医疗条例》第 108 条确定"医赖"行为属于违法行为,同时根据《深圳经济特区医疗条例》第 109 条规定,将"医赖"交由公安部门进行处理。但是该条例只是概括地规定"医赖"由公安部门进行处理,并没有明确具体的行政处理措施,因此对于"医赖"的处理或者处罚措施还需要由公共机关依据《治安管理处罚法》进行解决。根据《治安管理处罚法》第 23 条第 1 款第 1 项[②]规定,认定"医赖"扰乱医疗秩序,致使医疗不能正常进行,尚未造成严重后果。根据《深圳经济特区医疗条例》规定已经明确医院等医疗机构属于公共场所,依据《治安管理处罚法》第 23 条第 1 款第 2 项[③]规定,可以认定"医赖"扰乱其他公共场所秩序。

依据《治安管理处罚法》的规定,对于"医赖"行为,公安机关的处罚

---

① 《医师法》第 49 条第 1 款规定:"县级以上人民政府及其有关部门应当将医疗纠纷预防和处理工作纳入社会治安综合治理体系,加强医疗卫生机构及周边治安综合治理,维护医疗卫生机构良好的执业环境,有效防范和依法打击涉医违法犯罪行为,保护医患双方合法权益。"

② 《治安管理处罚法》第 23 条规定:"有下列行为之一的,处警告或者二百元以下罚款;情节较重的,处五日以下十日以上拘留,可以并处五百元以下罚款:(一)扰乱机关、团体、企业、事业单位秩序,致使工作、生产、营业、医疗、教学、科研不能正常进行,尚未造成严重损失的……"

③ 《治安管理处罚法》第 23 条规定:"有下列行为之一的,处警告或者二百元以下罚款;情节较重的,处五日以下十日以上拘留,可以并处五百元以下罚款:……(二)扰乱车站、港口、码头、机场、商场、公园、展览馆或者其他公共场所秩序的……"

措施包括警告、罚款、行政拘留。第一,公安机关对"医赖"行为仅处以警告处罚,患者拒绝出院,患者对警告置之不理,"医赖"现象并没有得到根本解决。其次,警告处罚是精神罚、声誉罚,法律并没有规定公安机关或者其他行政部门可以将患者强制移出医疗机构病房。司法实践中医疗机构采取将患者诉至法院,通过法院作出的判决来将患者强制迁出医疗机构的方法。该措施不失为解决"医赖"现象的方式,但诉讼时间长,同时医疗机构自己认定患者可以出院系单方出具行为,在庭审过程中,患者若不予认可,只能通过鉴定认定患者是否达到出院标准或者转诊至专科治疗的标准,但在目前国内司法鉴定所大多数根本不做此鉴定项目。并且医疗机构花费大量资金、人力等资源,因此诉至法院并非良策。第二,公安机关给予患者罚款处理,罚款处罚是财产罚,法律也没有明确规定执法主体若患者不执行财产罚可以作出将患者强制迁出医疗机构的行为。在现实生活中对于无能力负担医疗费用而采取"医赖"行为的患者没有法律效果,无法达到财产处罚的目的。第三,对"医赖"处以行政拘留处罚,可以解决"医赖"现象。行政处罚拘留是针对情节较重的情况,并不是所有的"医赖"都可处以行政拘留,但现实生活中,公安机关一般都认为患者赖在医院系医患双方存在民事纠纷,纠纷没有解决之前根本不会轻易考虑采用行政拘留方式。

三、对解决"医赖"的路径考量

"医赖"的产生已经严重影响医疗机构的正常工作秩序,同时损害社会公共利益。"医赖"是对社会医疗资源的浪费,降低医患之间的信任维度,扰乱社会秩序安定。"医赖"伴随经济发展出现一个新问题、新纠纷所带来的对社会制度方面、法律方面的问题层面的思考。对"医赖"进行规制对于解决医患纠纷,促进医患关系和谐具有重大的意义,主要从以下几个路径对"医赖"进行规制。

(一)提高社会基本养老保险待遇

我国基本养老保险的立法目的是保障社会成员老有所依,基本养老保险其中一个待遇为公民退休或60周岁后可以领取一定的养老金。青岛市人力资源和社会保障局等部门制定并于2012年7月1日起正式实施的《关于建立长期医疗护理保险制度的意见(试行)》(已失效)中规定,对于参加长期医疗护理保险的老人,入住定点养老机构接受医疗护理发生的医疗护理费,由长期医疗护理保险基金支付96%。对于该规定中的由保险基金支付老人入住养老机构接受医疗护理所发生的部分医疗费用、大部分医疗护理值得借鉴。因此建议在修改《社会保险法》中的基本养老保险制度部分增加以下内容:对于自愿入住民办养老机构的社会成员,其入住养老机构的相关费用中的40%由基本养老保险基金予以支付。

通过由基本养老保险基金支付部分入住民办养老机构的费用,减少由退休公民自己负担的入住费用,鼓励退休人员入住养老机构,有利于从制度上解决养老型“医赖”的行为。

(二)完善社会医疗救助制度

青岛在2015年为具体实施国务院办公厅转发的《重特大疾病医疗救助工作意见》制定了以三大基本医疗保险相结合,再加以整合城乡的大病医疗救助制度,该制度中将群众需求的26种特效药品明确列入医疗救助的用药范围之中,以及从制药厂家降低成本、降低医药费用、政府救助、慈善捐赠等多方共同支付医药费用,从而降低患者负担的医疗费用,这部分是值得借鉴的。在社会救助的立法医疗救助部分明确规定以下内容:第一,根据公民需求,从全国范围内征求应该列入大病医疗救助范围的特效药品种类,加以整合后将药品种类列入大病医疗救助范围。第二,通过集采方式降低药品、医疗器械耗材的成本。建立从制药厂家降低成本、降低医药费用、政府救助、慈善捐赠等多方共同支付医药费用方式。第三,多渠道筹集救助资金的来源,实行政府加大财政投入、社会捐助、企业捐助等多方式筹集救助资金的政策。通过上述三方面完善社会救助制度,减轻患者的缴费负担,降低被动型“医赖”的可能性,维护社会医疗秩序。

(三)完善关于对“医赖”规制的立法规定

根据《立法法》规定,地方性法规、自治条例、单行条例、地方政府规章只能在区域适用,具有局限性。解决全国“医赖”现象,根据《立法法》

的精神，提高立法层级、扩大适用范围。《民法典》第1228条对医疗机构及其医务人员的合法权益作出明确规定，但由于“医赖”行为属于干扰医疗秩序行为，由全国人大常委会对《民法典》第1228条作出补充规定的解释，明确规定“医赖”行为属于《民法典》第1228条提出的干扰医疗秩序的行为，并且将“医赖”应该承担的法律责任具体化。

（四）完善地方性立法，为解决“医赖”问题提供法律依据

根据《深圳经济特区医疗条例》中对“医赖”的定义，对于患者符合出院条件，经医疗机构开具出院通知书的，应当及时办理出院手续，患者无正当理由不得拒绝出院，对于违反该规定的仍然由公安机关予以处理。《精神卫生法》中第44条第5款规定，组织精神科执业医师对依照该法第30条第2款规定[①]住院治疗的患者进行检查评估，评估结果表明患者不需要继续住院治疗的，医疗机构应立即通知患者及其监护人。同时根据该法第45条规定为精神障碍患者办理出院手续，患者本人没有能力办理出院手续的，监护人应当为其办理出院手续。该法条中不仅清楚表明医疗机构认定患者无须住院时应立即通知患者本人及其监护人，而且增加了当患者无能力办理出院手续时，监护人具有代为办理出院手续的义务。

随着经济发展，“医赖”的产生不是偶然现象。法律的功能除了弥补社会快速发展所造成的法律滞后性，从法理学角度，法律的预防功能比救济更为重要，只有防患于未来，才能更好发挥法律的作用。参照《深圳经济特区医疗条例》中对“医赖”的定义以及《精神卫生法》中规定的患者监护人的办理出院手续的责任，最高人民法院可以以司法解释完善对“医赖”的规制：患者符合出院条件，经医疗机构评估并开具出院通知书的，患者或者对患者负有赡养、抚养、扶养义务的人应当及时办理出院手续，无正当理由不得拒绝出院。违反该规定的行为属于干扰医疗秩序的行为，由公安机关予以处理。通过统一明确规定“医赖”的概念以及行政处罚

① 《精神卫生法》第30条第2款规定：“诊断结论、病情评估表明，就诊者为严重精神障碍患者并有下列情形之一的，应当对其实施住院治疗：（一）已经发生伤害自身的行为，或者有伤害自身的危险的；（二）已经发生危害他人安全的行为，或者有危害他人安全的危险的。”

方式，不仅能够完善医疗法规，为医疗机构提供解决“医赖”的依据，能够彰显出法律的公平性，提高法律权威。

第四节　医师责任保险制度

一、医师责任保险

（一）医师责任保险的概念界定

为了解决医疗行为不确定性带来的诸多风险，大多数国家建立了医师责任保险立法制度，较完善的立法制度为医疗责任保险的健康发展保驾护航。医师责任保险又称为医疗过失责任保险或医疗责任保险，是指被保险人（医师）在执行医师业务时，因为过失、错误、疏漏行为或业务错失，违反其业务上应尽的责任，直接导致病人伤残或死亡，依法应由被保险人（医师）负担赔偿的责任，被保险人在保险期内受赔偿请求时，由承保该业务的保险公司对被保险人（医师）负赔偿责任的保险。①

2018 年深圳市正式推出医师责任险。医师责任险分为四档，累计赔偿限额分别为 400 万元、200 万元、100 万元和 30 万元，其对应的单笔事故赔偿限额分别为 120 万元、80 万元、50 万元和 10 万元。在医师购买费用上，基准保费分别为 2700 元、2250 元、1800 元和 720 元，医生可根据个人情况自愿、自费购买。② 医疗责任保险指投保的医疗机构或医务人员在诊疗护理过程中，因执业过失造成患者人身损害，当患者或者近亲属向保险公司提出理赔申请，依法应由医疗机构或医务人员承担医疗损害民事赔偿责任时，由保险人根据保险合同的约定负责赔偿的保险。医师责任保险与医疗责任保险的区别主要在于投保与受益的主体不同，这主要是我国与国外医疗卫生体制的差异。在我国，为公众提供医疗服务的主要是医疗机构，且大部分为不以营利为目的的公立医疗机构。医疗服务

---

① 参见邓莹：《论医疗责任保险立法制度的构建》，载《财经理论与实践》2021 年第 3 期。
② 参见刘文生：《医师责任险时机成熟?》，载《中国医院院长》2019 年第 17 期。

执业许可证是颁发给医疗机构的,医务人员属于单位编制的员工,必须是在固定的医疗机构执业,其诊疗行为为职务行为。发生医疗损害或医疗事故后,责任主体为医务人员所在的医疗机构,医疗机构赔偿后,再向出现医疗过错的医师追偿或者根据岗位聘任合同约定由主治医师及所在团队承担部分责任。中国人民财产保险股份有限公司在其《医疗责任保险条款》第2条规定:“凡在中华人民共和国境内(不含港澳台地区)依照中华人民共和国法律(不包括港澳台地区法律)设立、有固定场所并取得《医疗机构执业许可证》的医疗机构,均可作为本保险合同的被保险人。”在国外,既有非营利性质的公立医疗机构也有营利性质的私立医疗机构,如个人开办的各类医院、诊所、养老院、疗养院等,这些医疗机构的医疗行为后果就由投资人或者法人承担,为了转嫁风险,购买医疗保险是一项医疗机构重大事项。据此针对医院的责任保险被称为医疗责任保险。而针对医师个人的医疗责任保险被称为医师医疗责任保险,简称为医师责任保险。

(二)我国医疗责任保险承保的困境

在我国,医疗机构以公立非营利性医院为主,其他私立营利性医院、部队医院、私人诊所等数量众多。但医疗责任保险自2000年左右在全国推行以来并没有受到医疗机构的积极参与,相反医疗机构普遍参保的积极性不高,从而使医疗责任保险面临发展乏力的窘境。探究原因,医疗责任保险自身存在的缺陷是制约其发展的重要因素。部分公立医疗机构自身经济状况可以应对医疗损害纠纷索赔,因保险公司采用每一个医疗事故或者医疗损害案件纠纷限额赔偿、每年赔偿总额控制的机制等保险合同约定,同时医疗机构也无法从医疗纠纷的繁琐程序中解脱出来,据此投保医疗责任险积极性不高,对于私立医院、诊所、部队医院等投保态度更为消极。目前经济发展趋势,医疗责任保险无法像机动车道路交通事故责任推行强制保险。除部分医疗机构自愿投保了商业医疗责任保险以外,大部分医疗机构在处理医疗责任存在风险时都选择了风险自担的方式。现实生活中保险公司所承保的范围比较有限,保险公司提供的医疗责任保险一般只承担医疗事故或者医疗损害的理赔。医患纠纷是一个外延相当广阔的概念,医疗事故与医疗损害只是医疗纠纷中的部分表现形式。而部分非医疗事故或者医疗损害的医疗纠纷，并不在保险公司的承保范围之内，比如安全保障注意义务、医疗服务合同纠纷等，特别承保保险公司采用限额赔偿的原则，就限制了医疗机构自觉参与责任保险的主动性和积极性。

二、建立医师责任保险制度的可行性路径

医疗事故或医疗损害中的被告诉讼主体是医疗机构，患者经济损失承担者首先是医疗机构，若主治医师在诊疗过程中严重过失，医疗机构再向其追偿部分经济损失或者直接从当事医师工资报酬中抵扣。对于投保医疗责任保险的医疗机构，主要是政策性强制公立非营利性的医疗机构投保，而对私立性的医疗机构、部队医院以及数量庞大的诊所政策无法强制其投保。但是在现实中，未投保的医疗机构无法做到分散风险、减轻当事医生负担、保障患者合法权益的目的，据此建立医师责任保险制度是经济发展趋势。晚近在域外许多国家，实施的是强制性医疗责任保险，不管是公立还是私立的医务人员均要参加医疗责任保险，这是进行医疗活动的前提条件。我国医务人员数量大，其所在地域经济发展不平衡，导致业务水平良莠不齐，特别是门诊部、卫生室、个体诊所等基层医疗机构，尤其是中医诊所，规模小、资本少、人员流动性大，一旦发生重大医疗损害或者医疗事故，赔付能力显然不够，如果没有医疗责任保险，患方胜诉或者调解民事赔偿无法得到合理解决，不利于社会和谐。据此在我国建立医师责任保险制度势在必行。

（一）医师责任保险的制度考量

近些年，医疗机构因诊疗过失遭到巨额索赔的情况越来越频繁。医疗纠纷的产生造成医患关系的紧张、医患双方不信任，医患相互之间互相防范、互相存在敌意等不和谐因素。医疗机构的治疗方案、手术预案、治疗措施越来越趋于保守，使得新的技术和疗法、高难度手术难以付诸临床实践，影响到患者的治疗，也影响了医疗卫生新技术的发展。据此为了保障医疗机构、医生、患者三方合法权益，创造良好、和谐的医疗环境，全面推行医师责任保险是社会经济发展趋势。投保医师责任险的方式，转移、

化解医疗执业风险也是国际上通行的做法。

卫生行政部门以政策形式发文推行医疗责任保险，其本质是采用低效力强制手段，其覆盖面狭窄，并且只涵盖非营利单位。非营利性机构有国家财政的支持，患方更容易获得赔偿或补偿，对于私立性医疗机构、个体诊所、门诊部等，由于经营、运营能力欠缺，对较大金额医疗损害或者医疗事故案件缺乏赔付能力。因此，在现行医疗责任保险制度下，有必要强制推行对营利性医疗机构的医生投保医师责任保险，以确保医患双方的利益得到最大限度的实现。

在《医疗纠纷预防和处理条例》《民法典》《医师法》实施后，部分执业医师为规避风险，减少对危重患者和疑难杂症提供医疗诊治，例如有手术指征而采取保守治疗方案，缺乏开展新技术、疑难手术的执业动力与积极性。最终结果导致医务人员的防御性医疗行为增加，可能耽误患者最佳抢救时机，使患者失去了最佳的治疗方案，损害患者的健康。医师责任险的推行，可以给主治医师在实施诊疗时提供一定的保障，避免防御医疗行为，使其根据患者病情进行治疗，有利于开展新技术创新，提高医疗技术水平，有利于提高患者的健康状况和促进医学事业的进步，实现共赢。多元化风险分担机制是医疗体制改革实现功能性不可或缺的。公立医院的公益性性质决定了医院机构正确分担风险，因此我国优化多元化风险分担是医疗机构所必须考虑的。①

《国务院关于保险业改革发展的若干意见》提出了我国保险业下一步改革发展的指导思想、总体目标和具体任务。在对医疗责任保险发展的具体任务中指出，应通过试点的方式建立全国统一的医疗责任保险制度以及推进责任保险方面的立法工作。因此目前我国尚未推行全国性统保的医师责任保险，只是在部分地区开展医师责任保险。实施医师责任保险后明显在医疗纠纷赔偿问题上卓有成效，至少在及时弥补受害患者及其近亲属的精神损害抚慰效用，在一定程度上减少医患矛盾。因此医

---

① 参见黄贤昌、庞庆泉、许世华：《医师责任相互保险 SWOT 分析》，载《重庆医学》2021 年第 18 期。

师责任保险制度所具有的功能、属性符合我国的现实医疗机构发展需要和社会经济发展客观规律，它不仅有利于帮助我国医疗机构承担医疗损害赔偿责任模式的困境，而且符合侵权责任制度变迁下损害赔偿社会化分担机制的要求。

（二）医师责任保险制度的引入法理思考

1. 医师责任保险制度的价值梳理

首先，具有社会效果的价值。患方与医疗机构发生医疗纠纷后经常采取非暴力方式解决，以“医闹”“医赖”等方式获得不合法、不合理高额的经济利益，推行医师责任保险，患者或者其近亲属直接以原告或者第三人身份向承保医师责任的保险公司提出赔偿的要求。医师责任保险由保险公司承担对保护患者的利益，减轻医疗机构与医疗机构的经济赔偿的负担，使医生能投入更大的责任、精力、积极性推动医疗事业发展，从而避免采取防御治疗法，有利于维护医患双方利益。

其次，减轻医患双方讼累。高成本而冗长的侵权诉讼严重影响了医疗机构的正常经营，医师责任险能够使医疗机构避免陷入费时费力的诉讼、鉴定、再审、抗诉，同时有利于避免主治医师直接面对患者或者其近亲属，减少辱医、伤医事件的发生。

2. 医师责任保险的制度设计

医师责任保险作为一种新推行的保险产品，目前存在的问题在于保费过高、理赔程序繁琐、提供材料多等弊端，医疗机构的投保金额与获得理赔利益及其他投入精力不能成正比。由于保险公司对保险费率及其标准的合理厘定是基于经营的安全性、稳健性角度，承保保险公司面对医师责任保险的高风险和高赔付率都采取了提高保险费的举措，保险费率和赔付率严重失衡。医师责任保险的发展应与医疗机构责任保险相契合，二者均在医疗责任保险领域有自身的价值与作用，而彼此间又存在一定的责任重叠，医疗责任保险侧重对单位保障，医师责任保险侧重对医师本人执业风险的转移。因此，在选择医师责任保险实施模式时，应当考虑医疗责任保险的实施模式,二者应相互匹配,以保障各自的持续性发展。[①]医疗责任保险厘定过高保险费率抑制了医疗机构参保的积极性,多数医疗机构每年的理赔额要少于保险费,转嫁风险不明显。从培育市场出发,保险公司适当降低保险费率也是符合其长期利益的。目前医疗机构普遍采取自愿投保方式为主,从社会和谐角度建立全国统一的强制医师责任保险制度具有重大意义。深圳经济特区在推行强制医疗责任保险时,采用行政命令的方式,将非营利性医疗机构和营利性医疗机构加以区别,公益性医疗机构必须参保,而营利性医疗机构选择性参保。深圳的模式是政府运用行政权力人为将医疗机构、医疗市场化予以分割,这既不利于医疗机构作为市场主体的公平有序竞争,也不利于现代市场经济所要求的统一医疗服务和医疗保险市场的培育和发展。医师责任保险制度是目前处理医患纠纷、缓解医患矛盾、化解医疗执业风险的比较好的方法,正如律师执业风险保险转嫁部分律师在执业过程中的风险。目前各地在推行医疗责任保险时,保险标的范围、投保人的主体、投保的方式、理赔数额、追索期限等方面均规定不一,据此建立起强制医师责任保险制度势在必行。

(三)建立医师强制责任保险的法理目的

强制责任保险是指按照国家的法律规定,投保人(被保险人)必须向保险公司投保而成立的责任保险。强制责任保险是国家为推行社会公共政策而规定的保险,对于合同自由给予了较大的限制,与一国的社会状况、文化和经济的发展有相当程度的关联,其适用必然会有一定的限度。医师责任保险是基于法律特别规定而推行的,所有应当投保的投保人都必须参加保险,保险人必须予以接受,这种保险不属于自愿购买的保险,比如机动车第三者责任强制保险。强制责任保险除了法定性和强制性,还具有以下法律特征:(1)推行的目的不仅是通过分散风险的方式转嫁被保险人的赔偿责任,同时可以填补第三者,即受害人的损害,使其得到快捷、公正的赔偿。(2)保险人对于此保险业务不以营利为目的,即不盈

---

① 参见陆婷:《医师责任保险法律问题研究》,广西大学2020年硕士学位论文,第13页。

不亏。(3)保险人不得拒绝特定人群的投保。(4)保险人不得将该法定责任保险与其他商业保险捆绑销售。(5)保险金额与保费由金融监督管理部门作出指导性规定,并随着运行情况适时作出调整。此外,法律还应规定强制医疗责任保险承保的为因执业过失引起的医疗损害赔偿责任。医师责任保险实施强制性模式,即要求执业医师必须购买该保险。医师承保责任保险,将医疗风险进行转移,减少了医师执业中的“防御性诊疗行为”,保险人的风险评估机制也督促医师规范行医,让医师更专注于提高医疗技术与服务水平。[①]

三、医师责任保险的责任范围

医师责任保险的责任范围包括保险责任和除外责任两部分。我国保险法也规定保险合同必须包含这两项内容。

(一)医师责任保险的保险责任

我国《保险法》第23条第1款规定:“保险人收到被保险人或者受益人的赔偿或者给付保险金的请求后,应当及时作出核定;情形复杂的,应当在三十日内作出核定,但合同另有约定的除外。保险人应当将核定结果通知被保险人或者受益人;对属于保险责任的,在与被保险人或者受益人达成赔偿或者给付保险金的协议后十日内,履行赔偿或者给付保险金义务。保险合同对赔偿或者给付保险金的期限有约定的,保险人应当按照约定履行赔偿或者给付保险金义务。”可见,保险事故是否在保险责任所涵盖的范围内是决定是否启动理赔程序的首要问题,倘若不属于保险责任划定的理赔事故,则应归为除外责任。

1. 医师责任保险责任范围

(1)期限约定:医疗事故或医疗损害须首次提出索赔的时间在保险有效期内,但保险事故发生可以在“保险期限或追溯期内”。(2)理赔条件:必须是医务人员在承保区域范围内进行诊疗执业活动时发生的损害赔偿责任。(3)主体条件:须是被保险人的投保医务人员或作为被保险人的

---

① 参见陆婷:《医师责任保险法律问题研究》,广西大学2020年硕士学位论文,第26页。

医师因执业过错引起的医疗损害赔偿责任。(4)客观条件:须是在诊疗护理活动中,因执业过错造成患者人身损害而应承担的赔偿责任。因此,一方面必须是因诊疗、护理过程中的行为引起的医疗事故或医疗事故责任;另一方面执业过程中由于疏忽行为、错误或不作为而引起的民事赔偿责任,据此故意行为显然排除在医师责任保险之外。

2. 医师责任保险诊疗过失的认定

医师责任保险的保险责任理赔最关键的是承保医师在诊疗过程中是否存在医疗过失,医疗过失的判断标准是医师的注意义务未完全履行,具体医疗过失的标准是执业医生没有严格按专业诊疗常规进行诊治,即没有尽到以一个执业医师规范章程、专业技能、谨慎诊疗的注意行为,是医务人员作为一个特殊的职业群体的专家标准。具有专业知识或专业技能,依法取得国家认可的专业资格证书和执业证书,向公众提供专业服务的人员视为专业人士,如律师、医师、会计师、建筑师等。医疗安全注意义务的判断标准是合理的职业标准或者最善的注意义务标准。作为专家的医师,其学历教育、职称等级、工作经验、服务机构等都是使患者对其产生合理信赖的保证,医师医疗行为未能达到诊疗水平,即被认为医疗过失。司法实践中判断医疗过失还要考量以下因素:医疗机构等级、地域因素、医疗的专科属性、医疗上的紧急性因素、医生的资质、经验等,医师的过失判断须经过法院委托的司法鉴定机构或者医学会进行鉴定明确。

3. 医师责任保险承保的范围

《民法典》第1220条规定:因抢救生命垂危的患者等紧急情况,不能取得患者或者其近亲属意见的,经医疗机构负责人或者授权的负责人批准,可以立即实施相应的医疗措施。这无疑增加了医疗机构说明、告知义务的风险,本条规定的"不能取得患者或者其近亲属意见",应该是指患者不能表达意志,也无近亲属陪伴,又联系不到近亲属的情况,不包括患者或者其近亲属明确表示拒绝采取医疗措施的情况。法律法规明确将医务人员的告知分为口头和书面两种。口头告知是要告知患者的病情及医疗措施,而对需要实施手术、特殊检查、特殊治疗的患者,医务人员则应及时向患者说明医疗风险及替代医疗方案,并要取得患者的明确同意,此时医疗机构的告知书、知情同意书、微信聊天记录、手机录音等是其履行说明义务的法定证据。医师责任保险对此承保范围是否承担责任同样需要通过鉴定才能明确医师在诊疗过程中是否存在过失及责任参与度。

(二)医师责任保险的除外责任

除外责任是指保险人不承担赔偿责任的条件及范围。保险人均在保险条款内规定除外责任,其主要基于两点考虑。其一,防止道德危险。例如在责任保险条款中都将由被保险人或以被保险人名义提出的索赔排除在保险责任之外。这是可以理解的,如果允许被保险人向其他的被保险人提起类似的诉讼,将会产生道德危险。其二,避免保险人承担过重责任。例如环境污染造成的医疗责任的险种保险公司就不会承保。当然,若真正实现保险双方利益的平衡,不使保险成为一方牟利的工具,就必须对除外责任的范围作以准确界定,而这正是目前法律界亟待解决的问题。医师责任保险适用除外责任。这是基于行业技术的考虑而做此分类的,具体包括:(1)被保险人在本保险单明细表中列明的追溯期起始日以前进行的诊疗护理工作所致的赔偿责任;(2)保险单明细表或有关条款中规定的应由被保险人自行负担的免赔额;(3)被保险人的人身伤亡;(4)被保险人之间的损害赔偿请求;(5)被保险人的家属、雇员的人身伤害或财物损失;(6)精神损害赔偿;(7)被保险人与病员或其家属签订的协议所约定的责任,但应由被保险人承担的法律责任不在此限;(8)罚款、罚金或惩罚性赔款。值得商榷的是医疗事故或者精神损害赔偿是否属于除外责任范围的问题。依据《医疗纠纷预防和处理条例》《最高人民法院关于审理人身损害赔偿案件适用法律若干问题的解释》《最高人民法院关于审理医疗损害责任纠纷案件适用法律若干问题的解释》《民法典》的规定,精神损害赔偿属于医疗损害赔偿责任的范围。而伴随现代社会对人格权的尊重,精神损害赔偿已成为患者索赔的项目的内容之一。如将医疗损害或者医疗事故引起的精神损害赔偿完全排除于保险责任范围之外,这不利于分散医疗风险和对患者或者其近亲属权益的保障,据此不应将医疗精神损害赔偿纳入医师责任保险的除外责任中。

(三)赋予患方直接请求权

在医疗责任保险事故发生后,保险公司成为医疗损害或医疗事故的被告方或者第三人,患方可以直接向保险人提出索赔的请求权,就如道路交通事故机动车第三者责任强制保险的制度一样,避免医患矛盾激化,有利于医疗损害赔偿款的及时履行。患方对保险人的直接请求权,性质上为债权,其内容包括:(1)给付请求权。在被保险人致患方的损害发生后,患方有请求保险人给付保险赔偿金的权利。(2)给付受领权。保险人向患方为保险赔偿金的给付时,患方有予以接受并保有因给付所取得之利益的权利,患方取得保险人的给付,有契约或者法律上的原因。(3)债权保护请求权。患方在保险人未给付或者拒绝给付保险赔偿金时,有请求公力救济而强制保险人给付保险赔偿金的权利。当然直接请求权的行使仅以保险单约定的保险人的给付义务为限,患方不得在保险单约定的给付义务之外,请求保险人承担损害赔偿责任。医疗活动的潜在受害者是社会大多数人,具有社会公益性,医疗责任保险立法应该赋予受害人直接请求权,即受害人具有向保险人请求给付保险赔偿金的权利,从而能够强化医疗责任保险受害患者的权益保障。①

建立医师责任保险制度,能够实现医师执业风险的转嫁和患者权益保障机制的完善,实现医师执业风险的社会化分担,切实维护医患双方的合法权益。建设优良医师队伍是我国卫生体制改革的重点,医师责任保险的实施有利于医师队伍稳定,让医师有更多的精力投入到医疗执业工作和医学新理论的研究上。同时通过建立医师责任保险,能使患者的利益得到有效保障,由于医师的诊疗过失行为造成的损害赔偿能够得到及时履行,避免因医师诊疗过失履行不能导致医患矛盾加剧。据此,医师责任保险推行,能够实现患者、医师、医疗机构、保险公司和社会五方面共赢的局面。

---

① 参见邓莹:《论医疗责任保险立法制度的构建》,载《财经理论与实践》2021年第3期。

第五章　医疗损害责任

第一节　医疗伦理损害责任

一、医疗伦理损害的概念

道德和法律是两种最常见的社会调整手段。法律在于外在的强制，道德在于内心的确信；道德是不成文的规范，法律是客观存在的社会规则；道德依靠社会舆论来贯彻，法律依靠国家权力强制适用。根据《民法典》把医疗损害纠纷分为：医疗产品纠纷、医疗伦理纠纷、医疗技术纠纷三种纠纷。从法理上可以将医疗纠纷的损害责任分为医疗技术损害责任、医疗伦理损害责任、医疗产品损害责任三种责任。

医疗伦理损害责任是在诊疗过程中医疗机构及其医护人员违背职业良知、医疗伦理的准则，造成患者人身损害以及人格权益受损的医疗损害责任。其由违法行为、患者的损害事实、违法行为与损害存在因果关系、医疗过失四项要件构成。违反医疗职业良知或者医疗伦理准则包括未对患者履行充分告知义务，如未解释说明病情及手术存在风险、未向患者提供及时有效的医疗建议，未征得患者同意即采取或者停止治疗，未对患者保守隐私和秘密，术中改变手术的方式等行为。伦理损害既包括患者生命权、健康权、隐私权、身份权、知情权、自主决定权等合法权益的损害,也包括现实利益损害、期待利益损害等。医疗伦理的因果关系是医疗违法行为与损害事实之间存在引起与被引起的关系,医疗违法行为是因,损害事实是果。

二、医疗伦理损害的类型

社会经济高速发展与医疗新技术出现导致了医疗伦理的复杂化。医疗新技术的医疗伦理成为医疗伦理新的课题。涉及科技的医疗伦理的行为包括四个方面:第一,遗传学和生殖医疗,其中涉及帮助生殖技术、配子捐献、人体胚胎的储存与使用、生殖克隆和堕胎。第二,临终的病人诊疗,其中包括生前预立遗嘱、高级护理计划、维持或者撤回维持生命的治疗、不愿复苏的命令、无效医疗的干预、镇静和无意识结束生命的护理。第三,器官获取和移植,其中包括活体捐献与器官移植、心脏死亡后的器官移植、心脏器官移植的财力激励、死亡者捐献的推定同意与强制选择、脐带血库、无脑新生儿器官捐献、器官移植指南、器官移植的直接捐献和异质移植。第四,医学研究和技术革新,其中包括医师研究、知情同意、设计与标本、利益冲突、不当行为等。①

根据《民法典》有关医疗损害的法律规定,司法实践中主要涉及违反医疗资讯告知义务、违反医疗信息保密义务、侵害患者选择决定权、违反医疗机构紧急处置义务等医疗伦理损害类型。

(一)违反医疗资讯告知义务

在诊疗过程中医疗信息告知义务属于医疗机构及其医务人员必须履行的法定义务,据此相适应的是患者的知情权。在医患关系成立后,患方就有权知道医疗机构的资质、主治医师经验、手术医生的资质、医疗条件以及病种医保报销比例、疾病病情、诊查结果、诊疗方案、手术预案、手术风险、替代诊疗措施等各种情况。违反医疗资讯告知义务是医疗机构及其医务人员在诊疗活动中,违反医疗伦理良知,未对患方履行充分告知、

① 参见徐爱国:《医疗伦理的法律规制》,载《民主与科学》2021 年第 5 期。

说明分析病情、解释治疗方案、替代建议、门诊随访等。医疗资讯告知义务本质上是医疗机构侵害了患者的知情权。

（二）违反医疗信息保密义务

《民法典》第1226条规定："医疗机构及其医务人员应当对患者的隐私和个人信息保密。泄露患者的隐私和个人信息，或者未经患者同意公开其病历资料的，应当承担侵权责任。"在医疗活动中，医疗机构和医务人员主动掌控着患者的个人基本信息以及病患疾病情况，对患者具有保密义务。医疗机构及其医务人员如果违反保密义务，泄露患者的个人资料，同样是违背医疗良知和医疗伦理的，比如未经患者同意，直播手术过程等。因此，医疗机构及其医务人员违反保密义务也需承担医疗伦理损害责任。

（三）侵害患者选择决定权

充分尊重患者的自主选择权是医疗机构及医务人员应该履行的义务。医务人员不能擅自替代患者选择治疗方案，也不可以未经患者同意实施某种医疗措施或者停止某种诊疗方案，在手术过程中，不能擅自改变手术的方式而未告知患者或者其近亲属。不管医护人员是采取积极医疗行为还是消极治疗行为，只要未经患者同意，就是违背了医疗伦理准则和医生职业道德，侵犯了患者的知情同意选择权。

（四）违反医疗机构紧急处置义务

《民法典》第1220条规定了对医疗机构在抢救垂危患者时的特别授权："因抢救生命垂危的患者等紧急情况，不能取得患者或者其近亲属意见的，经医疗机构负责人或者授权的负责人批准，可以立即实施相应的医疗措施。"该规定表面上是法律赋予医疗机构的权利，但实际上是为了避免医疗机构因不作为的行为承担责任而对患者不予救治。在患者健康、生命与责任承担两者发生冲突时，医务人员必须以抢救患者生命作为最重要的义务，此乃法律赋予医务人员的职责。如若违背医疗职业良知，造成患者损害，医疗机构则仍应承担医疗伦理损害责任。

三、医疗伦理损害构成的法律特征

1. 违背医疗伦理准则

是否具有医疗过失是判断承担医疗伦理损害责任的前提,其区别于医疗技术过失。医疗技术过失是违反当时的医疗水平所确定的专业诊疗注意义务,造成患者损害。医疗伦理过失判断一般是以医疗机构或者医务人员违背医生职业良知和医疗通常的伦理准则,在诊疗行为过程中未对患者治疗方案未履行或未充分履行告知义务、未对患者医疗信息履行保密义务、未取得患者同意进行医疗措施、未告知患方原因擅自停止治疗等注意义务。

2. 主观存在过错

医疗伦理承担责任采取过错原则。医务人员已经预见可能产生损害后果,由于疏忽大意或者过于自信导致损害的后果的发生。在诊疗过程中因违背医生职业道德和医疗通常的伦理准则,可以预见到未对患者治疗方案未履行或未充分履行告知义务、未对患者医疗信息履行保密义务、未取得患者同意进行医疗措施等可能对患方造成人格的损害,据此认定主观存在过失。

3. 人格权益的损害

医疗技术纠纷的损害后果主要对患者具有人身侵袭性,如器官缺失、功能丧失等。医疗伦理的损害后果不仅包括患者的人身侵袭性,也包括对患者的其他人格民事权益的损害事实,例如对患者的知情权、隐私权、就诊自主选择权等合法权益的损害。《最高人民法院关于审理医疗损害责任纠纷案件适用法律若干问题的解释》第 11 条第 1 款规定:委托鉴定书,应当有明确的鉴定事项和鉴定要求。鉴定人应当按照委托鉴定的事项和要求进行鉴定。其中第 2 款第 3 项规定:医疗机构是否尽到了说明义务、取得患者或者患者近亲属明确同意的义务。将医疗告知作为单独一项鉴定内容,独立于因果关系和原因力之外,且该鉴定仅限于告知与否或充分的事实鉴定,而不是原因力和责任的鉴定。至于要承担多少侵权责任,由裁判者根据《民法典》第 1219 条进行法律评价并裁判。

四、医疗伦理损害责任的构成要件

医疗伦理损害责任属于侵权责任一种，其构成条件符合侵权责任构成要件。

(一)医疗行为的违法性

医疗机构或者医务人员在诊疗行为过程中违背医疗职业良知和医疗伦理准则，违反对就诊的患者或者其近亲属予以疾病、手术方案、并发症、后遗症等解释说明义务、保密义务、医疗机构的紧急处置义务等。认定医疗机构是否违反伦理注意义务应当以医生履行注意义务结合患者的病情具体的情况进行综合评判。首先，医务人员应当向患者尽到最基本的说明解释义务，包括医疗机构的执业范围、主治医师资质、器械配备、经验水平、患者病情、检查结果等情况；若非本医疗机构能力接诊的患者，应当及时告知患者转诊的注意义务。其次，医务人员还需进一步结合具体患者的情况对其进行病情病因分析、术前讨论方案、治疗方案选择、诊疗可行性、注意事项、治疗结果、预后处理等具体告知义务。认定医疗机构是否违反保密义务，应以患者隐私权等人格是否受到侵害为标准。医疗机构在医疗活动中非经正当途径将患者病情隐私泄露给第三方，医疗机构行为构成侵权。认定医疗机构是否违反紧急处置权，应以患者生命垂危并且不能取得患者或者其近亲属同意作为标准，医疗机构对患者采取医疗措施在符合法律规定的同时符合医疗机构救死扶伤的职业良知和伦理道德。反之，医疗机构则构成了医疗伦理损害。

(二)医疗伦理损害事实

医疗伦理损害责任构成要件的损害事实主要是患者知情权、自主选择权、隐私权、身体权等合法民事权利的损害。从法理学上损害事实表现为现实利益的损害和期待利益的损害两种。现实利益的损害包括人身损害、精神损害和财产损害。由于医患双方之间对专业医疗知识掌握程度的差距较大，并且医生的告知行为往往在相对密闭、未有外人存在的环境下进行，这样的情况下要求患者提出证据证明医方是否履行告知义务，并且因为举证未达到证明标准而遭受诉讼上的不利，这对于患者未免过于苛刻。[①] 比如一位女性患者的右侧乳房确诊为恶性肿瘤，医疗机构在取得患者知情同意进行右乳房的切除手术时，经治医师对左乳房做病理切片检查后左乳房确诊乳腺疾病，未经患者知情同意随即行左乳房的切除手术。据此该病例不仅侵犯患者知情同意权，同时因对没有确诊恶性肿瘤乳房切除侵犯患者的健康权。

（三）伦理过失

医疗伦理过失不是违反当时医疗水平所确定的高度注意义务，而是违反了医疗良知和医疗伦理，违反了告知义务、保密义务等伦理性义务；同时医疗机构的医务人员存在主观上的疏忽或者懈怠。《民法典》规定，要求医务人员向患者具体说明医疗风险和替代方案，并取得患者或者其近亲属的明确同意。

（四）因果关系

医疗机构或者其医务人员违背医生职业良知和医疗伦理的违法行为和患者的人格损害事实之间是引起与被引起的关系，在司法实践中医疗机构或者医务人员因违反充分告知义务、保密义务以及抢救垂危患者的义务而损害患者人格权以及知情权、就医自主选择权、隐私权等民事权益，医疗机构侵犯伦理与患者人格损害行为存在因果关系。由患方承担举证责任，在特殊情况下，实行举证责任缓和患者承担表见证据证明后，由医疗机构承担举证责任，推翻因果关系的推定。

五、医疗伦理损害的法律规定上的缺陷

《医疗事故处理条例》《医疗纠纷预防和处理条例》等卫生行政法规处理医疗纠纷与《民法典》的规定一致的情况，法律如何适用？根据法理上“新法优于旧法”“上位法优于下位法”，在援引上应当优先援引《民法典》有关医疗损害的规定。实际上《民法典》有关医疗损害章节的规定综合了其他卫生法律法规规定有关医疗损害内容的规定。但在司法实践中医疗伦理损害的法律规定上存在不足之处，具体包括以下内容。

---

① 参见王鸿韬：《论医疗伦理损害过错的证明》，载《医学与法学》2019 年第 5 期。

（一）医疗伦理告知内容的规定模糊性

1. 对一般医疗告知义务的内容无法规范化

我国法律法规对于医疗机构或者其医务人员如何具体履行医疗告知义务未作明确规定，主要以各个医疗机构知情同意书、麻醉知情同意书、特殊检查知情同意书等医疗文书体现出来，每个医疗机构医疗文书格式、内容不尽一致，基本上内容过于抽象、简单、概括，对医疗告知的内容、范围、程度、方式，以及医疗告知的时间等，都没有明确且有可操作性的规定，医疗告知的范围和程度弹性过大，对疾病诊疗行为没有起到应有的规范指引作用。①

2. 对书面告知的内容未作明确规定

我国《民法典》规定，需要实施手术、特殊检查、特殊治疗的，医务人员应当及时向患者说明医疗风险、替代医疗方案等情况，并取得其明确同意；不能或者不宜向患者说明的，应当向患者的近亲属说明，并取得其明确同意。据此，包括治疗前医疗告知、治疗过程中告知、转医或转诊的告知、出院或疗养阶段告知。医疗行为中实施手术、特殊检查、特殊治疗对于患者来说，可能意味着重病难病、有可能发生严重的并发症、医疗后果难以准确判定的有创检查和治疗或者特殊药物的毒副作用、活体捐献人体器官以及日后可能产生争议或者纠纷的诊疗活动，一旦稍有差错，可能带来很大的影响。现代社会，生物医学技术飞快发展，基因检测技术、基因编辑技术、医学数据分析技术的普及，使人类将关注的目光转向自己，实现了对自身生命奥秘的探索和掌控。② 在经济与科技高速发展的时代，医疗的经济属性越来越突出，有些重大疾病手术费用比较高昂，是否进行治疗、如何选择治疗方案，直接关系到患者的经济负担能力和今后的生活质量等，影响患者利益，基于医患关系中信息不对称，患者往往处于

---

① 《民法典》第1219条：医务人员在诊疗活动中应当向患者说明病情和医疗措施。需要实施手术、特殊检查、特殊治疗的，医务人员应当及时向患者具体说明医疗风险、替代医疗方案等情况，并取得其明确同意；不能或者不宜向患者说明的，应当向患者的近亲属说明，并取得其明确同意。医务人员未尽到前款义务，造成患者损害的，医疗机构应当承担赔偿责任。

② 参见黄思潮：《精准医疗伦理问题研究》，锦江医科大学2020年硕士学位论文，第26页。

弱势,这更要求书面知情同意手续足够完善,从而规范医务人员的医疗行为。另外,有利于医务人员的自我保护。

3. 尸检的告知义务

当医方不能确定患者死亡原因或者患者家属及关系人对其死亡原因怀有疑问时,应当及时告知进行尸体解剖检查。《医疗事故处理条例》中虽然第18条第1款规定了"患者死亡,医患双方当事人不能确定死因或者对死因有异议的,应当在患者死亡后48小时内进行尸检;具备尸体冻存条件的,可以延长至7日。尸检应当经死者近亲属同意并签字",但该规定未明确医疗机构是否具有告知患者家属及关系人进行尸体解剖检查的法定义务,发生医疗纠纷后,医患双方对于死因不明经常推诿己方的责任和义务。《医疗纠纷预防和处理条例》第23条规定:"发生医疗纠纷,医疗机构应当告知患者或者其近亲属下列事项:……患者死亡的,还应当告知其近亲属有关尸检的规定。"第26条第1款规定:"患者死亡,医患双方对死因有异议的,应当在患者死亡后48小时内进行尸检;具备尸体冻存条件的,可以延长至7日。尸检应当经死者近亲属同意并签字,拒绝签字的,视为死者近亲属不同意进行尸检。不同意或者拖延尸检,超过规定时间,影响对死因判定的,由不同意或者拖延的一方承担责任。"《医疗纠纷预防和处理条例》比《医疗事故处理条例》对于尸检告知义务人进一步明确责任主体。

由于医疗活动具有专业性与高风险性,法律明确规定医疗机构或者其医务人员的伦理告知义务的重要性。立法或者相应司法解释应包括医疗伦理告知的概念、范围、基本原则、方式、主体、时机、程度以及特殊情况下的处理等具体内容。一方面能保障患者的权利,另一方面又能规范医疗机构的行为,同时给医务人员进行医疗行为的指引。

(二)患者知情同意权的行使主体

近亲属的同意权,在《民法典》视为一种代理权。人身权中的一些权利包括生命健康权具有人身属性,是否能由他人代理即使是近亲属也尚值得商榷。"患者最佳利益"是医学伦理规范对医疗行为进行评价的基本原则,也是卫生法保障患者权利的最终指向。在实际操作中,明晰医疗机构应负担何种内容的告知义务,被认为是较困难的。在医疗过程中,患者对其病情掌握的信息越详细，越有利于其作出符合自己内心需求的决定，但对于心脑血管疾病患者和心理素质较差的患者，有些信息的获得会增加其心理负担，从而对其本人产生较为负面的影响，这都是在界定该告知义务标准时需要思考之实际问题。①

现行医疗实践中，患者未完全丧失劳动能力时，医疗机构经常采取由患者签署授权委托书的形式，将手术知情同意权、麻醉知情同意权、输血知情同意权等权利授予患者亲属或第三人行使，这种形式根本无法保证患者实现最佳利益。

（三）特殊干预权的行使范围比较模糊

《民法典》第 1220 条规定，“因抢救生命垂危的患者等紧急情况，不能取得患者或者其近亲属意见的，经医疗机构负责人或者授权的负责人批准，可以立即实施相应的医疗措施”。对于“不能取得患者或者其近亲属意见”的情况，未作明确说明。而且即使符合了“不能取得患者或者其近亲属意见的”要求，经过相关“负责人批准”，医务人员仍是“可以”而不是“应当”“立即实施相应的医疗措施”，不利于保护患者的生命权及身体权，也不利于保护医护人员的权益。

六、医疗伦理损害的法律完善

（一）立法完善

1. 完善医方告知义务的内容

由于医学是一门探索性、经验性的学科，医疗行为具有复杂性、专业性、高风险性，每个人的基因不同、体质不同、情绪不同、医疗环境不同、治疗效果不同、心理抗压不同等，法律完善医疗机构的告知义务是完全有必要的。据此，立法应完善包括医疗告知的基本原则、概念、方式、主体、时间、程度以及特殊情况下的处理等具体内容。

2. 伦理知情同意的主体

知情同意权法律规定首先应由患者本人亲自履行，在患者因主、客原

---

① 参见王鸿韬：《论医疗伦理损害过错的证明》，载《医学与法学》2019 年第 5 期。

因导致无法行使的情况下,近亲属在患者无法履行知情同意权时为特殊代理。医疗行为是一种侵袭性的民事行为,本人才有最终决定权。据此医疗行为代理并不仅是一种身份代理,其涉及患者的生命、身体健康、人格权等重要民事权益,因此其重要性不言而喻。从伦理选择来看,告知患者本人是第一选择,因此在患者有知情同意的民事行为能力时,应由患者自己行使作出选择的权利,在患者丧失民事行为能力或者意识暂时不清楚时,再由其配偶、父母、儿女等近亲属行使伦理告知选择权。

知情同意原则的法理基础在于尊重人性尊严,病患的自决权是人格自由发展及人性尊严的核心。法律保障患者尊严,一方面维护其生命、身体的安全,另一方面确保其人格而形成的幸福追求。社会所熟悉的产妇李某云分娩一案中,因其配偶拒绝在手术同意书上签字,导致产妇李某云死亡和胎死宫内的悲剧。医疗机构通过知情同意书来证明医疗机构尽到了告知说明义务。据此,对于医疗机构来讲,在医疗伦理纠纷的证明过程中,医疗知情同意书可作为医疗机构证明自己不存在过错的有力证据。

3. 医方特殊干预权的适用范围和行使主体

在患者需要紧急救治的情况下,特定情况下其近亲属的"知情不同意"明显不利于患者的生命健康时,经医疗机构正当程序审核,医疗机构或者医务人员应当立即实施相应的医疗措施,维护患者的生命健康。对于"不能取得患者或者其近亲属意见的"情况,司法机关应对适用本条规定作出司法解释,将"不能取得患者或者其近亲属意见的"明确为"患者不能表示意见且难以取得患者近亲属的一致意见"。为了最大限度地保障患者利益的同时,有效转移医疗风险,医疗机构或者医务人员为了自身权益而选择自我防御治疗方案或者采取保守治疗方案等对患者治疗不利的行为。医疗机构及其医务人员在履行临床强制干预权时,给患方造成损害的,除非故意或者重大过失,应免除承担侵权责任。

(二)司法完善

1. 医疗伦理专家咨询制度

医疗伦理损害案件具有较强的复杂性、专业性、模糊性,建议建立医疗伦理专家咨询制度。在发生医疗伦理损害责任纠纷时,由伦理、法学、医学专业组成三个以上专家对医疗伦理损害定性提交具体详细的咨询意见。司法机构可以参考专家意见依照法律的规定作出裁决，可以弥补审判人员对医疗知识缺乏的漏洞，使法院的判决具有说服性、公平性、合理性，更有利于医疗纠纷的解决。

2. 司法审查制度

法官在判决中运用司法权力审查法律行为或者决定的合法性是发挥司法审查功能。根据司法最终裁决的基本原则，司法审查制度使法官作为中立的第三方对民事争议权益作出裁判，社会民众基于对司法和程序正当性的信赖服从法院判决内容，审查司法机制系权利人在穷尽所有的救济手段后，最终由法院对患者最佳利益作出衡量。司法机关根据医疗机构在患者诊疗中是否尽到医疗伦理注意义务，对患者身体或精神是否造成损害，参照鉴定机构意见作出综合评判，医疗机构提供更专业的医疗服务，切实保障患者权益，稳定医患关系。这体现了对患者最佳利益的贯彻，也是保护医患双方权益的切实可行之径。

第二节　过度医疗损害责任

构建和谐的医患关系是社会主义法治追求的价值目标。伴随社会经济高速发展的时期，医患双方利益博弈，过度医疗纠纷这个棘手问题亟待解决。过度检查、过度治疗是一个复杂的社会问题，过度医疗亦是法学和医学界所共同面对的困境，比如过度检查、重复检验、大处方滥用、抗生素的过度使用、多家医疗机构重复检查等过度医疗。厘定过度医疗的法律概念，完善相关的法律法规，为过度医疗侵权提供有效的法律救济，才能有效地缓和医患矛盾，促进我国医疗与法律事业的共同进步与发展，有利于构建和谐的医患关系。根据《民法典》第 1227 条“医疗机构及其医务人员不得违反诊疗规范实施不必要的检查”的规定，由于信息不对称、医疗行为的复杂性、过度医疗的隐蔽性、相关法律法规的滞后性、过度医疗认定的程序性和复杂性以及诉讼维权高成本等，过度医疗认定难度较大。

溯本正源,从目前我国对于过度医疗侵权的理论探讨抑或司法实践方面,诸如法律层面上的过度医疗概念如何厘定,当患方认为过度医疗发生时,卫生部门与司法部门如何进行有效的法律救济等问题,仍然是探讨性的研究课题。法院往往没有直接依据诊疗规范来进行判案,在过度医疗纠纷案件中起到微乎其微的作用,而综合考虑患者病情的紧急程度、患者个体差异、当地的医疗水平、医疗机构与医务人员资质等实际情况因素,因医疗的复杂性与多样性,细微的差异都会引起不同的治疗方案,法院没有办法结合自身的专业知识去考虑上述因素,只能依据鉴定意见。[①] 探求如何界定过度医疗的理论与司法认知或司法推定,从法律规制上对以上问题进行探讨,以期对立法的完善和司法实践中的具体适用有所裨益。

一、过度医疗的概述

(一)过度医疗的概念厘定

从法理上看,义务的瑕疵履行与权利的违法行使是承担责任的前提,而责任的承担仅仅是其法律后果而已。医疗机构及其医务人员在诊疗过程中违法对患者实施过度检查、治疗的医疗行为,医务人员不恰当履行法定义务或不当医疗行为,从而造成患方过多支出费用的客观事实为先决条件。

在医疗服务过程当中,医务人员在非医学诊治目的之下,出于经济利益或防御医疗的动机,违背临床医学诊疗规范和伦理准则,提供给患者不相应的诊疗价值,增加患者本人及其家庭的经济负担,造成社会医疗卫生资源耗费的不良诊治行为就是过度医疗。从法律与伦理方面给予过度医疗行为否定性的评价,其违背了诊疗规范和医学伦理准则。过度医疗往往是超过疾病实际需要的诊断和治疗的医疗行为或诊疗过程。现实生活中诊疗行为的风险性、患者病情变化的复杂性、医学知识的专业性、医生临床经验及应变水平的差异性等原因,导致过度医疗侵权行为呈现出复

---

① 参见罗凯伦:《"过度医疗"案件裁判困境与出路》,广西民族大学2020年硕士学位论文,第16页。

杂性、多样性、隐蔽性的特性，致使患者及司法机关也难以区分正当性与否。

（二）过度医疗行为与其他相近概念差异

1. 适度医疗行为。适度医疗包含问诊便利、优质、可承受性三个要素构成的医疗活动。一般认为以风险、效益、医疗服务质量三个因素来确认医疗优质程度。从法理学角度来看，适度医疗应包含以下5个要素：疗效是最好的；痛苦较小或者无痛苦；安全，无伤害，或者将损害限定在最小的范围内；诊治便捷；经济可接受性。可以根据诊疗措施是否符合疾病治疗所需以及是否符合医学专业伦理精神与宗旨来大致辨识适度医疗与过度医疗的区别所在。在医学实践中，判断一个医疗行为是否构成过度医疗的四个标准：是否符合疾病诊疗的规律和特性；诊治费用是否超出疾病所必需的；诊疗手段是否超出疾病治疗的根本需要；是否有符合患者的生理、心理的康复，而非正常损害。

2. 保护性医疗行为。保护性医疗行为是为了保护病患生命健康权益，在对患者进行治疗时，医疗机构及其医务人员依规或者依据患者利益最大性原则隐瞒其疾病严重或者其他相关医疗措施，以避免对病患形成不良身心影响，造成不良后果的医疗行为或医疗过程。在现实中，过度医疗的表现形式主要是多检查、多用药、多治疗、多住院，包括过度检查、过度用药、过度手术、过度护理。[①]

《医疗机构管理条例实施细则》第62条规定，“因实施保护性医疗措施不宜向患者说明情况的，应当将有关情况通知患者家属”。立法规定保护性医疗的概念，与此同时也限定了适用保护性医疗的条件，其立法宗旨是保护患者的生命健康。由此可见，过度医疗与保护性医疗有着明显的不同，保护性医疗是一种符合医学伦理、符合治病救人的医者专业精神、保护患者生命健康的合理行为，甚至受法律保护，而过度医疗则与之背道而驰。

3. 防御性医疗行为。将过度医疗局限为以获取非法利益为目的存在

---

① 参见王潇霄：《过度医疗侵权责任研究》，兰州大学2020年硕士学位论文，第12页。

以偏概全的逻辑推断,过度医疗的动因确实包括获取经济利益,尤其对于民营医院可能有更大经济的动因,但对公立医院很大程度上是为了避免医疗损害或者医疗事故损害责任发生的可能性,医护人员以积极防御性医疗行为趋利避害。医疗机构在诊疗疾病的过程中为避免医疗执业风险和医疗纠纷而采取防范性医疗措施。

防御性医疗行为是医疗机构建立防御体系以应付可能发生的医疗纠纷。防御性医疗行为可以分为积极性与消极性的防御性医疗行为。积极性防御性医疗行为主要表现为医生积极地进行不必要、重复的检查与各种治疗;消极性防御性医疗行为主要表现为医生为回避疑难、重大、复杂手术和其他治疗措施的高风险,拒绝为具有较大风险的危重病人治疗,建议转诊。虽然医疗机构及其医务人员在实施这两种医疗行为时的目的、动机有所不同,但对于积极性防御性医疗行为,如果医疗机构及其医务人员实施了不必要的诊疗手段而造成患者人身、财产的损害,其行为即转化为过度医疗行为。将积极性防御性医疗纳入过度医疗之中,而对于消极性防御性医疗可以根据《民法典》规定于医务人员在诊疗活动中未尽到与当时医疗水平相应的诊疗义务致使患者受损害的责任中。通过诊疗制度、诊疗规范的严格及统一,杜绝医院之间对治疗结果的相互排斥问题,避免重复治疗、重复检查现象。①

(三)过度医疗行为的分类

1. 过度检查。在疾病诊疗中,医疗机构及其医务人员要对疾病进行诊断、排查、确诊,依次递进采取不同的医疗手段进行检查。在诊疗过程中,医疗机构对患者采取体格检查外,还必须借助一定的医疗设备、措施、检验对疾病进行定性,分析病因或病理特征等,诊疗中采取临床检查,例如X线、CT、PET、核磁共振、MRA、彩超等。医疗检查应服务于必要的疾病诊断、监测、分析、定论。如果患者疾病已经可以确诊,重复、过多检查的目的超出了疾病本身的诊治的需要就是过度检查。

---

① 参见陈秀丽、赵宁等:《"过度医疗损害赔偿"问题及对策》,载《解放军医院管理杂志》2020年第9期。

2. 过度治疗。由于生物医药技术、医疗科学发展的瓶颈，其往往滞后于疾病的出现，部分疑难疾病以目前的医疗水平可能束手无策，有些治疗是为了经济利益而实施的医疗行为，主要表现在扩大治疗范围、放宽手术适应症、过度使用进口医疗耗材、对晚期癌症的病人进行昂贵治疗等。过度治疗没有严格按照医学诊疗规范相关要求，更多出于经济利益，对某些可以采取医疗常规治疗的病症采取过度治疗的医疗活动。

3. 过度用药。随着经济与生物医药科学的发展，越来越多创新的药物进入医疗领域，新药物在对疾病发挥缩短治愈时间等积极作用的同时，也带来了一定的消极影响，如滥用抗生素、过量输液、过量用药等，明显违背诊疗规范。过度用药不符合临床用药原则、超出病患实际所需的给药方式。

4. 过度护理。过度护理是指医护人员在对住院患者护理的情况下，为了牟取超额利益，对患者采用提高护理等级程度的护理行为。过度护理虽不会对患者的身体造成伤害，却会增加患者及近亲属的额外经济负担。

二、过度医疗侵权责任构成要件分析

医疗行为是一种民事法律行为。医疗机构及其医务人员对患者实施的医疗活动中，违反卫生法律法规、规章以及诊疗规范，造成患者人身、财产权益受损并应承担相应法律责任的行为就是过度医疗侵权行为。

（一）过度医疗侵权行为的特征

过度医疗侵权是建立在过度诊疗行为的基础上，违反诊疗法定或合同约定的义务，违背医疗专科诊疗规范，未尽到医疗诊疗水平的侵权行为。根据《民法典》在界定过度医疗侵权的内涵时，应充分考虑一般侵权行为、医疗侵权行为的本质属性及特征以及过度医疗侵权行为的固有特征。医疗侵权涉及较强的专业知识、复杂性，普通人难以通过一般生活经验对医务人员诊疗是否存在过错以及过度医疗与患者人身损害赔偿之间的因果关系进行判定。医疗机构是掌握患者所有病历资料的主体，医疗专业知识的不对称也会加剧患方举证难度。医方实施过度医疗行为，对患者所造成的财产损失，抱有故意心态；对过度医疗行为所导致的人身和精神损害，则怀有过失的侥幸心理。①

《民法典》第1227条是针对医疗机构的防御性医疗行为作出的规定。过度医疗的内容包括过度检查、过度治疗、过度手术、过度护理。过度医疗行为是医疗机构及其医务工作人员对患者进行的诊疗行为中，以获取一定超额的经济利益为目的或者防御性自我保护为目的，违反卫生法律、法规、规章、专业诊疗规范以及法定或者约定的义务等，对患者实行超出其治疗疾病所需的诊疗行为，侵犯患方的人身、财产权益且应承担相应法律责任的行为。

对患者疾病诊疗所实施的诊疗措施或者检查、用药明显超过疾病诊疗治疗需求，结合《民法典》一般侵权行为的规定，过度医疗侵权行为的特征如下：第一，《民法典》第1227条将其规定为一种特殊的医疗侵权行为。过度医疗与其他类型医疗侵权行为不同，过度医疗是在诊疗过程中由于过度诊治行为引起的侵权行为，其在诊疗行为过程中发生。第二，对患者疾病诊疗所实施的治疗措施和治疗手段明显超过疾病诊疗实际需要，增加患方经济成本。第三，由此患者的医疗费用明显超过疾病诊疗实际需求或者合理需求。第四，过度医疗给患者造成了明显的人身损害或者财产损害。第五，过度医疗是一种违反医疗卫生法律、法规、规章、诊疗规范并且违反医师法定告知义务的医疗侵权行为。第六，过度医疗是一种较为隐蔽的医疗侵权行为。过度医疗是医疗体制不健全并存在弊端的体现，不能视为只是个别执业医生或医疗机构的偶然现象，其产生的根源是社会经济发展的一种必然出现现象，也是医护人员自我保护的一种手段。

（二）过度医疗侵权责任构成要件考究

1. 违法性。过度行为是在患者疾病不需继续治疗或者对疾病已确诊情况下，医疗机构对患者实施的各种重复检查，侵犯了患者的生命权、健康权等民事权利和自由。该行为发生在诊疗过程中的检查、治疗、护理、

① 参见殷云：《过度医疗损害责任研究》，扬州大学2020年硕士学位论文，第26页。

保健等阶段。[1] 过度医疗侵权行为的本质特征是过度诊治，亦是该侵权责任构成要件的核心。其包含两层含义：一是医疗机构及其医务人员在对患者诊疗过程中客观上实施了明显超过患者疾病所需的医疗干预的行为；二是该医疗行为具有行为违法性，违背医患法律关系法定或约定的义务。依据《民法典》第1227条的规定，医疗机构及其医务人员不得违反诊疗规范实施不必要的检查。过度医疗行为发生在检查阶段就有可能违法。此外，依据《民法典》第1219条规定，医务人员在诊疗活动中，应当向患者说明病情和医疗措施。需要实施手术、特殊检查、特殊治疗的，医务人员应当及时向患者具体说明医疗风险、替代医疗方案等情况，并取得其明确同意；不能或者不宜向患者说明的，应当向患者的近亲属说明，并取得其明确同意。医务人员未尽到前款义务，造成患者损害的，医疗机构应当承担赔偿责任。医师依法履行告知义务的责任，必须是建立在全面、充分、真实的基础上。过度医疗的医务人员实施不必要检查、用药、手术等行为存在"不告知""虚假或者诱导告知"等问题。

2. 损害事实。法理学上言有损害才有救济。《民法典》第1165条第1款规定："行为人因过错侵害他人民事权益造成损害的，应当承担侵权责任。"民事权益包括生命权、健康权、姓名权、人格权等人身、财产权益。民事权益的内涵包含民事权利和民事利益。医疗过程中，医疗机构及其医务人员实施违法医疗行为所导致的患者人身、财产权益损害，并依法承担赔偿责任的客观损害事实，就是侵害了患者的民事权益。在财产损害方面，既应该包括过度医疗行为给患者造成的直接损失，即由此支付超出必要的、合理的医疗费用，也包括患者由此遭受的人身损害而导致的间接损失，如精神损害抚慰金。毋庸置疑，在人身权益损害方面，过度医疗行为一定会对患者财产及身心健康造成损害。据此过度医疗给患者造成的损害事实包括人身损害、精神损害以及财产的直接、间接损害。

3. 因果关系。因果关系系行为与结果间存在引起与被引起的联系。

---

① 参见刘曼白：《过度医疗之侵权责任研究》，广西师范大学2020年硕士学位论文，第9页。

司法实践中患者所遭受的人身损害是由于医疗机构及其医务人员实施过度诊疗行为所引起的。根据侵权损害原因力规则,确定医疗机构及其医务人员的过度医疗行为对于患者所受的损害结果发生的原因力大小及责任范围百分之比例,据此调解或者司法判决能够合理地确定赔偿责任,司法的公开、公正、公平的价值也得以实现。因此证明医疗机构及其医务人员存在过度医疗行为造成患者的人身损害,就可以认定两者之间存在法律上的因果关系。

4. 诊疗过错。在诊疗过程中医疗机构及其医护人员违反卫生法律、法规、诊疗规范、诊疗护理常规以及所应负有的合理诊疗、注意等义务的行为,导致患者额外支付相关医疗费用。对患者在诊疗期间额外支付经济损失,通常认为医务人员对患者过度的治疗持间接放任心态,关于对患者造成的人身以及精神损害,医疗机构主观上往往是疏忽大意或者过于自信的过失。

三、过度医疗侵权举证责任分配

侵权责任核心问题是归责原则,明确过度医疗侵权责任归责原则有很重要的意义。在司法实践中,侵权责任适用不同的具体规则的标准,焦点在归责原则上。侵权责任举证责任之分配与归责原则相互联系,密不可分,侵权行为归责原则决定侵权行为举证责任分配。

(一)过度医疗侵权责任归责原则

1. 归责原则。归责是指行为人因其民事行为、事件致使他人损害的事实发生之后,应以何种依据确定承担责任。“在法律规范原理上,使遭受损害之利益,与促使损害发生之原因者结合,将损害因而转嫁由原因者承担之法律价值判断因素,即为‘归责’意义之核心。”①民法的归责原则是确定行为人承担民事责任的标准、依据,其贯穿于整个侵权责任之中,并对侵权法起着立法指导基本原则。过度医疗采用过错责任原则抑或过错推定责任原则及无过错责任原则,患方诉由不一致情况,在司法实践中

① 邱聪智:《庞德民事规则理论之评价》,载《台大法学论丛》2020 年第 2 期。

具体案件具体分析。

(1)过错责任原则。医疗发展都建立在高风险技术的基础上。医学新技术在疾病诊治过程的应用具有一定的风险性,即使医疗技术再先进,完全无法避免诊疗过错存在的可能性。《民法典》第 1221 条规定:“医务人员在诊疗活动中未尽到与当时的医疗水平相应的诊疗义务,造成患者损害的,医疗机构应当承担赔偿责任。”根据此条规定,医疗损害的归责原则是过错原则。过度医疗侵权的过错原则是指医疗机构对过度医疗行为存在过错,并且对患者造成了损害,而由医疗机构承担损害赔偿责任,过错是承担过度医疗损害责任的必要条件。

(2)过错推定责任原则。过错推定是指法律推定侵权有过错,从而实现举证责任倒置,由侵权人证明自己没有过错,即侵权人不能证明或者不证明自己不存在过错,则认定其有过错并结合其他构成要件而承担相应的民事责任;如果侵权人能够证明自己没有过错则不承担民事责任。《民法典》第 1222 条规定,患者受到损害,有下列情形之一的,推定医疗机构有过错:违反法律、行政法规、规章以及其他有关诊疗规范的规定;隐匿或者拒绝提供与纠纷有关的病历资料;遗失、伪造、篡改或者违法销毁病历资料。患方受到损害的基础上,能够证明医疗机构存在以上情况即可推定医疗机构存在诊疗过错。比如医疗机构违背临床路径,扩大手术范围,可以认定医院诊疗行为存在过错。

(3)无过错责任原则。对于医疗产品损害责任采用无过错责任原则,对于医疗机构在诊疗过程中使用有缺陷的医疗器械、消毒剂、药品以及血液制品等医疗产品,据此造成患者人身损害的,医疗产品的生产者、销售者应当承担侵权赔偿责任。根据《产品质量法》的规定,产品缺陷致损,虽然构成侵权,但应当适用《产品质量法》的规定。该法第 41 条规定:因产品存在缺陷造成人身、缺陷产品以外的其他财产损害的,生产者应当承担赔偿责任。第 42 条规定:由于销售者的过错使产品存在缺陷,造成人身、他人财产损害的,销售者应当承担赔偿责任。销售者不能指明缺陷产品的生产者也不能指明缺陷产品的供货者的,销售者应当承担赔偿责任。第 43 条规定:因产品存在缺陷造成人身、他人财产损害的,受害人可以向产品的生产者要求赔偿,也可以向产品的销售者要求赔偿。属于产品的生产者的责任,产品的销售者赔偿的,产品的销售者有权向产品的生产者追偿。属于产品的销售者的责任,产品的生产者赔偿的,产品的生产者有权向产品的销售者追偿。《民法典》第1223条规定:"因药品、消毒产品、医疗器械的缺陷,或者输入不合格的血液造成患者损害的,患者可以向药品上市许可持有人、生产者、血液提供机构请求赔偿,也可以向医疗机构请求赔偿。患者向医疗机构请求赔偿的,医疗机构赔偿后,有权向负有责任的药品上市许可持有人、生产者、血液提供机构追偿。"无过错责任原则仅对产品生产者适用,对于产品销售者而言,其采用过错原则,患者可以向其主张赔偿,即医疗机构或者医疗产品销售者对于造成的损失有过错的,实行不真正连带责任规则,患者既可以向医疗机构索赔,也可以向生产者或者销售者要求赔偿,属于生产者、销售者责任的,医疗机构赔偿后有权向生产者或者销售者追偿。另外在诊疗过程中因输入不合格的血液及血液制品造成患者人身损害的,受害患者一方主张提供机构承担责任的,医疗机构无论有无过失,患者均可以请求其赔偿。

医疗损害侵权责任以过错责任原则为主,并以过错推定与无过错责任原则为辅的规则体系,其立法宗旨是针对不同的医疗侵权行为适用不同的归责原则,以最大限度保护患者的合法权益。过度医疗行为是在诊疗过程中违背法律、行政法规、规章以及其他有关诊疗规范规定的行为,采用过错推定原则既有利于追究医疗机构的过度医疗侵权责任,遏制过度医疗侵权行为发生,也有利于对患者所遭受的人身财产权益的进行法律救济。

2. 赔偿范围。医疗侵权责任的民事赔偿方式主要以经济赔偿为主,此外还包括停止侵害、排除妨碍、消除危险、防止损失扩大等。过度医疗侵权行为的赔偿范围还包括额外支付的医疗费用、过度医疗对患者造成人身损害等。

(1)过度医疗行为未对患者造成损害的。患者仅是支出不合理或者超额的医疗费用。此种过度医疗行为医疗机构应该退还患者的支出不合理费用或者超额医疗费用。

(2)过度医疗行为造成患者人身损害的。过度医疗对患者造成损害的,患者原发疾病或者基础病情进一步恶化或者死亡。医疗机构过度医疗行为与患者损害是否存在因果关系及责任比例,要通过医学会或者司法鉴定机构鉴定明确因果关系与参与度比例。总而言之,过度医疗赔偿范围包括患者由此遭受的直接、间接财产损失与对患者所造成的人身损害及精神损害赔偿。

(二)过度医疗举证责任分配

1. 举证责任分配。《民事诉讼法》对举证责任规定"谁主张,谁举证"的基本原则。双方当事人之间提前分配不同的法律要件事实,并且此举证责任的分配是有一定的标准的,使当事人分别对由自己负责举证的那部分法律要件事实负担举证责任。医疗侵权责任分配是将不同的法律要件事实的举证责任按照一定的标准在医方和患者双方当事人之间依《民法典》规定举证的分配。

2. 过度医疗侵权举证责任。《民法典》对医疗侵权原则上实行过错归责原则,又规定了特殊情况下过错推定的情形,同时对医疗产品损害责任规定实行无过错责任原则。

(1)过错责任的举证责任分配。《民法典》第 1218 条规定:"患者在诊疗活动中受到损害,医疗机构或者医务人员有过错的,由医疗机构承担赔偿责任。"据此规定患者应承担举证责任。对于过度医疗行为,患者的举证内容包括了医疗机构及其医务人员未遵守的有关医疗活动的法律法规、规章、诊疗规范以及医疗机构管理规章制度超出诊疗范围用药、治疗的证据。

(2)过错推定下的举证责任分配。过错推定原则是指在行为人不能证明其没有过错的情况下推定行为人有过错,而承担侵权损害赔偿责任。根据《民法典》第 1222 条的规定,患者受到损害,有下列情形之一的,推定医疗机构有过错:①违反法律、行政法规、规章以及其他有关诊疗规范的规定;②隐匿或者拒绝提供与纠纷有关的病历资料;③遗失、伪造、篡改或者违法销毁病历资料。对特定的过度医疗侵权行为适用过错推定责任原则。在此特殊的过错推定情形下,对于过度医疗行为的违法性的举证责任应该由医疗机构及其医务人员反证自己没有违法行为，即医疗机构及其医务人员应当举证证明自己遵守了有关医疗法律、行政法规以及医院规定的各种规章制度和操作章程合理用药及合理诊疗等。

（三）过度医疗行为抗辩事由

医疗抗辩事由的根本目的是在医疗机构的利益与患者的利益之间寻找一个平衡点，这样既有利于保护患者合法权益又有利于调动医疗机构及其医务人员的工作积极性。《民法典》第1224条规定：“患者在诊疗活动中受到损害，有下列情形之一的，医疗机构不承担赔偿责任：（一）患者或者其近亲属不配合医疗机构进行符合诊疗规范的诊疗；（二）医务人员在抢救生命垂危的患者等紧急情况下已经尽到合理诊疗义务；（三）限于当时的医疗水平难以诊疗。前款第一项情形中，医疗机构及其医务人员也有过错的，应当承担相应赔偿责任。”除了这些规定，还有以下情形应该成为医疗机构合理抗辩的情形。

1. 职务授权行为。所谓职务授权行为指依照法律的授权或者法律规定，在必要时因行使职权而损害他人的财产和人身的行为。过度医疗侵权案件中，以职务授权行为为抗辩事由的不多，主要有因防治特定传染性疾病而对传染病患者的人身自由进行限制并强制检查、治疗等。例如，为控制新冠疫情的传播，各地均采取了相关强制性行政命令进行强制医疗。对于部分疑似病例的检查、医疗是不必要的，甚至是过度检验的，但其得到了法律的授权，即不承担过度医疗侵权责任。

2. 自甘冒险行为。医生职责是救死扶伤，对病重、病危的患者，医疗机构在手术之前、采取医疗干预时将相关风险、术后预后等情况如实告知患方。如果患者已完全失去诊疗价值，医疗机构根据患方要求而进行的诊疗行为将构成过度医疗。若医疗机构已经充分履行告知注意义务，患者充分理解后仍坚持自甘冒险行为，医疗机构享有免责抗辩权。

3. 患者过错。如果患者对于医疗损害的发生是存在过错的，即故意或者严重过失，可以免除或者减轻医疗机构责任。据此患者的人身损害是因患方故意实施行为的，医院不承担责任。在医疗活动实践中，因患者不配合诊疗活动，隐瞒病史、不遵医嘱用药等，导致疾病的进一步发展，医疗机构再次作出检查诊断、再次手术。从医学临床实践上看,基于患者自身的严重过错,致使医疗机构为其生命健康再次作出的医疗活动已经构成过度医疗,在医疗机构及其医务人员已经尽到了合理诊疗义务的情况下,医疗机构诊疗的行为不应被认定为过度医疗侵权。

4. 不可抗力。新产生的严重疾病、疾病的自然转归、并发症等行为属于不可抗力。首先,关于新产生的严重疾病,比如 2020 年发生的新型冠状肺炎,医务人员对其发生病理无法深入了解,也无能力做到及时诊治,由此造成患者损害应不承担责任。其次,疾病的自然转归导致患者损害甚至死亡的,医疗行为是不可抗拒的。最后,关于并发症,其是患者自身疾病治疗或手术后导致另一种疾病的产生,而后一种疾病是现代医疗手段无法预见或者难以预见而不能避免和防范的。例如,孕妇剖宫产引发的产后大出血等。医疗机构及其医务人员已经尽到了合理诊疗义务情况下,主观上没有过错,不承担侵权责任。

5. 无因管理行为。对患者的身体健康利益为对象进行善意管理属于医疗无因管理行为。虽然没有经过患者的事先同意,基于对于患者的健康利益作出的过度医疗行为有其合理性,医护人员已经尽到了合理诊疗义务情况下,不承担侵权责任。

四、过度医疗损害责任的法律规制

(一)完善过度医疗立法

1. 扩大过度医疗行为调整范围。《民法典》第 1227 条规定了“医疗机构及其医务人员不得违反诊疗规范实施不必要的检查”。根据该条规定,在此基础上明确过度医疗行为的特性:医疗机构及其医务人员在医疗活动中,违反医疗卫生管理法律、法规、规章和诊疗护理规范、常规,故意采用超越个体疾病诊疗需要的手段给就医人员造成人身损失或财产损失或精神损失的医疗侵权行为。在临床上,过度医疗的行为不仅表现在“不必要的检查”方面,还表现为过度治疗、过度用药、过度护理等其他医疗行为。过度医疗在侵权法上仅局限于过度检查不足以充分保护患者的合法权益,立法上应作进一步扩充解释,将过度治疗、过度用药、过度护理、过度康复等行为也列为过度医疗行为,同时涵盖医疗机构及其医务人员利用避免医疗风险或诉讼风险的防御性医疗行为,有利于维护患者的合法权益,同时避免公共医疗资源的浪费。

2. 细化过度医疗审查标准。《民法典》第 1227 条规定用诊疗规范来判断是否存在过度医疗行为,该规定过于简单。由卫生行政部门对目前医疗机构的诊疗规范作出具体列举。同时,为了避免因医疗技术的发展出现新的医疗规范,可在列举后添加一个“兜底”条款,以免列举疏漏。由于我国医疗卫生资源分布差异较大,统一的客观标准很难建立,在司法实践中不同的法官也会有不同的认定标准。《民法典》第 1227 条对过度检查的明确禁止性规定中何为不必要的检查,此检查究竟由谁来评判其合法性,必须明确:由当地卫生行政机关还是当地的医学会或者司法鉴定机构评判?将具体有评判资格的机关通过法律或者司法解释的途径告知公民,以减少过度医疗侵权的发生。

(二)过度医疗行为的司法规制

我国过度医疗损害行为的司法规制存在两个关键核心点:一是过度医疗司法界定与认定标准。由于诊疗行为的特殊性、过度医疗隐蔽性、难以界定等,在过度医疗侵权案件审理中难以形成比较典型、权威性的指导判例。二是过度医疗的鉴定之困境。法官不直接判断过度医疗行为是否存在过错的行为,由具有专业知识的专家进行过度医疗鉴定是认定医疗纠纷案件是否存在过错几乎必经的程序。对由医学会组织的医疗鉴定,患方对鉴定人员的中立性及鉴定结果的公正性存在不同程度的不信任。特别医疗损害鉴定专家较少出庭质证,更加加剧了患者的不信任。司法鉴定机构优势在于比较中立性,但鉴定专家专业背景主要是法医学方面,非临床医学专业,医疗机构比较不予认同其专业性意见。因此应加快我国医疗损害鉴定体制改革步伐,使我国医疗损害责任鉴定制度真正走向客观、公正、公平。

(三)诉讼与非诉讼相结合的救济途径

解决过度医疗纠纷案件,可采取诉讼和非诉讼两种方式。在诉讼过程中法院可以推行医疗专家陪审员制度,聘请品行良好、医疗专业的医务人员作为人民陪审员，采取法官与医疗专家组成合议制审理过度医疗纠纷案件，有利于帮助主审法官的判断，提高过度医疗纠纷裁决司法判决的公正性、科学性、权威性。

与“对抗性”为特征的诉讼方式相比，非诉讼纠纷解决机制比较温和。我国现行法律框架的医疗损害纠纷解决方式包括协商、行政调解和诉讼三种，而非诉讼解决方式包括医患双方协商、行政调解、第三方调解三种途径。我国现行《仲裁法》在立法上并未规定医疗纠纷属于可仲裁范围，仲裁条款主要针对商事或合同纠纷。从医患双方关系上看，医患关系属于医疗服务合同，据此加快医事仲裁立法修改，规定医疗服务合同可以进行仲裁，当然也包括过度医疗行为，有利于快速解决医疗纠纷案件。在仲裁方面可以设置医疗纠纷仲裁委员会，委员会组成人员为以医学、法学结合为原则的仲裁员，由医学专家、法学专家和有各种实际经验的人员担任，以此提高仲裁的公正性、科学性、权威性。

(四) 医事法律复合型人才培养

法学是治理和防范社会问题的社会科学，医学是预防和治疗人类疾病的自然科学。医师在进行医学研究或者临床运用时，要遵循医学的科学技术诊疗规范，也要遵循法律规范、社会伦理和职业道德，法学与医学互相交叉产生医事法学社会学新学科。实践中医学与法学结合有助于对涉及法律的医事问题如何有效处理找到解决途径。推进医事法学的研究与培养医事法律复合型人才，无疑对过度医疗侵权行为及其规制问题在内的医事立法、司法、行政的防控具有重要的指导意义。

探讨过度医疗的法律内涵、适用、归责原则、举证责任分配、法律规制等问题。《民法典》抽象规定过度检查的内容，但过度医疗纠纷的多样化与各方利益的平衡亟待解决。对于过度医疗侵权问题理论研究和司法判决予以研究，包括借鉴国外的立法制度以及实践经验等。据此完善相关的医疗专科诊疗规范，使医疗行业有一个较为合法、合理、可操作性较强的执业规范，使医务人员可以依规行医、依法执业，能更和谐地处理医患关系。

第三节　存活年限机会丧失的探究

医疗实践中恶性肿瘤的病因一般不明确，早期临床表现大多隐匿，现代生物医学对恶性肿瘤的认识和治疗措施的探索尚有较大的局限性，同时其临床分期的早晚与治疗方案、治疗难易程度和转归的关系极为密切。与对其他疾病诊疗过程的认定相比，此类对患者造成的关键要点常集中在漏诊、误诊和误治上，导致患者存活年限机会丧失。存活年限机会丧失损害赔偿可能更具有医疗不确定性、复杂性、探索性的特点，据此医事法对存活年限机会丧失概念、特性、认定、赔偿计算等探讨，有利于司法实践中对此类型医疗损害进行裁决。

一、存活年限机会丧失理论概述

（一）存活年限机会丧失法理溯源

存活年限机会丧失从法理与司法实践上可以作为一种医疗损害赔偿责任的客体，患方只需证明医疗侵权行为与存活机会丧失之间存在因果关系。患者可以就丧失的机会，特别是以存活年限丧失为由请求医疗机构进行损害赔偿。但在司法实践存在疑难点即如何证明患者存活年限的丧失；如何确定患者赔偿项目、赔偿的金额，裁决者如何进行判决。

在医疗实践中，存活年限机会丧失是指在医疗诊疗过程中患者原本享有的一定比例的存活年限机会因医疗机构的过错而丧失剩余的生活年限。患者丧失的是一种存活下来的可能性。比如医疗机构没有在早期患者患有乳腺癌的时候发现其病症，延误了患者的治疗导致其癌症转移丧失生命。医疗实践证明，早期癌症被发现的概率越高，患者越可能被治愈。女性早期乳腺癌如果及时得到治疗，其存活 10 年以上的机会至少为 80%，但是由于医疗机构诊疗的失误，她存活超过 10 年的机会可能性较小，致使患者失去了生存年限延长的机会。无论其存活机会长短，延长生命年限和减少痛苦的机会本身都是有价值的。将存活年限机会的丧失作为医疗损害的确定客体,认为医疗机构过失致使患者存活年限机会丧失,因此患者或其近亲属因其丧失的存活年限机会可以获得法律支持。

(二)存活年限机会丧失的法律特性

1.患者自身严重基础疾病

患者自身患有严重疾病在存活年限机会丧失的医疗损害案件中是须考量的一个重要因素,患者自身疾病与医生的误诊、延误诊疗行为是患者人身损害的双重原因。在诊疗中患者本身并未患有严重疾病,医疗机构诊疗的过失导致患者最终遭受损害,患者或近亲属可依据《民法典》及相关司法解释关于医疗损害责任的规定直接要求医疗机构对其遭受的损害进行赔偿。而在存活年限机会丧失的案件中,患者本身是患有严重基础疾病的,医疗机构的诊疗过失减少了患者的存活年限机会,患者自身的严重基础疾病系其最终转归的直接、根本的原因。

医疗机构是否未尽相应的诊疗注意义务,违反了专科诊疗规范常规的"不作为"或"作为"的疏忽、懈怠的过错行为参与因素,还是属于医疗学科发展局限性、患者病情特殊、体质异常等其他因素的问题,抑或二者兼而有之的情况。因此,不仅要参考对该肿瘤的诊断阳性率的当时临床医学水平,也要判断医疗机构过错:医方诊疗中对相关症状、体征、检查异常指标是否给予充分重视,鉴别诊断是否到位,对必要的、应该实施的检测项目是否未按规定检查。医疗机构疏忽、懈怠的医疗过错行为,必须区别于因当时医疗水准限制、诊疗措施不成熟、不发达所致的诊治困难的一般概念,从诊疗行为是否充分谨慎细致、是否达到相应的专业水准的角度来分析。

2.因果关系困境

医疗机构过失使患有严重基础疾病的患者存活年限机会丧失。患者最终疾病转归,并非医疗机构的过失原因直接导致,医疗机构的过失与患者之间存活年限机会丧失之间的因果关系在司法实践中确实难以确定,尤其未对患者进行尸检或死因鉴定时。在丧失存活年限机会的医疗损害案件中,导致患者遭受损害的可能具有多个因素,包括患者自身疾病的恶化或转归、医疗机构的诊治的轻过失、患者自身过错等原因,在司法实践中，诊疗行为过失与患者损害因果关系在一定程度上无法百分之百确认。据此，传统的全有全无因果关系规则无法完全适用，根据患者举证证明的因果关系可能性比例判断因果关系，并根据比例确定医疗机构承担责任。

二、域外存活年限机会丧失损害赔偿理论溯源

（一）日本

日本以期待权侵权理论对存活年限机会丧失的损害赔偿问题进行诠释。从20世纪70年代开始，患者因存活年限机会丧失诉医疗机构治疗存在过失导致患者死亡。其中大部分纠纷中即使医疗机构进行尽心诊治，仍无法改变患者最终死亡的结果。按照传统的因果关系理论，患者的死亡主要的原因是其自身疾病转归的结果，医疗机构不存在诊疗过错也无法避免这种结果的发生，医生或者医疗机构的过失与患者死亡的因果关系难以成立。日本基层法院判决认为医生的不作为导致重大诊疗过失，但是无法明确认定实施该作为能够有效防止损害结果的发生，司法实践根据医疗水准的适当诊疗的期待利益受到侵害，从而确定诊疗过失与存活年限机会丧失损害结果之间存在一定关联性，即部分引起与被引起的关系。

在某患者急性心肌梗塞死亡医疗损害案件中，裁判者认为患者得到当时及时、医疗水准的治疗，将有20%可能性的存活年限机会，由于医疗机构的设备、医生的诊疗水平的限制等难以对患者进行及时、有效的治疗，无法认定医疗机构及医生充分履行注意义务而导致患者死亡。法院最终判决认为，虽无法明确证明医疗机构与患者的死亡之间具有必然因果关系，如果医疗机构尽到注意义务进行适当的诊疗，患者具有存活年限机会提高的可能性，在日本，期待权侵害理论在司法实践适用中没有多大争议，晚近越来越多国家借鉴期待权侵权理论审理医疗纠纷存活年限机会丧失的损害赔偿。

（二）美国

美国司法实践将存活年限机会丧失理论普遍应用于医疗过失引起的诉讼案件。患者可以治愈的疾病因医疗机构或者医师的诊疗疏忽而未能

治愈，从而导致患者的存活年限机会丧失，医疗机构或者主治医生为患者减少存活年限机会承担侵权责任，赔偿责任的多少以机会丧失的具体情况为依据，而不是以因果关系的层次划分。一般认为如果患者的存活年限机会小于50%，患方又不能运用优势证据规则证明自己的损害是由医疗机构或者医生的过失造成的，根据"全有或全无"的规则，患方是不能获得任何赔偿的。但是如果根据机会丧失理论，即使患者的存活年限机会在50%以下，但是由于医疗机构或医生的过失使其存活年限机会下降到30%，医疗机构或医生要因医疗过失而给患者丧失的机会进行赔偿，"存活机会"是每个自然人所具有的与其人格利益直接相关的生存利益。

（三）法国

根据法国法律规定与司法实践，即使是未来的可期利益也具有确定性和直接性。在医疗损害案件中为了更好地保护患者的利益，确保其受损害时能够获得赔偿，法国法学理论提出了机会损失理论。机会损失理论主要适用于获取某种利益的机会被剥夺可能性。在这种情况下，获取某种利益的机会可以看作是患者获得存活的机会，便具有了根据可能性予以计算和确定的价值。如因外科手术而使患者丧失存活年限机会，有权要求医疗机构对患者因此丧失的机会承担侵权损害赔偿责任。

三、存活年限机会丧失在医疗损害中损害的责任认定

（一）损害的界定

民法保护的权利和利益因法律事件或行为遭受不利的影响，包括物质损害和精神损害两个层面，损害事实的认定和因果关系的确定是存活年限机会丧失医疗损害赔偿最为关键的两个问题。关于对损害法律本质的研究，大陆法系形成了丰富的学说和理论，其中比较具有代表性的学说有：利益说和客观说。

利益说观点认为损害是指财产或法益所遭受的不利状态，这种不利状态解释为将被侵权人未遭受侵害前的状态与遭受损害后现存的状态相比较，产生的差额即为构成的损害。该观点立足于被侵权人的角度进行利益衡量，具有较强的主观意志判断。

客观说观点认为损害是所遭受的客观上的损害使法律主体的财产之构成成分被侵害所带来的不利利益。客观说的核心即为法律主体所遭受的客观损害。当用利益说计算出的损害小于客观损害时,利益说无法利用。客观说在一定程度上弥补了利益说的不足,但同时被侵权人在主观利益和客观利益上的选择不同,也会造成最终结果的不同,不利于法的安定性。存活年限机会是自然人所具有的绝对利益。

利益说是从所造成的损害之间的利益差来认定损害的范围,具有较强的实用性以及可操作性,但是其主要针对的核心点在于被侵权人所遭受的财产上可计算的损害,无法计算受害者在损害前后在精神上的所造成的损害差额;客观说强调对于受害者所造成的损害要客观地去认定,一定程度上弥补了利益说的不足,客观说忽视了在计算损害时由于没有站在被侵权人的角度考虑其的主观因素,有时会难以进行完全赔偿。如果二者能够结合起来,既考虑财产损失,又考虑精神损失,将被侵权人的个人因素结合起来,即可更加完善地解释法律损害的概念。医学信息的稀缺导致患者就诊治愈或者存活几乎不可能百分百的概率,而只能表现出一定程度的可能性。

(二)存活年限机会丧失损害的特征

首先,损害确定性。损害必须是已经确定的事实,即有损才会造成利益丧失,而不能是尚未发生的或者主观臆想的事实。尚未发生的损害或者臆想是无法获得救济的。而且损害应当是客观存在的,比如晚期癌症患者因医疗机构的化疗没有检查肝功能的过错导致存活年限机会丧失。

其次,损害可救济性。损害救济必要性是指当事人的权利或利益遭受重大损害,这种损害要达到以法律来救济的一定程度。轻微的损害若采用法律来解决可能会造成司法资源的浪费。

最后,损害是侵害合法权益的结果。只有侵害的是患者的合法利益,这种损害才能得到法律救济,合法权益是依据法律规定及社会伦理道德综合评判。患者的存活年限机会,为其健康及生命的延续,但因医疗机构的过失而降低其生存机会时,应获得赔偿。

(三)存活年限机会丧失中损害的认定

在存活年限机会丧失案件中,侵害权益是患者生命周期的缩短。随着社会经济的发展和生物科学技术的快速发展,现代侵权法的保护范围不断扩大。被侵权人的权利和法益是否具有被法律保护的必要和价值是扩大的决定性因素。机会本身就是一种具有价值的利益,在权利、法益取得或丧失之前就已经存在,权利、法益取得或丧失的发生也取决于此,可见机会作为一种利益是具有重要性的。如果机会利益得不到保护,那么权利和法益也会遭受直接的损害。存活年限机会顾名思义就是人类生存和生命延续的一种可能性,丧失的机会利益可能直接影响到被侵权人未来能否继续生存和保住性命,因此存活年限机会丧失在本质上就是与侵权法上的损害观念一致,都是法律利益的丧失。

存活年限机会丧失符合损害的三个特征。第一,存活年限机会丧失侵犯的是患者的生存机会和生命存在的机会,身体健康和生命的存续自然是人最重要的一种利益。第二,存活年限机会丧失本身具有确定性。患者存活机会的大小是可以通过医疗机构的诊疗记录以及各种医疗仪器检查的病情图片或是影像资料来进行判断说明的,病历资料记录患者的病情转归结果,结合鉴定机构依据诊疗规范进行鉴别,可以判断被侵权人的存活年限机会减少。对比医生过失行为,依据患者疾病的情况就可知患者所遭受的利益损害并非自己臆想的,是客观存在的。第三,存活年限机会丧失是具有救济性的。存活年限机会所造成的损害既然是已经产生并且损害的是患者的生存机会和生命权利即医疗机构自身过错导致治愈机会或生存机会减少,这并不是日常生活中所发生的轻微的损害,生命权、健康权是每个公民所享有的合法利益,属于对世权。存活年限机会丧失造成的损害必然可以通过法律途径予以救济。

存活年限机会丧失的疾病表现:治疗难度加大,使原本可以医治甚至可以治愈的,不再能达到预期的治疗效果,如恶性肿瘤迅速转移或分期进展,使相关器官组织功能障碍提前或加重;患者生存期缩短,加速了患者的死亡。

通常损害认定的一般规则就是利益比较法。以侵权行为发生时作为节点,比较患者在侵权行为发生前与侵权行为发生后的利益差,如果差异存在,即说明有损害结果。在医疗损害案件中,存活年限机会丧失证明在医生过失行为前后患者的身体状况的差异,如有差别即可认定医生的过失行为对患者造成了损害。

通过对损害的一般概念、特征、认定方式的分析,可以得出存活年限机会丧失是可以作为损害的客体的,这种结论是具有正当性的。机会本身就具有其自身的价值,这种价值也决定了法律对机会利益保护的必然性,存活年限机会丧失带来的损害也就具备被法律保护的条件,并且应当作为可赔偿的损害纳入侵权法的保护范围。

四、存活年限机会丧失在医疗损害中的赔偿探究

(一)存活年限机会的确定

对存活年限机会丧失损害给予赔偿,最重要的问题便是患者丧失的存活机会该如何确定。随着医疗水平的进步和生物科技的发展,这个问题可以通过鉴定或者咨询专家予以解决。随着医疗技术的进步以及学科之间相互交叉帮助,对于存活年限机会的计算会越来越准确。在判定存活年限机会丧失的责任程度时,除了考虑医疗过错行为及其他因素各自所占权重,还应考虑治疗时其恶性肿瘤所处不同临床分期阶段的诊断率、治愈率、病死率等流行病学特点。如乳腺肿瘤在早期诊断率很高,早期治愈率也达80%以上,而因医疗过错行为未能做到早期诊断和治疗,则医疗过错行为的可能参与因素就大,反之则小。临床上,很大一部分恶性肿瘤的预后和转归都是肿瘤转移和死亡,医疗过错行为对预后的不良影响如果起不了决定作用,则医疗损害责任的责任程度定在次要或轻微责任的可能性就比较大。

(二)存活年限机会丧失赔偿计算

损害赔偿的传统理论是以最终发生的损害结果作为赔偿的基础,但是存活年限机会丧失的医疗损害案件中,生命年限丧失的机会具有一定的不确定性,因此在赔偿的计算上,理论界主要有以下三种计算方法。

1. 全部赔偿。全部赔偿的理论依据实际上是“实质性可能说”,只要

患者能够证明医疗机构的侵害行为是其遭受损害的实质性因素,就可以认定医疗机构的侵权行为与患者的机会丧失之间具有因果关系,医疗机构就要承担原告要求的全部赔偿责任,即使医疗机构造成损害的概率低于50%,患者也可以获得赔偿。这种赔偿计算方法实际上仍遵循了以往的赔偿责任的承担范围。

2. 比例赔偿原则。根据医疗机构过失行为在最终的损害中所占的原因力或者责任比例来确定损害赔偿的大小。医疗机构承担的是比例责任而非全部责任,因此这种赔偿计算方法完全摒弃了传统的"全有或全无"的赔偿规则。若患者患严重疾病存活年限机会为50%,因医疗机构诊疗的过失行为导致患者的存活机会下降至25%,获得适当治疗的存活机会与过失行为后患者的存活机会的差额即为25%(50% ~25%),患者因此丧失的金额为100万元,依据比例赔偿,医疗机构需赔偿患者损失25万元。比例赔偿计算方法要求法院判决时,要查明患者因医疗机构的过错所减少的存活年限机会,按照百分比计算乘以患者所遭受的损失,可以计算出患者所应承担的赔偿数额。依据比例关系确定赔偿责任,即"比例因果关系学说"。

3. 自由裁量权。该种赔偿计算方法是将存活年限机会丧失本身作为民法上损害具体进行衡量,患者所遭受的财产和精神上的损害需要法官在不同的案件中具体问题具体分析,不能一概而论。赋予法官较大的自由裁量权,对存活年限机会丧失的评估也会因为个案的不同进行不同的变化。医学的目的是为患者生存、健康、康复提供机会,诊疗过程中的任何过错都可能造成患者生存年限机会的丧失。

以上三种损害赔偿的计算方法各有优缺点。全部赔偿能够对患者进行充分的救济,但是又容易造成过度赔偿,也增加了医疗机构的负担,不利于缓解医患双方之间的矛盾。法官自由裁量较为主观,又有较大的不确定性,将裁量权完全交给法官,难以客观认定损害事实与结果。相比之下,存活年限机会丧失以比例赔偿的计算方法更加公平合理,有利于兼顾医患双方的利益,医疗机构承担部分赔偿责任,是与因其过失行为导致的患者丧失存活年限机会相对应的,真正体现了过错负责的原则,能够更好地发挥侵权法的威慑功能。

五、我国法律环境下在医疗损害中存活年限机会丧失问题

(一)存活年限机会丧失理论在我国的司法实践应用

医疗损害中存活年限机会丧失的案件纠纷较少走上诉讼途径,但并非因为此类医疗侵权案件较少,主要是因为这类案件在我国法律规范不足,无法确定患者损失数额,尤其对于原位癌转移的患者,比如一年前患者在医疗机构进行肺部 CT 体检时,医师未尽到注意义务未发现肺部病变,导致癌症转移。司法实践中不能对此提供足够的法律支撑,缺乏可诉性和可赔偿性的明确的规定,导致许多患者无法以"存活年限机会丧失"为由提起诉讼,只能独自承担因医疗机构过错给自身造成的损害。随着经济的发展,人们法律意识的提高,关于存活年限机会丧失的案件也会越来越多,法律应当服务于社会,应当随着社会生活的发展出现的新情况提出新的应对方案。因此,对这类案件应当给予重视,也有了进一步思考与探索的必要,以为此提供法律的智库。

(二)存活年限机会丧失理论在我国的司法实践

1. 存活年限机会丧失理论在我国司法适用的依据

侵权法上的损害要符合可补救性等特征才可视为有损害后果发生,而存活年限机会丧失的损害也符合损害的特征,符合侵权法的特性。存活年限机会丧失直接影响患者身体或生命健康的损害,公民的身体权和生命权是受法律所保护的基本权利,因此存活年限机会的保护是可以直接影响到患者的生命健康的,具有受法律保护的价值基础。《民法典》与其他法律法规未对存活年限机会作出明确的规定。随着经济和医疗技术的发展,这种特殊医疗侵权案件会越来越多。

2. 存活年限机会丧失在我国适用的思考

(1)存活年限机会丧失的认定

对于存活年限机会丧失的认定,不仅需要医疗机构的完整诊疗病历等,还需要鉴定专家根据患者"若经过适当治疗所拥有的存活年限机会"大小与"因医疗机构过失行为之后所拥有的存活年限机会"丧失大小之

间的差额进行专业角度的比较,以此为司法认定责任范围提供参考依据。但“存活年限机会”的认定具有很强的专业性、复杂性,因此对鉴定专家也提出了更高的要求。据此我国应当建立更加完善的医疗数据统计系统,能够提供专业准确的医疗诊疗数据。

在医疗损害中,医疗机构对患者负有诊治义务。由于治疗的方式、手段等在治疗过程中有一定的不确定性,最终的医疗效果也有各种可能性与复杂性。司法实践中存活年限机会丧失问题一般限于医疗机构与患者之间。医疗过失行为又可分为作为和不作为,作为即医疗机构对患者的病情作出了错误的诊断,进行了错误的治疗行为等,不作为即医疗机构未能诊断出患者的实际病情,导致患者存活年限机会的丧失。

(2)存活年限机会丧失适用实践

存活年限机会丧失的案件得以请求赔偿的基础是身体权、健康权或者生命权遭受损害,案由一般为医疗损害赔偿或者医疗服务合同纠纷。若医疗机构存在诊疗过失,法院就会确定医疗机构赔偿患者或其近亲属的损失。我国现行的侵权法体系中比较难以接受存活年限机会丧失理论。我国侵权法上的损失包括直接损失和间接损失,直接损失即患者已经确定丧失的利益,间接损失即若没有遭遇侵害必然会获得的利益,从而排除了机会利益,我国医疗损害因果关系通说的相当因果关系说也并不适用于存活年限机会丧失的案件。基于我国侵权法的发展现状,存活年限机会丧失理论可以先作为认定侵权的一种补充,可以将其作为一种可以独立赔偿的损害,将存活年限机会丧失加入损害赔偿的范围中,扩大损害的范围,而不需要改变通说的因果关系,这是我国侵权法可以接受和包容的。机会丧失理论仅适用于低治愈率的医疗案件,即医疗机构过错行为与患者伤亡等外在表征二者因果关系低于50%的案件。反之,在超过50%的情形下,患者在没有医疗机构过错行为的介入下,有很大可能会接受更完满的治疗避免损害结果的发生,应该适用传统的优势盖然性规则。[①]

① 参见张珊珊:《医疗损害中机会丧失损害赔偿研究》,安徽财经大学2021年硕士学位论文,第25页。

传统的侵权责任法在当今因医疗过失行为引起的存活年限机会丧失案件中不能充分保护患者的利益,使得存活年限机会丧失理论存在发展的空间。将存活年限机会丧失理论中丧失的机会本身作为侵权法保护的客体,并同时将医疗过失引起的存活年限机会丧失案件中难处理的因果关系问题转化为可予赔偿的损害问题,弱化了因果关系难题。存活年限机会丧失理论是否能够应用于我国现今医疗发展产生的问题,还需反复地论证与研究,并应用于司法实践中。

第四节　惩罚性赔偿在医疗损害中的适用

侵权惩罚性赔偿是加重或加倍赔偿,针对侵权人重大过错实施侵权行为造成损失进行填补性损害赔偿之外,再要求侵权人承担在财产上超出被侵权人损失的赔偿责任,惩罚故意或重大过错的侵权行为人,发挥社会警示作用。所以,侵权惩罚性赔偿具有公私混合法的性质,既是国家为维护大众社会秩序作出的强制性干预,具有公法的性质,又因为其毕竟包含为受害人提供慰藉性救济的内容,主体双方本身地位平等,将超出损失的赔偿金支付给受害人,具有私法的性质。[①]

随着法学理论的演进以及司法实践的发展,侵害患者的隐私权、名誉权、知情选择权等人格权也成了医疗损害的具体人格权。对患者的人身权与人格权的侵害,同时会使患者或者其近亲属遭受精神上的痛苦。

惩罚性损害赔偿是指司法机关作出判决的赔偿数额超过实际损失的赔偿。判定的赔偿金既是对患者的弥补,又是对医疗机构的惩罚。惩罚性赔偿金额大大高于实际损失赔偿的金额。就功能来看,惩罚性赔偿不仅要求补偿患者,更突出以增加经济负担来阻止违法行为。显然,惩罚性赔偿是在补偿患者的同时,确立一种支付远超实际上损害的赔偿金的赔偿模式,用以惩戒医疗机构的侵权行为,达到遏制同类不法侵害的目的。

---

① 参见杨立新:《〈民法典〉惩罚性赔偿规则的具体适用》,载《荆楚法学》2022 年第 1 期。

早在奴隶制时期,我国已经出现类似惩罚性赔偿的实践记录。在西周晚期的青铜器散氏盘上记载:“矢氏攻占散氏的田邑,造成散氏的损失。后矢氏割二块田地赔偿给散氏。”唐朝与宋朝的制度中更是直接出现了与当今惩罚性赔偿制度有异曲同工之妙的规定,伴随着社会制度的更迭进步与商品经济的持续发展,逐步形成了惩罚性赔偿的基本概念。

一、医疗损害中适用惩罚性赔偿的溯源

(一)医疗损害案件法理分析

1. 填补原则在医疗损害赔偿制度中的审视

民法理论采用以填补原则为主解决医疗损害。填补金额是基于患者的实际损失进行计算的。补偿性原则在很大程度上以社会生活稳定、社会和谐为基础。随着社会经济高速发展,社会矛盾日趋复杂、困难,许多民事纠纷越来越难以调处。单纯依靠民法的补偿性原则,医疗损害案件无法得到公正、公平合理的解决。在医疗机构诊疗行为出现严重过错,甚至基于故意时,司法机构判决赔偿金额却过少,无法抚慰患者或者其近亲属的实际损失。

医疗机构对患者的诊断与治疗行为有其行业特殊性、复杂性、风险性,遭受医疗损害的患者的损失不仅仅限于直接的物质损失。患方甚至会遭受身体的伤害,同时在精神上也受到难以承受的折磨。依《民法典》及人身损害赔偿相关规定,即使患者胜诉,其所获得的赔偿金与其遭受身体、精神损失相比无法获得填平。在绝大多数医疗损害责任纠纷案件中,医疗机构与患者的医疗专业信息处在不平等的地位之上,实际情况上遭受医疗损害的患方在身心上处于弱势地位,让患者去挑战居于专业知识强势地位的医疗机构有很大困难。在现实生活中造成医疗损害的行为没有获得足够的惩罚性赔偿,这显然不利于减少与遏制医疗损害的发生。

2. 惩罚性赔偿在医疗损害赔偿制度中的考量

随着医疗体制不断深化发展与改革,一些医疗机构尤其民营医疗以营利性经营者的身份进入市场机制。以营利性为目的的医疗机构的生存和发展取决于自身的经营状况、追求利润的最大化。既然以营利为目的

的医疗机构已经出现在现代医疗环境中,在一定程度上就应该与普通经营者一样承担其损害赔偿责任的义务。医疗机构在对患者的诊断与治疗过程中,应该履行更严格的注意义务,在知道或应当知道诊疗行为可能存在对患者造成损害的情况下,仍然放任该可能性的发生从而造成严重的医疗损害,这种主观上的态度是在可归责的重大过错的范畴之内的。众所周知,普罗大众只有在其生命权、健康权得以保障的前提下,才有可能更好地去享有各种其他权利。医疗诊疗行为的专业性、诊疗过程的风险性要求医疗人员必须履行严格注意义务,以严格规范的诊疗行为为患者提供医疗服务,以避免对患者造成不必要的损害。不重视患者的权利,没有履行相应的注意义务,据此重大过失造成的医疗损害是现代社会医疗环境对营利性医疗机构承担更高责任的前提,其具有的高度苛责性符合惩罚性赔偿对损害行为的惩戒的理念。

(二)医疗卫生立法溯源

2002 年颁布并实施的《医疗事故处理条例》相较于 1987 年的《医疗事故处理办法》(已失效),在对医患双方权益的实体性保护性、程序的公正性上均有明显的进步,对患方病历复制范围有明确规定,但与人身损害赔偿相比其严重不足在于医疗事故的限额赔偿、赔偿项目不合理、赔偿标准不科学等缺漏。

《医疗事故处理条例》对赔偿范围有明确的限制,其第 49 条第 2 款规定“不属于医疗事故的,医疗机构不承担赔偿责任”。而医患民事纠纷不仅限于医疗事故,医疗机构存在多种需要承担责任的情形,如医疗损害、安全保障注意义务等。医方是否因医患纠纷不属于医疗事故而不承担医疗损害赔偿责任,常成为医方与患方争论的焦点,也因此患方不信任医学会进行医疗事故鉴定。条例限额的赔偿范围与法理精神相悖,无法更好保护患方的合法权益,也导致医方与患方之间关系的割裂。

《医疗事故处理条例》赔偿项目、赔偿标准较低,根本无法填平患方所遭受的损失,据此对医方的惩罚性不足。以《医疗事故处理条例》第 50 条为例,仅规定丧葬费、交通费、误工费、住宿费、精神抚慰金等费用,同时依条例的规定,患方得到的赔偿甚至少于实际损失数额,特别是患者死亡,没有规定死亡赔偿金。除此之外,结合司法实践,患方支出的合理费用包括律师费用、鉴定费用等在内的诉讼成本是必然有损失的。

2010 年原《侵权责任法》实施后,医疗损害统一按人身损害赔偿标准计算,有利于对患方利益的保护,在司法实践中不会再出现因患者死亡后,关于死亡赔偿金是否有包含在总损失的争论。2018 年实施《医疗纠纷预防和处理条例》将医疗纠纷预防和处理工作全面纳入法治化轨道,保护医患双方合法权益,维护医疗秩序,保障医疗安全而制定的法规。《民法典》的颁布与实施,以专章形式为医疗损害责任纠纷合理、合法解决提供更完整的法律规定。

(三)惩罚性赔偿在医疗损害适用的法理依据

1. 补偿功能在医疗损害赔偿中的局限性

与医疗损害的补偿性赔偿相比,惩罚性赔偿的赔偿范围不仅限于赔偿患者表面所受的医疗损害,其赔偿金额大幅超过表面上的医疗损害。法理理论及司法实践均认为精神损害是属于间接经济损失,各省高级人民法院均对精神损害的金额均作出限额赔偿的判决。单一的补偿性赔偿不足以补偿患方因医疗损害案件所支出的诉讼成本与精力。在出现无法确定准确的损害赔偿赔金额的情况时,补偿功能并不足以弥补患方受到的全部损害。惩罚性赔偿可以充分弥补包括精神损害在内的患者所遭受的损失,以确保实质正义的实现。

2. 惩罚功能价值

惩罚性赔偿加重了侵权行为人的风险和成本。对医疗损害的惩罚性赔偿,通过发挥惩罚功能增加造成医疗损害的营利医疗机构的经济承担,提高医疗机构工作人员在诊断和治疗过程中严格规范诊疗行为及充分履行执业过程中专业注意义务。关于惩罚性赔偿在司法实践中的应用,医疗机构为避免巨额的惩罚性赔偿在诊疗行为中尽到诊疗专业注意义务,进而提高其执业精神,减少医疗损害发生的可能性。同时医护人员对诊疗工作注意义务与职业责任的提升将显著提高社会整体医疗服务质量,促使医疗机构为其发展不断改善其管理体系,提高医务人员的素质,从而有效减少医疗损害的发生,产生良性的循环效应。

二、医疗损害适用惩罚性赔偿的考量

(一)惩罚性赔偿适用限制

医疗机构的治疗与诊断的行为有其特殊性,若将医疗损害不加区分地适用惩罚性赔偿,明显不利于医疗技术发展和生物医疗进步。惩罚性赔偿制度作为一项强有力的损害赔偿制度,有其无法避免的缺陷。因惩罚性赔偿的数额如果较大,有可能成为部分患者滥用诉权以牟利的途径。严格苛求医疗机构提供的诊疗服务的质量等同于以普通的产品质量去适用惩罚性赔偿,是不符合实际情况。对此,从适用范围上对惩罚性赔偿加以限制显得格外重要。

《消费者权益保护法》规定了惩罚性赔偿制度的适用范围是消费领域的欺诈行为。《消费者权益保护法》第55条规定是作为惩罚性赔偿依据的法律。据此,医疗损害的惩罚性赔偿的适用以医方与患方存在医疗关系为基础。公立医疗机构其本质是非营利医疗机构,享受公费医疗的患者,接受国家指定的公立医疗机构进行诊断与治疗。近些年越来越多医疗机构已经从单纯的公益法人性质的非营利性的组织脱离出来,以经营者的身份进入市场机制。对营利性民营医疗机构适用惩罚性赔偿,有利于保护医患双方的利益。

(二)惩罚性赔偿在医疗损害中适用的要件

1. 主观条件

行为人明知行为具有危害性以及会造成的损害后果,以自己的行为希望或放任医疗损害后果的出现,其主观上持希望或放任的态度系故意行为。医疗机构知道自己的行为存在造成患者严重损害的可能性仍然实施该行为,就是主观上的故意或者恶意,比如一家营利性医疗机构为降低成本,以低价购买不合格药品与医疗设备,患者因使用该不符合国家标准的药品与设备遭受损害。该机构明知劣药与不合格医疗设备仍然使用在患者身上而发生的损害行为和损害的后果的出现,对损害结果采取自由放任的态度,该行为明显属于故意行为。医疗实践中医疗机构以让患方选择非必需的医疗服务为目的隐瞒或虚构病情事实或康复进度也属于主观故意。

医疗机构对患者负有特定的诊疗职责，其诊断和治疗行为须严格依法规范医疗进行，履行专业注意义务。医疗过失是医疗机构应当预见却没有预见的，或已经预见却轻信能够避免的行为。医方的重大过失即医方因疏忽大意致使患者遭受巨大人身损害。如护士对未通过过敏性测试的患者进行青霉素药液静脉注射，从而导致患者死亡的医疗损害发生，这种情况的医疗损害应适用惩罚性赔偿。

2. 客观条件

医疗机构严重过错的医疗行为致使患者或其近亲属遭受身体损害、精神痛苦的折磨。惩罚性赔偿功能则可以充分弥补包括精神损害在内的患方所蒙受的损失，以确保患者权益的实现。

3. 医疗诊疗行为与损害后果的因果关系

医疗机构的过失诊疗行为是造成患者损害的根本原因，就可认定为事实上的因果关系。由于现实医疗技术水平的限制与新的疾病，医学专家在面对许多疑难疾病时也常常无法完全治愈。医疗诊疗行为与损害后果的因果关系除要符合主观上的构成要件以外，还需考量医疗机构的诊疗行为与患者人身损害后果之间是否存在引起与被引起的关系，即产生相应的因果关系。

三、医疗损害中的适用惩罚性赔偿思考

（一）统一法律尺度

在解决医疗损害的司法实践上，各省份对各类型的医疗损害案件适用的法律存在差异。我国目前没有一部完整的医事法将相关法规统一囊括其中，仅针对医疗行业的法律规范就有《医师法》《医疗器械监督管理条例》《医疗事故处理条例》《医疗纠纷预防和处理条例》等。同一类型的医疗损害案件，往往由于没有统一的审理依据，出现截然不同的判决。司法判决中有的医疗美容损害案件以《消费者权益保护法》进行认定，有的以《民法典》中合同章节规定进行，即以医疗服务合同进行规范，还有的将医疗损害案件等同于医疗事故案件，单纯以《医疗事故处理条例》规范

等。《最高人民法院关于审理医疗损害责任纠纷案件适用法律若干问题的解释》与2021年1月1日起实施的《民法典》关于医疗损害的规定基本与原《侵权责任法》有关医疗损害的规定一致,有利于司法实践中对医疗损害作出公平、合理的认定。

(二)惩罚性赔偿金

赔偿金数额影响惩罚性赔偿的法律效果和社会效果。过低的惩罚性赔偿金使法律惩罚功能与遏制功能降低,同时降低患者主张合法权益的积极性,可能导致患者不选择法律诉讼手段去维护自身利益。过高的惩罚性赔偿使医疗机构医护人员承担巨大的执业心理压力,造成医疗损害赔偿责任的医疗机构背负无法承受的经济负担,影响正常医疗秩序与执业医师职业存在感。

惩罚性赔偿金与患者遭受的实际损害达到一定比例,以患者所受实际损害为基础,填平、抚慰患方所受实际损害。据此将医疗机构主观上的重大过失甚至故意的主观程度定为惩罚性赔偿金额的决定因素,对故意行为或者恶意行为、严重不负责行为以及重大过失行为进行区分,主观过错程度越高的医疗损害须科以越严的惩罚性赔偿,适用更高的赔偿金额。

除以上主要确定因素以外,惩罚性赔偿金额还要考虑到医疗机构的营利性质、经营情况、医院等级等情况。将造成医疗损害的医疗机构支付赔偿的能力纳入确定赔偿金额的考量,让惩罚性赔偿的金额在医疗机构的支付能力范围之内,确保该赔偿具有可实现性,以维持社会医疗体系的正常运行。我国的医疗机构有明显的等级划分,不同等级的医疗机构的收费标准也有区别,可适度根据其医疗服务收费标准确定惩罚性赔偿的数额。

(三)惩罚性赔偿滥用的规制

对医疗损害的惩罚性赔偿有一定的适用范围,在医疗损害案件中,只有符合适用惩罚性赔偿要件的医患关系才能适用惩罚性赔偿。司法实践中须判断好医疗机构的诊断行为和医疗行为是否符合严重不负责任行为、重大过失行为主观要件,并确定其与损害后果之间是否存在因果关系。法定赔偿是在数量无法确定计算的情况下,在法定幅度内赋予裁判者自由裁量权,填平权利人所受侵害,因此法定赔偿减轻了举证难度和成本,缩短了诉讼时间。法官在自由裁量中结合了侵权人行为因素,从而在法定赔偿中起到惩罚性效果,导致法定赔偿的泛化,在举证难的情况下,惩罚性赔偿也就更难适用。①

医疗机构对患者诊断、治疗的行为是否为严重不负责任行为、重大过失行为及其与损害后果之间是否存在因果关系作出公正、科学的判断,需要求助于具有专门知识的中立鉴定机构,在我国目前司法实践中具体表现为医疗损害司法鉴定。现实中须强化完善司法鉴定制度,通过设置中立的有专业知识与经验的专家作为辅助人补充法官乃至医疗损害当事人对专门医学知识的缺失,使在事实判断上对医疗损害惩罚性赔偿的错误适用减少。

(四)构建分散医疗风险配套举措

1. 建立医疗风险分散机制

医疗损害的惩罚性赔偿因其惩罚功能使造成损害的医疗机构承担经济压力,倾向于患方的惩罚性赔偿需要辅以相应的配套措施。医疗机构对患者的诊断与治疗行为有其特殊行业复杂性,受限于不同地区的医疗水平,医方的诊疗行为存在风险性,避免医疗机构因其处在强势地位就承担过重的风险,进而承担过度的经济赔偿责任。医疗机构为了规避惩罚性赔偿的风险,在面对一切疾病时都选择最为保险的保守方案,患者无法获得最适合其病情的医疗服务。这既不利于医疗机构履行诊疗义务,也不利于患者享受其权益。不能让惩罚性赔偿成为医患双方的负担。降低风险的最佳方法就是分散医疗风险。引入保险机制,参照交通事故的机动车交通事故责任强制保险,建立实行全国统一保费标准及费率,由国家统一规定的医疗专门保险,以国家强制力保证保险的认缴,采用不同于商业保险的低额保险费制,将诊断与医疗过程中存在的风险分散于医疗专门保险中,确保惩罚性赔偿的赔偿金履行,保证医疗机构有能力对其造成的损害支付惩

---

① 参见赵轶男:《惩罚性赔偿制度在医药领域中的专利权适用问题探析》,载《河南科技》2022年第8期。

罚性赔偿,也保证遭受损害的患者得到及时可靠的救济。

2. 完善医疗损害调解机制

医疗损害案件诉讼时间长,诉讼成本高,即使最终患方胜诉,也无法得到最及时最有保障的救济。滥用强力的惩罚性赔偿制度恐怕会激化双方矛盾。建立医患纠纷人民调解委员会在实践中有意义,调解委员会可以分为独立的调解组与评估组,评估组由相关专家担任且对涉案医疗机构的专家采取回避制,涉案医疗机构的专家不会参与相关的评估,保证调解委员会兼有公正性与专业性。建立医疗专门调解委员会,将调解程序前置于医疗损害的诉讼,推广并完善类似的调解机制,让结合了法律背景和医学专业知识的调解委员会作为缓冲加入医患纠纷的处理中,有利于医方与患方间矛盾的科学合理高效地解决,正常的医疗秩序得以维持,采用这样温和的配套措施作为辅助,是对医疗损害惩罚性赔偿的良好补充。

第五节　医疗损害赔偿制度完善的思考

医疗损害赔偿纠纷案件就致害原因分析,可能是医疗机构的诊疗过错行为,可能是患者自身的特殊体质,也可能是特定的情形下多种因素联合作用导致的结果。在司法过错鉴定中分析意见可能是一因一果或者多因一果,专业的鉴定意见就是在多种因素中进行原因力的划分,就某个因素在特定患者中多大程度上会造成多大的损害后果及程度进行分析、鉴定。专家的鉴定结论往往因为专业知识、认知水平的差异而产生鉴定结论,司法实践中因果关系的认定多数依赖于法官的价值判断,价值判断掺杂着太多的主观因素,就会出现同案不同判的现象。①

随着社会经济快速发展,生命、健康问题越来越引起人们的重视,公民自我保护意识和维权意识不断加强。医方与患方作为两个相互依存却又对立的民事法律关系主体,在追求各自利益最大化的过程中,医患之间

① 参见刘丽芳:《论医疗损害赔偿的路径规制》,载《法制与社会》2021年第23期。

的矛盾也越来越不好调和，使得医疗纠纷成为一种常见的社会纠纷。医疗机构或医务人员因医疗行为的过错对患者造成不利的事实和损失的后果就是医疗损害。医疗损害的构成要件为特定主体、相对时间、主观过错、客观后果、因果的直接联系。司法机关在适用法律处理医疗纠纷时存在严重的认识的不一致，同样的案情可能产生完全不同的判决结果，加剧了医疗纠纷的复杂性。从完善相关法律层面来构建和谐的医患关系也是未来相关法律法规更好地保障公民利益的必然发展趋势。

一、医疗损害赔偿制度的现状

（一）立法层面

我国现行医事立法对比繁冗复杂的医疗损害赔偿问题显得有些滞后。1987 年国务院颁布的《医疗事故处理办法》是我国最早的一部比较系统的关于如何处理医疗事故的行政法规。至今，我国调整医患关系方面的法律法规主要有《医疗机构管理条例》《医师法》《医疗事故处理条例》《医疗纠纷预防和处理条例》《民法典》等。其中关于医疗事故鉴定的程序启动时间性、公正性、回避制度、医疗事故赔偿项目不合理、赔偿标准与人身损害标准不一致性等均存在明显的瑕疵。若患者启动省、市两级医疗事故鉴定，起诉时是否还要进行医疗损害鉴定，不同地区法院的司法实践也不一致，现实中值得研究与商榷。

（二）司法层面

2003 年 1 月《最高人民法院关于参照〈医疗事故处理条例〉审理医疗纠纷民事案件的通知》（已失效）发布，把我国医疗纠纷分成了医疗事故与非事故性医疗损害两类。2003 年 12 月发布的《最高人民法院关于审理人身损害赔偿案件适用法律若干问题的解释》统一了我国人身损害赔偿制度。《医疗纠纷预防和处理条例》《最高人民法院关于审理医疗损害责任纠纷案件适用法律若干问题的解释》《民法典》解决了裁判不统一、案由不规范、案件处理时间长、患方的败诉率较高等一系列问题。据此增强了社会主义法治理念强调的公平正义的价值追求，提高了医疗纠纷案件裁判的公众认同度和社会公信力。

(三)社会层面

从法律的角度来说,损害赔偿相关概念的出现最早应该是在民法领域。从民法角度对损害赔偿的概念进行分析,主要是由于某种行为导致的一种十分不利的状态出现,是由于过失行为或者故意行为导致的,从结果上可以涵盖各种权利的侵害以及各种权益的侵害。[①] 相关统计数据显示,平均每年每家医疗机构医疗纠纷的数量在40起左右。在实践中,医疗机构及其医务人员为了减少纠纷和损害赔偿,可能会采取过度检查、过度治疗、过度护理等防御性医疗,最终使社会公众成为利益受损方。

二、医疗损害赔偿制度存在的困惑与症结

(一)医疗损害赔偿制度的困惑

1. 医疗损害鉴定的二元化制度

在医疗损害赔偿纠纷的处理中,最为核心的环节是对医疗纠纷责任进行鉴定,即对医疗机构诊疗行为与患者人身损害行为是否存在因果关系及过错参与度的鉴定。毕竟对于医疗损害赔偿纠纷的解决而言,鉴定损害结论可以说是起着认定是非曲直的关键证据作用。医疗损害责任的鉴定工作是指对医疗损害纠纷作出技术分析,通过医疗鉴定专家召开听证会,以证据和事实为依据,以诊疗规范为指导,以病历为基础,评判患者人身损害产生的原因力,指出因果关系,明确医疗过错责任及责任参与度的过程。而规范医疗损害责任鉴定是实现医疗损害纠纷审判程序公正、提高审判质量的基本前提和保证。目前我国的医疗纠纷的鉴定主要有两种方式,一是医学会鉴定专家组进行的医疗事故技术鉴定或者医疗损害鉴定;二是通过司法鉴定所进行的医疗过错鉴定。由于二者的启动程序、鉴定人员的组成、鉴定方式等不相同,必然会造成两种鉴定结论在司法诉讼中的差异,甚至影响相关案件的采信率。这就是医疗损害鉴定的二元化现象。

---

① 参见赵卓:《我国医疗损害赔偿法律制度研究》,吉林财经大学2021硕士学位论文,第6页。

2. 医疗损害鉴定举证责任的分配

依据2002年《最高人民法院关于民事诉讼证据的若干规定》，医疗损害纠纷的举证责任实行举证责任倒置。举证责任倒置原则因其本身的特有属性，医疗损害纠纷让医疗机构承担举证责任加重医院的责任，也明显与"谁主张，谁举证"原则相悖。2021年1月1日实施的《民法典》第1218条和第1222条对举证责任的部分予以重新分配，即由患者就医疗机构的过错承担举证责任，如患者不能证明医疗机构有过错或者推定医疗机构有过错，就要承担举证不能的不利后果。根据该规定，若无证据证明医疗机构存在过错，申请医疗行为与患者人身损害因果关系及参与度鉴定应由患者承担。根据当前我国的实际情况，应该在医疗损害赔偿制度中的举证责任体系构建方面，增加相应的举证责任缓和制度。该制度主要指的是，在一定的条件下，负有举证责任的一方，在承担具体的举证责任过程中，可能会面对来自技术或者其他方面的各种情况的阻碍，从而使得其在举证责任的承担方面无法满足相应的证明标准。①

3. 医疗损害鉴定人专家组成

医疗纠纷就好比是医患双方的一场体育比赛，而医疗损害鉴定的鉴定人犹如这场比赛的裁判员。随机抽取的专家从形式而言是一个进步，2018颁布实施《医疗纠纷预防和处理条例》中规定鉴定专家由医学、法医学、法学专家组成专家库无疑是一个重大推进，但现有医学会、司法鉴定机构中鉴定专家并没有法律专家组成，司法鉴定机构鉴定专家中缺乏临床医师，据此如何平衡医学会与司法鉴定机构医疗损害鉴定专家的组成，在司法实践如何操作是一个难题。

4. 医疗损害举证责任均衡分配

在医疗技术损害类案件中因果关系要件举证责任上，借鉴举证责任缓和规则，为保护双方的平等利益，对处于优势一方提出更严格的要求，以期达到更公平的状态。医疗行业是高风险、复杂性的行业，患者接受医

---

① 参见赵卓：《我国医疗损害赔偿法律制度研究》，吉林财经大学2021年硕士学位论文，第27页。

疗服务要承担一定的风险，该风险既包括医疗行为的不良后果，也包括诊疗结果没有达到预期目的。对于疑难、重大的疾病，部分患者或其家属选择放弃治疗，选择继续治疗的患者或者近亲属可能承担巨额医疗费用及可能放弃生命的后果。而对于医患沟通不充分、治疗方案的替代性选择、诊疗的后果误导等因诊疗过失或疏忽行为造成患者的损害，医疗机构应承担损害赔偿责任。司法实践中使得医患博弈很难达成均衡，医患因医疗损害纠纷产生的矛盾短时间无法解决。无论因果关系是否构成医疗损害责任的必要条件，均不应该将因果关系的证明责任完全归属于患方。[①]

（二）医疗损害赔偿制度症结

1. 医疗损害赔偿立法困境与完善

《医疗事故处理办法》（已失效）颁布实施之后，理论界和实务界才开始有针对性地阐释和针砭，也就是说对于整体系统的研究比较缺乏。最高人民法院发布的《关于贯彻执行〈中华人民共和国民法通则〉若干问题的意见（试行）》（已失效）对审理侵权案件的法律适用问题虽有所补充，却仍无法满足审判实际的需要，尤其是对人身损害赔偿的范围和计算标准一直缺乏统一的规范可供遵循。最高人民法院此后陆续出台了《关于审理涉外海上人身伤亡案件损害赔偿的具体规定（试行）》（已失效）、《关于审理触电人身损害赔偿案件若干问题的解释》（已失效）、《关于确定民事侵权精神损害赔偿责任若干问题的解释》等几个司法解释，显然已经在不断完善司法保护的内容。近些年出台的《医疗纠纷预防和处理条例》《最高人民法院关于审理医疗损害责任纠纷案件适用法律若干问题的解释》《民法典》等法律法规及司法解释逐步完善医疗损害责任纠纷立法的困境，统一医疗损害赔偿标准。

2. 行政权介入

近些年，《医疗纠纷预防和处理条例》《最高人民法院关于审理医疗损害责任纠纷案件适用法律若干问题的解释》《民法典》的相继颁布与实

---

① 参见郑秋爽：《医疗损害责任若干司法实务问题研究》，长春理工大学 2020 年硕士学位论文，第 19 页。

施解决医疗损害民事赔偿的困境。医疗机构与患者之间的法律关系包括行政法律关系和民事法律关系。行政法律关系主要发生在强制医疗行为中,强制医疗行为导致的损害,应由国家承担赔偿责任。对于疫苗预防接种行为造成的损害,行政法规规定了医疗机构的民事责任和国家补偿责任。医疗机构与患者之间的民事法律关系在一般情况下体现为合同和无因管理关系,但在发生损害后会产生民事侵权关系。医疗机构承担责任的法理基础主要在于,从合同法视角出发,医疗机构是合同缔约方,应当承担违约责任;从侵权法视角出发,医疗机构承担的是替代责任。①

3. 医疗损害特殊性

医疗行业具有高风险性、特殊性、专业性,医疗事故或者医疗损害赔偿与其他人身损害赔偿应区别对待。医疗行为受到现代科学发展的影响,有其局限性。身体缺陷服务是医疗服务行业区别于所有其他服务行业的一个重要特征,医生与患者在建立这个服务合同的时候,患者本身就有身体上的疾病的缺陷。医疗行为的缺陷性特点是医疗法律关系有别于其他法律关系的独特性所在,也是医疗行为区别于所有其他领域的特殊性之所在。为此在探讨解决医疗损害赔偿问题时必须充分考虑医疗损害本身的特殊性与复杂性。

4. 平衡医患双方利益

医患关系作为一种社会关系而受到法律规范的调整与影响,而且这一社会关系也深刻影响着法律制度的构建与发展。医疗机构的诊治行为可能会对患者产生损害,此时医患双方成立民事侵权关系。如果同时构成对医疗合同义务的违反,会产生违约与侵权的请求权竞合,患方可以择一请求赔偿。医患双方的利益博弈医患关系可分为医疗技术关系与非医疗技术关系,医疗技术关系是指在医疗过程当中医患关系所建立的诊疗行为关系,主要体现于医疗技术交往过程中在医患之间的专业技术方面形成法律关系;非医疗技术关系指医疗过程中医患之间因社会或心理等

① 参见苏方元:《医疗损害中的责任主体研究》,上海财经大学2020年硕士学位论文,第48页。

各方面的影响而形成的非诊疗关系。医患关系对法律制度建设的影响鉴于医患关系出现的新变化。

三、完善医疗损害赔偿制度的举措

(一)医疗损害责任保险的立法建议

我国当前的医疗保险制度存在以下方面的问题,需要对其进行相应的改进。第一,政府在医疗损害保险制度体系构建方面的投入还有待于增加。第二,医疗损害纠纷保险的覆盖范围以及力度还不够,有待于增加与加深。[①] 随着经济快速发展,医疗损害赔偿金额逐年增加,一方面,高额的医疗损害责任赔偿有可能导致经营、管理能力较弱的医疗机构步履维艰,从而不利于我国基层医疗卫生事业的健康发展;另一方面,如果司法机构单方面考虑到医院经济状况而在判决时判决较低的赔偿额又会使患方得不到公平合理的赔偿。所以建立医疗损害责任强制保险势在必行。在保险主体上,被保险人除个体行医者和医疗单位外,为了明确责任,加强医务人员的责任感,应考虑将医务人员纳入被保险人范围。在保险形式上,考虑多方面的综合因素,规定多种类别的保险也是十分重要的。

(二)设立医疗损害赔偿互助基金

由于近些年来个案医疗损害责任赔偿金额越来越高,在同一区域可以考虑由医学会组织设立医疗过错赔偿互助基金,有利于医疗机构减轻无法承担巨额赔偿的医疗损害责任。医疗纠纷涉及医学专业知识,诊疗过失的认定往往不同于其他一般侵权方式。据此,在实践中,设立医疗损害过错赔偿基金有利于对个案高额赔偿的医疗机构减轻责任,也有利于医疗机构互助互帮。

(三)医疗损害鉴定制度的完善建议

首先,医疗损害鉴定意见具有一般证据属性,它必须经由法庭组织双

---

① 参见赵卓:《我国医疗损害赔偿法律制度研究》,吉林财经大学2021年硕士学位论文,第29页。

方质证后才具备法律效力。其次,完善鉴定人责任制度,建立鉴定专家相关信息公开制度,便于公众查询,但同时建立相应的保护措施,以保障相关人员的信息和人身安全。强化各地医学会的学术协会性质,维护鉴定机构的独立性和中立性。

(四)医疗损害赔偿制度赔付机制的完善建议

医疗损害赔偿要合理地实现必须解决两个关键问题:一是医疗损害原因力判断及责任比例问题,二是损失赔偿的履行问题。国家应逐渐增加对医疗机构卫生方面的财政投入,提高医疗健康水平,改善医患相互关系。完善相关的法律制度的配套,应完善卫生资源宏观配置方面的法治建设,制定关于医疗社会保障制度、医疗强制责任保险等方面的法律;构建合理的医疗损害民事责任制度,赔偿标准统一化。

医疗损害赔偿法律问题是复杂的民事法律关系,涉及医患双方的合法权益,生物医学科学的发展,以及和谐的社会主义医患关系等问题,医疗损害赔偿制度的设计与完善对社会和谐、稳定、健康发展起到不可估量的作用。

从任何法律制度都要面对的社会关系角度出发,利益博弈是医患双方永恒的核心点。从立法、行政、司法方面完善医疗损害赔偿制度,从根本上保障医务人员的权益,从而维护公民的身心健康的权利,有利于贯彻社会主义法治核心价值理念。

第六章　医疗因果关系研究

第一节　医疗过失原因力

有两个或者两个以上的原因共同要素并对医疗损害结果产生作用,是侵权责任的原因力规则。患者自身疾病虽非侵权性因素,患者亦不因其疾病而有过错,但在司法审判中,一般需要判断患者疾病是否通常足以引致损害,抑或患者经适当医疗是否通常可脱离疾病危险,当损害通常是疾病本身所致或其自然转归,可确认疾病本身是损害的相当原因。若疾病通常会引致损害,则意味着医疗过失行为对于损害可能只具有诱发、参与、促进或加重等作用,即单纯医疗过失行为通常不会引致损害或不会引致如事实严重的损害,则相当于医疗过失行为仅可能造成一定程度或比例的损害。①

在医疗损害赔偿责任中,医疗过失行为大都不是医疗过失损害结果的唯一原因。司法实践中医疗损害结果的原因还包括受害患者自身原发疾病、患者自身特殊体质、并发症、手术意外因素等,医疗损害以原

---

① 参见郑永宽:《医疗损害赔偿中原因力减责的法理及适用》,载《中国法学》2020年第6期。

因力规则确定医疗过失行为作为原因力所造成的损害部分承担赔偿责任,一方面可以避免医疗机构承担不必要的赔偿责任,另一方面保护患者的合法权益,同时保护医患双方的合法权益,避免因医疗机构的医疗赔偿责任影响其行使合法行医权利与发展新型医疗技术的积极性,从而影响社会公众的正当利益。

医疗过失在侵权法中通常指医疗机构应当预见自己的行为会导致损害后果,但由于疏忽而没有预见,或者已经预见却轻信能够避免,导致该医疗损害结果发生的情况。医疗过失原因力规则,又称为医疗损害参与度或者医疗过错参与度。在医疗损害赔偿中,医疗过失行为与其他因素一并作用并导致一个医疗损害结果。两个以上原因产生最终的损害结果,医疗机构仅对其过失行为产生的损害结果承担赔偿责任,损害参与度是医学上对于医疗行为对损害结果作用的参与程度的描述概念。2020年修正的《最高人民法院关于审理医疗损害责任纠纷案件适用法律若干问题的解释》第11条第2款第1项规定"诊疗行为与损害后果之间是否存在因果关系以及原因力大小"属于可以申请医疗损害鉴定的事项,并在第12条进一步明确规定了原因力等级。

一、侵权责任法上的原因力

(一)原因力的概念界定

最高人民法院颁布的《关于审理触电人身损害赔偿案件若干问题的解释》(已失效)、《关于审理人身损害赔偿案件适用法律若干问题的解释》较早从司法解释角度对原因力界定。医疗损害原因力就是医疗诊疗侵权行为或者其他因素对于患者医疗损害结果发生或扩大所发挥的作用力。原因力是行为人的行为在最终损害结果的发生或扩大所发挥的作用力,其本身也是一个事实问题,其中并不含有法律价值的判断。一个违法行为或者两个以上违法行为对损害结果的发生所起的作用力,区分原因力实际上也就是因果关系程度的区分。在因果关系的基础上,根据原因力大小确定的赔偿份额,行为人对自己行为引起的损害结果承担相应的责任。在医疗损害赔偿中,患者原发疾病终非损害发生的过错,其与损害后果的联系只能借助于原因力分析,而无法通过在医方与患方之间作过失程度比较来确定损失的分担。

在医疗损害赔偿中,患者自身疾病非属其过错,但疾病若属其损害发生之相当性原因,当可确认疾病对于损害具有原因力,则医疗过错行为应仅在其致害原因力范围内承担赔偿责任,以契合自己责任的基本法理。基于过失相抵乃原因力比较以分担损失的实质,患者就其疾病分担损失可解释为过失相抵的类推适用。① 侵权法中根据侵权人的人数,分为单独侵权行为和共同侵权行为。单独侵权行为作为唯一的损害原因,在归责上该医疗损害行为对损害结果的原因力为百分之百。在两个以上原因的共同医疗侵权行为中,由于存在多个原因且对产生、扩大的损害结果的作用大小不定,构成多因一果复杂模式。在侵权法上确认的各个行为人对损害结果的责任分配,除了原因力大小的确认,还有过错程度大小的确认。侵权行为中原因力正是在共同侵权行为情形下,判断各个损害原因对损害结果的原因力大小。原因力规则在医疗损害侵权行为中适用考量。

1. 意思联络行为。多人基于主观上的关联共同侵害他人造成损害的侵权行为即意思联络的共同侵权行为。共同侵权主体包括实行行为人、教唆行为人和帮助行为人;若多人既没有共同故意又没有共同过失,实施的行为直接结合,造成同一个损害结果的侵权行为即为客观关联共同的共同侵权行为。共同侵权是二人以上共同故意或者共同过失致人损害,侵害行为直接结合发生同一损害后果。司法实践中,多家医疗机构各自诊疗行为对患者造成损害,一般认定医疗机构各自承担责任。

2. 共同危险行为。两个或者两个以上的民事主体共同实施了有损害他人权利危险的行为,并造成实际损害结果产生,但不能明确结果是由何人造成的侵权行为。二人以上共同实施危及他人人身危险的行为并造成损害后果,不能确定实际侵权行为人的,应当承担连带责任。司法实践中

① 参见郑永宽:《医疗损害赔偿中原因力减责的法理及适用》,载《中国法学》2020 年第 6 期。

共同危险行为人能够证明损害后果不是由其行为造成的，不承担赔偿责任。根据法律拟制明确规定，共同危险行为中各个行为人的责任份额均等，即各个损害行为的原因力是相等的。

医疗损害责任中医疗机构侵权行为人的诊疗过错行为与患者的自身疾病或者其他非人为原因力共同造成同一损害结果的发生，非人为原因包括不可抗力、意外事件或者患者特殊体质等。司法实践中将患者的自身疾病因素、非人为因素也视为其中一原因力，在确认原因力的问题上比较容易判断。

（二）多因一果的原因力规则

原因力大小其实在很大程度上是判断因果关系的紧密程度，原因力的排序取决于各个原因力的性质、原因事实与损害结果的远近以及原因事实的强弱。同时主观因素即有无过错的主观状态也在一定程度上影响着因果关系发展的损害结果而应担责任的分配。

1. 因果关系考量

普通法系对于因果关系的认识采取两分法的模式，即事实上的因果关系与法律上的因果关系。从纯粹的事实角度并且通过基本生活常识加以分析判断，原因行为与损害结果之间的客观联系是事实上的因果关系。撇开法律规定和法律政策的考虑，从事实上客观认定医疗行为是否为患者人身损害结果发生的原因。确定医疗机构的损害行为与患者的损害后果之间存在事实上的因果关系的前提下，根据法律规定和法律政策等价值方面的要素确定医疗机构是否应当依法承担民事责任及责任的比例即法律上的因果关系。根据因果关系模式的两分法，事实上的因果关系是从纯粹的事实角度考量医疗机构的过错行为与患者受到的损害之间的客观联系，从而再进一步根据法律上的因果关系讨论确定医疗机构的诊疗行为是否为患者人身损害承担责任。医疗损害原因力系医疗机构的诊疗过失行为在患者损害后果的产生或者损失扩大上所发挥的作用力。毫无疑问，在多种原因行为导致患者遭受的医疗损害情形中，确定每一个原因力的比例相当困难。医疗诊疗过失行为的原因力可划分为：根本原因（原因力 95% 左右，范围为 90% ~100%）；主要原因（原因力 70% 左右，范围为60%～80%)；共同原因(同等作用，原因力50%左右，范围为40%～60%)；次要原因(辅助作用或促进作用，原因力30%左右，范围为20%～40%)；诱发因素(原因力10%左右，范围为5%～15%)；并非原因(原因力为0)。[①]

2. 损害责任原因力

在我国，侵权行为法的理论经历从过错原则到原因力与过错比较综合评判的发展阶段过程。医疗损害确定责任考量是在综合评判原因力大小和医疗过错程度的情形下，对于原因力和过错之间的主次之分中主张原因力大小和医疗过错程度作为第一位决定因素。医疗行为过错是医疗机构的诊疗中违背专业规范，没有尽到专业注意义务，在判断责任比例时还必须考虑患者自动出院、不配合诊疗、不遵行医嘱、死亡时未进行尸检无法明确死因等的原因力。对于医疗损害原因力和诊疗过错之间的主次之分具体分析如下所述。

第一，医疗过错程度为主导地位角度。确定医疗机构的承担民事责任的主要因素是诊疗过错程度，而医疗损害责任原因力的大小虽然影响医患双方的承担责任份额，但要受过错因素的约束和制约，只有在医患双方当事人的过错程度无法确定或者适用无过错责任原则归责、医患双方的过错程度相等以及医疗机构诊疗行为依其过错承担主要责任或者次要责任时，要根据各自行为原因力大小确定各自的赔偿份额。[②] 在过失相抵制度中，主要是从因果关系的角度来考虑后果分担的，在侵权人存在故意或者重大过失的情形中，不得免除其责任；在患者存在故意或重大过失的情形下，医方承担轻微责任或者无责任。从法理学角度分析，过错程度是当事人的主观心理状态，司法实践有时无法确定其过错大小和程度，也就无法进行过错程度的比较。医患双方过错程度相当、责任无法确定或者适用无过错责任原则归责时，需要通过法律的规定或者医疗损害原因

---

① 参见张纯兵、杜志淳：《医疗损害司法鉴定因果关系分析及参与度判定》，载《中国司法鉴定》2015年第5期。

② 参见郑永宽：《医疗损害赔偿中原因力减责的法理及适用》，载《中国法学》2020年第6期。

力进行解决。

第二,医疗损害原因力视角。在医患双方行为导致的损害结果(原因力作用后的总量不变)的情况下,医疗诊疗行为过失的原因力大,自然患方的原因力就弱;相反,患方的原因力大,医疗过失的原因力就弱。此外,即便医疗机构或者患者存在故意或重大过失,通常也是相应免除或减少另一方的责任,当然,这里要排除法律上的特别规定。

3. 多因一果原因力判断

由于医疗损害多因一果的复杂性,在确认原因行为对于损害结果的原因力大小时,很难区分原因行为在损害结果的产生或者扩大损失中的责任比例范围。判断原因力大小,首先,将医疗损害责任后果的总量视为一个不变的量;其次,以纯粹的事实角度观察医疗损害行为中各个原因的性质、原因事实与损害结果的距离以及原因事实的强度与损害结果的客观联系;再次,医疗损害直接原因的原因力优于医疗损害间接原因的原因力,主要原因的原因力优于次要原因的原因力,原因事实强度大的原因力优于原因事实强度小的原因力,原因事实距损害结果近的原因力优于原因事实距损害结果远的原因力,从而初步地划分各个原因的大小关系,存在多个横向的原因时,则再根据其他的比较依据,将这些原因划分成有大小关系的原因;最后,就像数学比较大小方法一样得出最终的大小。

假设导致医疗损害结果的有甲、乙、丙、丁、戊五个原因,即这五个原因与医疗损害结果有因果关系,否则就没有必要进行原因力的比较分析,判断原因力大小过程如下:第一,将医疗损害结果的原因力总量归于100%;第二,根据事实客观判断,甲、乙为医疗损害主要原因,丙、丁、戊为医疗损害次要原因,假设判断出主要原因甲、乙占医疗损害结果的80%,那么次要原因丙、丁、戊占损害比例为20%;第三,针对医疗损害相等的甲、乙两个理由,可以再次根据强势原因与弱势原因的强弱衡量,得出甲占主要原因部分的60%,乙占40%,所以,可以得出甲占损害结果原因力为48%,乙为32%,同理可以得出丙、丁、戊在损害结果中所占的原因力比例。

此外,比较医疗损害原因力时,应该注意选择比较适宜的依据,假如在所有原因中明显存在主次地位,选择直接原因和间接原因的比较。在司法实践中,也存在无法区分原因的主次、强弱、直接与间接的情况。当无法区分原因的原因力主次、强弱、直接与间接的情况时,其实也代表了各个原因的原因力造成的医疗损害相当,也就是说各个原因的原因力大小相等,否则也不会出现无法分高低的情况。

第一,医疗损害主要和次要原因。一般认为主要原因是引起损害结果发生的决定性因素,次要原因对损害结果的发生只是一个次要因素,起次要的作用。可见,对于损害结果的发生或扩大起主要作用的原因系医疗主要原因,比如手术医生没有资质、医院等级与手术等级不符合、手术部分严重错误;对于损害结果的发生起辅助作用的原因是次要原因,比如患者脑梗或者心梗等基础病严重,医疗机构未按脑卒中或者心梗规范治疗医疗机构过失行为,只在医疗损害责任中起较小作用。据此《最高人民法院关于审理医疗损害责任纠纷案件适用法律若干问题的解释》第 12 条规定:“鉴定意见可以按照导致患者损害的全部原因、主要原因、同等原因、次要原因、轻微原因或者与患者损害无因果关系,表述诊疗行为或者医疗产品等造成患者损害的原因力大小。”医疗损害多因致害,意味着难以清晰认定特定诊疗过失因素究竟造成多大比例或部分的损害,据此,原因力规则乃为解决此类多因医疗损害产生的责任确定疑难而设。

第二,医疗损害直接和间接原因。患者在诊疗行为中轻微患病不是直接引起结果发生的原因,医疗机构过失诊疗行为与损害结果之间自然连续、没有任何中断因素存在而直接作用于损害结果,其导致损害结果的发生符合事件发生顺序系直接原因。直接原因并非因为其与直接结果在时空上最为邻近,而是因为在原因与损害结果之间的因果关系发展中不存在其他会对此因果关系产生影响的行为或自然因素的介入,如医疗机构等级与手术级别、手术医生没有资质等造成医疗损害为直接的原因。间接原因是与医疗损害结果没有直接、必然联系,通过偶然介入因素对损害结果起到一定作用的原因。间接原因对损害的发生不起直接作用,偶然介入了其他因素,并与这些因素相结合,才产生损害结果。间接原因对损害的发生没有根本作用,在偶然地出现如患者不遵医嘱服药的因素、患者擅自离院等因素介入的情况下,与这些因素相结合,才产生了损害结果。通常情况下,间接原因距离医疗损害结果越远,其原因力越弱,与传统理论认为间接原因对医疗损害结果无原因力认识有一定差距。

第三,医疗损害强势原因和弱势原因。对产生或者扩大损害结果起较强相关性的原因系医疗损害强势原因,即对发生医疗损害起着关键性作用,对损害结果的产生或者扩大占绝对的因素。相反,对产生或者扩大损害结果起较弱相关性的原因系医疗损害弱势原因。主要原因侧重强调原因在各个原因中的主要作用,强势原因侧重强调多个原因之间的原因力的大小。例如甲、乙两个的原因力真正的大小分别是55%、45%,此时,其实是不存在哪个原因的原因力是主要原因,因为两个原因对结果的作用份额差不多,或者在司法实践中,很难区分哪个是主要原因或者是次要原因。例如医疗机构对一个异物梗阻的患者近五分钟没有采取任何医疗措施,导致患者最终死亡。医疗机构违背首诊负责制,鉴定机构认定医疗机构过失的原因力与患者死亡的责任相当。

二、医疗过失的原因力参与度

医疗损害责任纠纷是属于侵权行为中的一种,所以医疗过失原因力规则原则上也是适用侵权法上的原因力规则的,对医疗过失原因力规则的具体分析如下所述。

1.违背诊疗规范是医疗过失损害结果的基本原因

判断医疗过失行为是否在医疗损害结果发生中起主要作用,从原因力方面进行综合判断。违背诊疗常规的过错行为作为基本原因构成了医疗过失赔偿责任的核心内容,医疗诊疗过失行为在医疗损害中有可能是唯一因素,也可能是多个因素共同作用的结果,比如误诊、漏诊、手术医生资质不匹配、手术切除不当器官、输血不及时、会诊不及时、转诊不及时等因素与患者原发疾病结合导致医疗损害结果的发生。在司法实践中,根据医学会或者司法鉴定机构作出的关于损害参与度司法鉴定意见来确定各个原因在损害结果的赔偿责任百分比范围。

在鉴定实践中,医疗过失行为导致损害结果发生的原因力大小将医疗过失参与度分为六个层面，根据医疗过失行为损害参与度分为无责任、轻微责任、次要责任、同等责任、主要责任、完全责任。鉴定机构一般在鉴定意见中会明确相应的比例范围，即A级：医疗损害结果完全由诊疗过失行为造成的，医疗诊疗行为的原因力为100%；B级：医疗损害结果主要由诊疗过失行为造成，其他因素起轻微作用（如间接原因等）的，医疗诊疗行为的原因力为70%以上；C级：医疗损害结果主要由医疗诊疗行为造成，但其他因素起次要作用（如次要原因、弱势原因等）的，医疗过失行为的原因力为51%以上；D级：医疗损害结果由医疗过失行为和其他因素共同造成，各自所起的作用相同（如果有两个以上原因，应当相加）的，诊疗过失行为的原因力为50%；E级：医疗损害结果主要由其他因素造成，诊疗过失行为起次要作用（如次要原因、弱势原因等）的，医疗过失行为的原因力为49%以下；F级：医疗损害结果绝大部分由其他因素造成，医疗过失行为起轻微作用（如间接原因等）的，诊疗过失行为的原因力为20%以下；G级：医疗损害结果完全由其他因素造成，医疗过失行为即使存在，其原因力也为0。① 这只能作为一个参照标准，因为，不同的医疗损害案件中不同的原因所起的作用大小不同，即便都是主要原因，其所真正产生的原因力也是不同的，例如甲案件、乙案件中的医生手术资质不匹配、新生儿出生重度窒息抢救流程不规范的原因分别都是主要原因，但是真正的原因力可能一个是90%，一个是80%。据此医疗损害纠纷申请司法鉴定的，医学会或者司法鉴定机构的鉴定文书仍应提供具体的原因力数值，司法实践中份额数值不能作为绝对的计算数值，作为法院判决划分大小的参照数值，法院可能参照鉴定意见中关于医疗机构过错因素作出比鉴定意见更高或者更少比例的判决。

2. 医疗过失中其他的原因力规则

在过错推定和无过错责任的归责原则中，以及基于客观上存在无法比较过错的情形中，不适用过错比较。对于多因不明的医疗损害责任纠纷，在法无明文规定的情况下，似不宜贸然改变因果关系的法定证明标准

---

① 参见杨立新：《论医疗过失赔偿责任的原因力规则》，载《法商研究》2008年第6期。

而适用比例责任理论为救济。[①] 据此在其他医疗过失中的其他的原因力规则如下所述：

第一，除一般的过错责任以外，侵权行为法上有所谓的过错推定和无过错责任。在医疗过错推定的情形下，法律推定医疗机构诊疗行为过错，由医疗机构对自己没有过错进行反证，如果不能证明自己没有过错则推定其有过错。《民法典》第1222条规定，患者在诊疗活动中受到损害，有下列情形之一的，推定医疗机构有过错：(1)违反法律、行政法规、规章以及其他有关诊疗规范的规定；(2)隐匿或者拒绝提供与纠纷有关的病历资料；(3)遗失、伪造、篡改或者违法销毁病历资料。据此，医疗机构诊疗过程中有三种行为被推定有过错的，可以判决医疗机构承担百分之百的责任。对无过错责任原则，则不需要考虑行为人是否有过错，或者说行为人是否有过错对民事责任的构成和承担并不产生影响，行为人承担责任来自法律的明确规定，因此在无过错责任下也不可能确定各行为人的主观过错程度。

第二，医疗损害过失与原因力认定的困境。行为人主观上是否存在过错，根据注意义务的违反来判断过错程度，相对于医疗损害案件，医疗机构诊疗行为违背诊疗规范，对诊疗规范主要是根据权威教科书、临床路径、临床指南、专家共识等综合评判。从法理上对于他人之权利和利益负有一般义务的人，应当尽到一个普通义务人的注意义务；对于他人之权利和利益负有特别义务的人，应当尽到法律法规、操作规程规定的特别注意义务。普通义务人的注意义务是根据一个普通人的能力、认知、道德水平来判断的。普通人的能力、认知、道德水平不同，鉴定专家对此不可能达成一个客观的标准。比如对于医疗事故技术鉴定，市级医学会首次鉴定与省级医学会再次鉴定意见有时不一致。在司法实践中，可能导致法官只能根据医学会或者司法鉴定结论作出对医患双方任何一方不利的结果。

(1)患者原发疾病的原因力。在医疗损害责任纠纷中，患者自身原

---

① 参见潘剑锋：《民事证明责任论纲——对民事证明责任基本问题的认识》，载《政治与法律》2016年第11期。

有疾病的因素，在医疗损害或者医疗事故鉴定时专家经常会重点考虑这一因素。在医疗损害责任纠纷中，除有医疗过失行为的原因外，患者原有疾病原因对于损害结果的发生常常考虑作为原因力之一。医疗机构严重诊疗过失，例如患者因车祸外伤，医疗机构因疏忽未对患者注射破伤风针，该患者在诊疗过程中感染破伤风疾病，这种情况医疗机构过失的原因力是百分之百。对于疾病严重患者，如超过窗口抢救时机的心梗、脑梗患者，诊救中医疗机构若有轻微过失，则应认定为原有疾病是造成医疗损害的主要原因力，医疗过失行为仅仅是轻微或者次要原因。若患者的因车祸脾出血极其严重，但由于医护人员的重大过失未及时切除脾脏及输血造成患者死亡的，疾病原因就是次要原因，医疗机构应当承担主要责任。在确定责任分配时，鉴定机构考虑客观上的原因力大小和医疗机构主观的过错程度，只有两者结合才能得出最终鉴定意见。对于诊疗的行为过错比较以及原因力对比都是缺一不可的。在司法实践中，诊疗行为对结果的原因力大小也是对医疗行为过错的程度的认定的重要依据。

(2)患者的故意行为。通常情况下，患者轻微过失行为和医疗机构的过失行为共同作用情况下不再进行过错比较，这样有利于保护患者的合法权益，同时有利于提高医疗机构在诊疗过程中的注意义务。但是在司法实践中，患者故意扩大损害结果，比如故意不配合医生诊治、不按时按量服药等行为，应该减轻或者免除医疗机构的赔偿责任。《医疗事故处理条例》第 33 条规定了不属于医疗事故的情形，其中第 5 项为因患方原因延误诊疗导致不良后果的。实际上，该规定可以视为患者故意行为。

(3)患者自身特殊的体质。医疗意外需要同时具备两个特征：一是医务人员充分履行注意义务，严格谨慎地按照诊疗规程进行操作，但由于患者的特异体质或特殊病情而发生了损害结果。二是损害结果的发生属于医疗单位或医务人员难以防范的。此时，医疗意外是造成医疗损害结果的唯一原因，医疗过失原因为考量的范畴。《医疗事故处理条例》第 33 条规定了不属于医疗事故的情形，其中第 2 项为在医疗活动中由于患者病情异常或者患者体质特殊而发生医疗意外的。在司法实践中，认定医疗意外应该是比较严格的。如果患者的损害还有医疗过失行为原因介人,则应当依据具体的原因力确定医疗过失赔偿责任。

患者自身特殊体质作为医疗损害结果的原因,这种情况在侵权行为法中被称为"蛋壳脑袋"规则。医疗机构"敲击"了脑壳如鸡蛋壳般薄的人,即使他不可能知道患者的这一特殊敏感性也必须为此损害承担赔偿责任,但是这必须在医疗行为存在过错的情况下,否则只能由于患者自身特殊体质而作为医疗意外或者医疗损害。法律规范的保护范围也包含了受害人因其特殊体质而产生的、不具有相当性的损害。① 所以,"蛋壳脑袋"理论实质上是基于人身损害情境下患者救济之政策考量的特别保障。在医疗意外中,医疗行为对损害结果没有原因力,医疗机构对损害结果不承担赔偿责任。在有患者自身特殊体质的原因的医疗过失赔偿案件中,必须考虑患者自身特殊体质的原因力并确定医疗机构诊疗行为的原因力。

第二节　医疗损害因果关系

一、医疗损害因果关系及其相关理论

(一)医疗损害因果关系含义

在医疗损害责任构成中,违法诊疗行为与医疗损害事实之间的因果关系要件具有非常重要的地位,医疗机构诊疗过失与损害后果之间的结合度决定了医疗过错在损害后果中的原因力大小,原因力比较直接关系到医疗损害诉讼中医疗机构或者主治医师是否需要承担民事赔偿责任以及应承担百分比范围的赔偿责任核心点。因果关系法理分析是医疗损害鉴定的关键。构成医疗侵权行为责任的要件有:医疗行为、损害结果、医疗行为与损害结果存在因果关系,这三个要件是必不可少的。在处理医疗损害的因果关系实践中,前两个要件往往较为容易认定,但两者之间存在因果关系则较难认定,因为医疗损害案件本身就具有很强的专业性和

---

① 参见孙鹏:《"蛋壳脑袋"规则之反思与解构》,载《中国法学》2017年第1期。

技术性,法官和受害者很难知晓损害结果是否由该医疗行为引起。而因果关系要求行为与损害后果必须存在因果联系,因果产生顺序具有前后,否则医疗侵权行为就不能构成。因果关系是其构成要件的关键要件,医疗侵权行为作为特殊侵权行为的一种,毫无疑问其因果关系的认定是医疗侵权的核心问题。当医疗行为与损害结果不存在因果关系,就不能认定构成侵权行为,可见,因果关系在医疗侵权中占据重要地位。

在医疗过错行为与自身疾病共同作用导致损害后果的情形下,如果判定两个因素单独存在时后果均不至于发生,应判定医疗过错与自身疾病在损害后果中的作用为共同作用,原因力大小为同等原因。① 按照马克思主义的法理学观点,因果关系是各种自然现象和各种社会现象之间所存在的内在的合乎规律的客观联系。确定因果关系,就是要从客观现象中去寻找揭示它们之间所存在的不依我们的意志为转移的必然联系。违反民事义务的行为与损害事实之间有因果关系,即违反民事义务的行为与损害事实之间存在客观的必然的因果联系。就是说,一定的损害事实是由该违反民事义务的行为所引起的必然结果,而该违反民事义务的行为正是引起一定损害事实的原因。公平公正地确定医疗侵权行为中的因果关系是医疗侵权案件审理的核心环节。然而在审判实践中,对因果关系的审查和认定有简单化、程式化的倾向,或者过分依赖医疗损害或医疗事故技术鉴定,或者完全不信任和采用鉴定结论,两种倾向点均不利于案件公正审判,不利于及时化解医患之间的矛盾。

(二)医疗损害因果关系学说

在司法实践中应该如何认定医疗损害的因果关系,其中的学说包括“可预见说”“必然因果联系说”“相当因果关系说”“盖然性因果关系说”等。

1. 可预见说

若无某一行为,则某一后果就不会产生,则该行为构成该结果的一个

① 参见朱广文、夏文涛:《医疗损害鉴定中因果关系分析理论及其应用》,载《中国司法鉴定》2022年第1期。

事实原因,这是可预见学说的最基本观点。法律上的原因考虑是任何能够作为造成损害结果的条件,都是可能损害发生的原因,任何能够引起损害结果发生的条件,都具有同等重要的关键点。对于可预见说,主要以客观标准与主观标准相结合的方法来确定医疗损害因果关系。具体来说,首先,医疗损害的严重性和可能性必须是客观真实存在的。其次,实施侵权行为时可以预见医疗损害的严重性和可能性,就必须充分考量医务人员在诊疗时的预见能力,这是主观标准的体现。最后,医疗风险的可预见性还需要考量预防医疗风险所带来的人力、物力上的负担,如医疗风险本来可以较低的成本规避,而医务人员却没有采取适当的措施加以规避。[①]

2. 必然因果联系说

医疗机构的诊疗行为与患者的人身损害的结果之间具有内在的、本质的、必然的关联性时,才具有法律上的因果联系,医疗机构才应该承担民事损害赔偿责任。在司法实践中,医疗损害责任构成中因果关系要件的证明及举证责任是一个非常重要的问题。

3. 相当因果关系说

相当因果关系观点认为不应当以社会基本经验为标准,而应当在充分考虑侵权行为发生时的外部环境的基础上,结合行为人的年龄、智力、能力、技术等个人因素,判断其是否有能力预见到其行为与损害结果的关联关系。[②] 遭受人身损害的患者只要证明了侵权行为与损害结果之间存在相当程度的因果联系的可能性,就尽到举证责任的规则。只要医疗机构不能证明患者损害与其诊疗行为不存在因果关系,就认定其存在相当的因果关系;反之,若医疗机构能够证明患者损害不是由诊疗行为造成的,则不存在因果关系。相当因果关系说考虑的两个要件有:一是条件性,是诊疗行为与损害结果之间具有某种可能性联系;二是相当性,医疗机构诊疗行为与患者发生的人身损害结果之间有相当的可能性。

---

① 参见封海波:《医疗损害因果关系认定与责任分配研究》,载《江苏社会科学》2021年第5期。

② 参见王磊:《侵权法中相当因果关系的再定位》,载《南京大学法律评论》2019年第2期。

4. 盖然性因果关系说

在医疗损害侵权判断中适用盖然性因果关系说具有现实可能性。一方面，相较于患者，医方在掌握病患病情、医疗技术手段、诊疗用药、临床紧急措施等信息方面具有绝对的优势，以此为基础在证明程度上对医方与患方加以区分，适当加重医方的举证责任负担，是具有现实依据的。另一方面，虽然在诉讼中医方承担了更重的举证负担，但由于医方适用过错责任原则，其举证属于反证阶段，是以患者承担优先举证负担、提出相应本证为前提的，这样做能够较好地平衡医患双方的诉讼负担。①

（三）相当因果关系说的评判

相当因果关系说在主要学说中占据着十分重要的地位。因果关系是客观存在的，不以人们的意志为转移，但是，每个人的认识水平、理解能力、经验总会受到各种因素的制约。相当原因必须是损害后果发生的必然条件，并具有极大增加损害后果发生的可能性，即在尊重客观事实的情况下适当加入可能性的要求。患者在诊疗过程中受到损害的事实仅基于医疗机构违背诊疗规范情形发生某种结果，尚不能完全就确定有因果关系之存在，必须在一般情形，依社会的一般社会经验，同样诊疗行为亦认为可能发生同一结果时才能认为有因果关系。医疗损害责任纠纷在如何认定相当因果关系的问题上，必须满足两个条件。第一，医疗机构过失诊疗行为的事件是损害发生不可少的条件，即条件关系。相当因果关系中的诊疗过失原因必须是作为损害结果的条件，即此种条件与损害结果之间存在没有前者就没有后者的逻辑结构关系。只要抓住相当因果关系所要求的“条件性”本质，就可以加以判断因果关系，因为相当因果关系中发生某种结果所不可缺少之条件，并非特定情形偶然引起的损害，而为一般发生同种结果之有利条件。第二，相当因果关系中的“相当”是指该诊疗行为产生该损害结果的一般的、生活中可预见的、平常的情形，而不是特殊的、极为异常的情形。也就是按一般人的标准，医疗过失行为可能造

① 参见封海波：《医疗损害因果关系认定与责任分配研究》，载《江苏社会科学》2021年第5期。

成的后果与实际发生的结果有“相当性”,即没有此行为就不会有此伤害结果,有这种行为就存在伤害结果。

依据一般社会经验,认为诊疗行为与患者损害结果之间存在的可能性能较为灵活地协调社会生活中的各种利益冲突,维护社会公平和正义。相当因果关系说要求明确诊疗过失原因事实与损害结果之间在通常情况下存在的可能性。这种判断非依法官个人主观臆断,而是要求法官依一般社会见解,按当时社会所达到的知识和经验。只要一般人认为在同样诊疗行为情形下,有发生同样损害结果之可能性即可认定。相当因果关系也有不可避免的缺陷,相当因果关系说以科学上的可能率的观念为基础而推论因果关系的有无,而可能率基数并不明确,如何确定可能率,成为一个关键的问题,成为该理论上的缺陷。

相当因果关系说主要遵循社会生活的共同规则、公平正义和风俗习惯,以存在可能性来判明原因事实和损害结果之间的因果关系。因为生活中很少出现十分精确的事实,以可能性为判断标准,能够更好掌握对因果关系的认定,因此,学术界都比较倾向于采纳相当因果关系说。

二、我国司法实践对医疗损害因果关系的认定

(一)我国司法实践对医疗损害因果关系的认定的方法和标准

我国《民法典》虽规定了特定情形下的过错推定以减轻患者的举证证明责任,但《民法典》及《最高人民法院关于审理医疗损害责任纠纷案件适用法律若干问题的解释》都未对特定情形下减轻患者对因果关系举证证明责任作出相应规定,对患者比较不利,从而产生司法实践中的问题。[①]

1. 认为不存在医疗侵权的医疗行为

实践中,这几类医疗行为不存在医疗侵权:(1)医疗意外结果;(2)医疗难以避免的并发症、继发症、后遗症;(3)现有医学和技术无法预料,无法避免的情况;(4)在紧急情况下为抢救垂危患者生命而采取的紧急医

① 参见段雅奇:《论医疗损害责任中因果关系的举证证明责任》,载《法制博览》2022年第13期。

学措施所造成的不良后果情形。医疗损害责任纠纷具有较强的专业性、复杂性、风险性、损害结果的不特定性,导致医疗损害因果关系认定疑难复杂,有时特别是患者死亡后没有进行尸检时进行死因鉴定难以确认。在医疗损害责任认定中,涉及诊疗过失之认定、行为与损害之间因果关系以及原因力大小判断等专业性问题时,司法人员势必需要医学专家的意见和建议,以辅助审判,有利于作出公正、公平的判决。

2. 相当因果关系规则

相当因果关系规则依据一般的社会知识经验,诊疗行为过失能够引起患者医疗损害结果;并且在临床诊疗中,该种行为确实引起该种损害结果,在鉴定实践中该行为是该种损害事实发生的适当条件,因而,可以判断两者之间具有相当因果关系。此规则没有法律明文规定,但由于法官对因果关系的认定存在自由裁判权,但参照医疗损害鉴定意见,法官在判决时可以根据自己的法理知识进行对规则的选择,提高参与度的比例,例如,医疗损害鉴定意见医方的过失为主要责任,法院根据医方诊疗过失分析,最终判决承担90%的责任。

3. 时间上的顺序

原因和结果之间必须存在时间上的先后顺序。有"因"才有"果",即作为引起结果发生的原因,必然发生在结果出现之前。因此只有先于结果出现的现象才可能成为原因。凡是后于结果发生的现象,都不可能成为原因,因而应排除在因果关系认定范围之外。检查诊断、治疗、护理等过失因素与损害发生都可能直接相关。在分析这些因素导致的医疗损害时,需要综合治疗过程中的作用力大小及各因素与损害发生的时间距离、顺序综合判断。一般认为,治疗过失因素的作用大于检查诊断及护理过失因素在疾病治疗过程中的作用。但护理的作用力也可能比较大,例如护理吸痰不当,致使患者痰堵窒息而亡的。在这样的案例中,护理因素较诊断、治疗因素作用力更大,在鉴定时,鉴定专家应当考虑发生时间的顺序。①

---

① 参见曾文博:《临床视域下医疗过错与医疗损害原因力研究》,昆明医科大学2021年硕士学位论文,第39页。

4. 因果关系鉴定

医疗鉴定的主要目的是,通过医疗损害鉴定专家对诊疗行为和损害事实之间的因果关系进行认定,同时分析医疗机构的诊疗行为是否存在过失,对医疗行为是否违背法律法规、规章制度、诊疗技术规范、操作规程、临床指南、专家共识等进行医学专业分析,从而为司法裁判者进行法律上的因果关系的判定提供依据。审判人员不是医学专家,审理过程中无法通过病历判断医疗行为和患者人身损害的因果关系,必须进行医疗损害或者医疗事故鉴定来确定诊疗行为与患者人身损害之间的因果关系。若裁判者可以通过病历确定医疗行为与患者损害是否存在因果关系及原因力大小,有可能会导致司法人员滥用自由裁量权,从而会产生司法不公现象。

(二)医疗损害因果关系在司法实践中认定的困惑

《最高人民法院关于审理医疗损害责任纠纷案件适用法律若干问题的解释》第12条规定,鉴定意见可以按照导致患者损害的全部原因、主要原因、同等原因、次要原因、轻微原因或者与患者损害无因果关系表述原因力大小。对于文字的表述,鉴定人之间理解不同,审判人员同鉴定专家的理解亦不同,甚至,在鉴定意见中会出现次要到同等原因等更为宽泛的原因力界定,导致裁判者无法作出恰当的评判。在司法实践中,认定医疗损害中因果关系存在以下困惑。

1. 因果关系自由裁判权。司法裁判者在认定同一案件时,可能会由于对医学专业知识认识不一、对医患双方利益倾向不同、裁判思维不同等导致不一样的判决结果,对必然因果关系说观念与相当因果关系说,司法判决结果也不尽相同。必然因果关系强调必然性,相当因果关系强调相当性。比如对一个医疗损害案件,鉴定机构认定医疗机构的诊疗行为为轻微责任,对于必然因果关系观点,裁判者一般判决医院承担10%的责任,对于相当因果关系观点,裁判者判决医院承担20%~25%的责任。比例因果关系用以确定致害因素与特定损害后果之间的可能性联系及其比值,具有推定性和评价性的特点,是解决此类侵权责任承担问题的技术工具和关键因素。比例因果关系的确定需经过一般因果关系的确定和与个案具体情况的比对这两个步骤,其比例数额的确定是在综合考虑各种事实因素和酌定因素的基础上,参考有关数据进行的综合评价,用于恰当分配被告的责任。①

2. 医疗损害因果关系认定的理论的困境。在我国司法实务中,采用的必然因果关系说已不适应医疗损害因果关系的理论认定指导。随着医疗技术的发展,部分医疗行为会造成间接损害和间接因果关系,而必然因果关系要求因果关系必须是必然发生的、直接的因果关系,如果医疗损害或医疗事故采用必然因果关系显然不利于保护患方的权利。必然因果关系说是从事实问题去认识,而忽视法律上的问题,另外,必然的标准具有抽象性,不利于保护患者利益,也不利于社会主义社会和谐。司法实践中不能否认医疗损害鉴定结论的价值定性。从证据法的角度上看,医疗鉴定是证据,是法律层次上的问题,而从医学的角度上看,医疗鉴定更多从医学上判断诊疗行为是否符合规范,司法实践中存在法官与医疗鉴定专家认识差距,司法裁判者考虑的是鉴定意见是否能作为判断该诊疗行为与损害结果因果关系的证据,医疗损害或者医疗事故鉴定专家更多考虑诊疗行为是否符合专科诊疗规范、手术适应症等。

3. 鉴定制度的困惑。由于司法裁判者不具备医学专业的知识,在认定诊疗行为与损害结果是否存在因果关系及责任参与度时不能根据法律专业知识主观认定医疗机构诊疗行为存在过错及责任比例,司法实践中医疗损害或医疗事故更多依赖于医疗损害鉴定。在目前的医疗事故鉴定中,当两级医疗鉴定结论不一致时,司法裁判者采用哪一级医学会鉴定意见确实存在困惑。一般情况下,司法裁判者根据各方面的证据综合作出采纳意见,但大都是采用省级医学会作出的鉴定意见。但这种做法值得商榷,按照《医疗事故处理条例》,市级医学会与省级医学会不存在行政隶属的关系,但司法裁判者均倾向采用省级医学会鉴定意见作为裁判的依据。现实生活中,法官如何进行合理评判医疗事故鉴定意见成为一个

---

① 参见吴国喆:《事实因果关系不明侵权中比例因果关系的确定》,载《法学家》2020 年第 2 期。

难题。

4. 事实因果关系。医疗损害司法鉴定的主要任务为:是否存在损害结果、医疗行为是否存在过错、损害结果与医疗过错之间是否存在因果关系、医疗行为在医疗过错中的参与度。而其中最主要的任务就是判断医疗过错与损害后果之间是否存在因果关系。①

从事实因果关系和法律因果关系的含义和特点来看,前者是指从纯粹的客观科学规律和事实的角度出发,观察和分析过错行为与损害后果之间的内在的客观联系;后者是从法律层面对特定行为与特定损害结果之间的关联性作出的判断。事实因果关系是自然规律,不具备任何法律效力,而法律因果关系是人为创制或者确认的,具有法律效力;从作用上来看,法律因果关系是进行立法或司法活动的依据之一,而事实因果关系至多只是供开展上述活动时的参考。从司法实践中判断因果关系的程序来看,一般是先判断事实因果关系是否存在,如果不存在,侵权责任就不构成。如果事实因果关系存在,则应当进一步判断法律因果关系是否存在。只有法律因果关系存在,侵权责任才成立。显然事实因果关系的判断对于案件审理非常重要。

因此,医疗鉴定中分析、判断的因果关系是事实因果关系,而非法律因果关系。事实因果关系是科学层面的客观规律,对事实因果关系的分析无异于科学研究。因此,对医疗鉴定中医疗过错行为与损害后果之间的因果关系分析,本质上是一种科学研究活动,因此鉴定人应当具备严谨的科学态度,高深的医学理论及科研造诣,丰富的学术研究经验和临床实践经验。

三、医疗损害鉴定之因果关系的精细认定思考

1. 直接因果关系

医疗过错行为本身的侵害性直接导致了损害后果的发生,但由于患

---

① 参见班雅洁:《医疗损害司法鉴定中医疗过错及与损害后果因果关系的判定》,载《法制与社会》2021年第23期。

者是因伤因病来医疗机构接受诊疗的，疾病因素往往与医疗侵害因素发生竞合，在直接因果关系中，更多的情况应当是主要因果关系。在造成患者目前损害后果的可以查询到的各种原因中，医疗行为作为直接作用因素，其他非医疗因素为次要作用因素。比如手术实施中误伤了邻近的大血管、重要脏器，造成患者失血、器官破坏、功能丧失等。而只有极特殊情况才会认定为完全责任，如右腿骨折却实施左腿手术、医用纱布遗留在患者体内等。

2. 间接因果关系

医疗过错行为没有直接发挥损伤作用，与损害后果之间存在间接作用关系。在损害后果发生的多种因素中，医疗行为没有发挥主要作用，而是其他致害因素起到直接关键的作用。虽然医疗过错行为只起了间接作用，但毕竟是造成损害结果不可缺少的适当条件。一般因存在间接因果关系认定医疗损害责任的，医方应承担的责任程度为"次要责任"或"轻微责任"。

间接因果关系的实质，是医疗行为与损害后果之间存在中间媒介，医疗行为作用于中间媒介因素，最终通过中间媒介因素造成患者损害后果发生。主要表现有两种，一是医疗行为诱发患者潜在病发生，对于这种情况，需要重点考察诱发的具体疾病的发病规律、患者潜在的疾病基础、疾病发生与患者内在的潜在疾病以及外在的诱发因素之间的关联程度，进而确定医疗行为在诱发疾病发生上的参与度。二是医疗行为加重了患者原有的损害后果，需要考察患者本身患有疾病的严重程度、医疗行为造成损害后果的严重性等。

3. 临界因果关系

医疗过错行为对损害后果的发生起着积极的参与作用，但其作用强度不如直接作用因果关系，却比间接作用因果关系更强，具体表现为医疗行为与其他致害因素共同对损害后果的发生发挥了作用，二者难分主次，处于一种难以判断的临界状态。一般因存在临界因果关系认定医疗损害责任的，对应的责任程度为"同等责任"。例如，婴儿出现恶性心律失常，即室性心动过速，而医疗机构，特别是儿童专科医院未能辨识出心电图检查的异常情况，将患儿心源性休克误诊为脓毒血症休克，导致无针对性的抢救，比如采用药物复律、电除颤等以及不当的处理原则（如未控制液体量等），导致患儿短时间内死亡。考虑到患儿可能存在疾病凶险、死亡率高的先天性心脏病及恶性心律失常等因素，鉴定意见认定医方承担同等责任。

4.机会丧失因果关系

医疗机构的医疗过错行为破坏或减少了患方本应获得更有利结果的机会，即为机会丧失因果关系，不仅表现在误诊案例中，还表现在医疗机构未尽到相应的告知义务方面，导致患方失去选择的机会从而接受了其并不愿意接受的医疗方案。

医疗机构造成患者的损害，并非指最终的损失——死亡、残疾，而是指医疗行为导致患者丧失了存活或者治愈的机会，例如肿瘤的误诊或漏诊延误患者的治疗时机。相应地，损害赔偿的数额，则依据减低治愈机会的比例来计算。对于机会丧失因果关系，由于医疗行为的作用机制复杂，损害后果变化较大，用参与度来表示不够科学，因此，建议专家组应当将机会丧失的情况进行判断，将得到治疗的存活概率与丧失治疗的存活概率详细分析在鉴定书中，而具体如何确定赔偿金数额，由法官行使自由裁量权。

司法实践中认识到原因力在损害案件中的重要作用，判决以诊疗行为参与度的百分比进行判决的量化，囿于学界对原因力和因果关系的研究相对缺乏，审判人员在多因致害的医疗侵权纠纷中，原因力的适用应该和因果关系得到同样的重视。[①] 据此因果关系作为必备要件，医疗过错与患者人身损害的结果之间存在因果关系，也是构成医疗损害责任的关键要件。有因果关系，就属于医疗损害责任，反之则不属于。医疗鉴定之因果关系分析，是具有相关专业知识的自然人依据法律规定和科学规律，判断医疗过错行为与患者发生的损害后果之间是否存在因果关系以及因

① 参见马佛涵：《〈民法典〉时代的医疗损害鉴定与责任量化》，载《邵阳学院学报（社会科学版）》2021年第5期。

果关联程度的过程。相对于医疗过错鉴定，因果关系鉴定应该在其后，在明确存在医疗过错的前提下，进一步明确存在过错的医疗行为与损害后果之间是否存在因果关系。

第七章　医疗刑事责任制度

第一节　非法行医罪的主体认定

刑法将严重侵害法益的行为类型化为各种构成要件。据此,对犯罪构成要件要素的解释,须以保护法益为中心。2018 年 11 月贺某某等人通过对基因的编辑,称该对双胞胎婴儿在出生后即能天然抵抗艾滋病病毒。2019 年 12 月法院认为其行为构成非法行医罪,并判决其承担非法行医罪。《刑法》第 336 条第 1 款规定:未取得医生执业资格的人非法行医,情节严重的,处 3 年以下有期徒刑、拘役或者管制,并处或者单处罚金;严重损害就诊人身体健康的,处 3 年以上 10 年以下有期徒刑,并处罚金;造成就诊人死亡的,处 10 年以上有期徒刑,并处罚金。2008 年 5 月 9 日最高人民法院出台了《关于审理非法行医刑事案件具体应用法律若干问题的解释》,对"未取得医生执业资格的人"作了明确解释,有效解决了《刑法》第 336 条操作性不强的问题。该司法解释规定的五种情形是:未取得或者以非法手段取得医师资格从事医疗活动的;个人未取得医疗机构执业许可证开办医疗机构的;被依法吊销医师执业证书期间从事医疗活动的;未取得乡村医生执业证书,从事乡村医疗活动的;家庭接生员实施家庭接生以外的医疗行为的。2016年12月16日《最高人民法院关于修改〈关于审理非法行医刑事案件具体应用法律若干问题的解释〉的决定》取消了“个人未取得《医疗机构执业许可证》开办医疗机构的”作为构成非法行医罪的情形。

非法行医罪的“非法”构造涵盖双重含义：其基础性含义在于该行为违背卫生行政管理秩序，其特征性含义在于这种对卫生行政管理秩序的违背达到一定危害性，而这种危害性既指对身体健康的严重侵犯，又指对卫生行政管理秩序的反复侵害。[①] 非法行医不仅扰乱了医疗行业的环境，同时非法行医因为不具有职业资格和条件等，医疗服务的质量不高，侵犯了患者的身体健康和名誉健康，也侵犯了公共卫生利益等。[②] 按照《刑法》第336条第1款的规定，非法行医罪的行为主体是“未取得医生执业资格的人”。但是如何认定“未取得医生执业资格”，在理论与实践中有很大的争议。

一、非法行医罪的主体身份认定

所谓犯罪的一般主体，传统刑法学理论是指刑法规定不以特殊身份作为要件的主体条件，只要是达到法定责任年龄，具有刑事责任能力的人。对于犯罪的特殊主体则指除具有一般主体所要求的成立条件以外，还必须具有某些犯罪所要求的特定身份作为其构成要件。

严格意义上来说，在卫生行政法律体系内并无“医生执业资格”的提法，与其概念较为相似的是《医师法》中的“执业医师资格”“医师执业证书”以及《医疗机构管理条例》中的“医疗机构执业许可证”。

医疗诊疗是一种很强专业性、复杂性的法律行为，医师职责为祛病救人。国家对医疗职业制定了严格的准入制度。取得医师资格是国家对公民医学基本知识、专业技术和实践操作能力的一种确认。获得执业医师

① 参见欧阳娟：《非法行医罪司法适用问题研究》，江西财经大学2021年硕士学位论文，第10页。

② 参见陈奕：《公众参与打击非法行医的提升策略研究——以常州市武进区为例》，南昌大学2021年硕士学位论文，第12页。

资格是国家承认公民有从事医疗活动的民事权利能力。显然,非法行医罪中的“未取得医生执业资格的人”应当指的就是“未取得医师资格的人”。按照《医师法》第13条的规定,对于从事医师职业的人,在取得医师资格后应当向卫生行政部门申请注册,由卫生行政部门发给申请人统一印制的医师执业证书。这是完成形式上的行政程序,按照该法第16条的规定,只要属于完全民事行为能力人并且没有受过刑事处罚等例外情况,取得医师资格的人申请注册,都可以获得医师执业证书。关于非法行医罪的犯罪主体,注册完全是一种行政管理手段,非法行医罪所保护的法益并非医疗管理秩序,系公共卫生的法益,倘若将违反此种行政管理手段的行为认定为刑事不法,就超出了本罪所保护的法益之范围。①

非法行医罪的主体是一般主体,而非特殊主体。从实践上看,非法行医罪的主体包括不具备法定条件违法行医的人员和不具备诊断、治疗、处方等权利的医疗机构工作人员。另外,即使过去曾取得过医生执业资格,但卫生行政部门吊销其执业证书,也应当属于未取得医生执业资格的人员。理论上,犯罪一般主体是指达到刑事责任年龄且具备刑事责任能力的自然人。犯罪特殊主体则是除了具备一般犯罪主体的基本要件外,必须具有特定的身份主体。一般意义上的身份是指人的出身、地位或者资格。刑法意义上的身份则是行为人成立犯罪所必须具备的特定身份。对于具体犯罪成立所需的身份要件,刑法通常都予以了明确的规定,但就非法行医罪的犯罪主体则仅规定为“未取得医生执业资格的人”。而“未取得医生执业资格”仅是非法行医者在行为的实施过程中形式上所表现出来的一种身份性特征,是一般意义上的身份,而不是特定身份。因此“未取得医生执业资格”不能作为非法行医罪特殊主体认定的依据,否则将会使许多以行医为名牟取个人利益、造成就医者身体严重损害的行为人得不到法律应有的制裁。对行医的行为界定诊疗活动的核心实际上在于诊断与治疗,诊断意味着行为人运用专业性医疗知识来对患者的病情状况

① 参见张添明:《非法行医罪构成要件的规范解释——以保护法益中心的展开》,江西财经大学2021年硕士学位论文,第12页。

进行专业判断，而治疗则意味着行为人基于专业判断开具药丸或使用器械来缓解患者病痛，在该过程中行为人的行为既涉及主观判断，又涉及具体行动。①

二、有关非法行医罪主体的具体问题思考

（一）实习生是否可以构成非法行医罪的主体资格问题

由于医疗行为具有复杂性、专业性强、高风险性等特征，它直接关系普罗大众的生命安全和健康，因此世界各国都规定了相应的十分严格的行业准入制。而取得医师资格需要一定的医学知识与能力积累，尤其强调医学实践经验和技术，实习生是医学教育与培育过程的产物。一般而言，实习生包括没有取得相应类别医师资格的医学院校学生和已毕业学生。就目前我国医学院校的在校生来说，按照课程设置和教学安排，一般都至少有一年以上的毕业实习期。由此，也即产生在校实习生行医能否构成本罪主体的问题。

第一种观点认为可以构成非法行医罪主体，该观点认为《医师法》规定未经医师注册取得执业证书，不得从事医师执业活动，所以，医疗机构中不具备执业资格的实习医生给患者独立实施医疗行为，造成患者严重的人身损害的，有可能构成非法行医罪。

第二种观点认为不构成非法行医罪主体，该观点认为实习医生虽然尚未取得执业资格，但其在实习期间或医疗机构试用期间不能够成为非法行医罪的主体。

此外，第三观点提出，在校实习生只有在经卫生主管部门认可的医疗机构并在医师指导下从事的行医才能阻却成立本罪。实习生的行医行为可以看成是指导医师合法行医行为的延伸，为合法行医的当然组成部分。已毕业学生在执业医师指导下，在医疗机构试用期内从事相应的医疗活动的，则阻却成立本罪。

---

① 参见张红升、谢伟雄等：《非法行医行为认定与法律适用》，载《中国卫生法制》2019 年第 4 期。

在校实习生只有在经卫生主管部门认可的医疗机构并在医师指导下从事的行医行为才能阻却成立本罪,《医师法》未对此作出明确的规定。实习生的这类行医行为可以看成是指导医师合法行医行为的延伸,为合法行医的当然组成部分,阻却成立本罪。针对医学院校已经毕业的学生行医行为阻却成立本罪的情形,我国《医师法》第9条规定,"具有下列条件之一的,可以参加执业医师资格考试:(一)具有高等学校相关医学专业本科以上学历,在执业医师指导下,在医疗卫生机构中参加医学专业工作实践满一年……"第10条规定:"具有高等学校相关医学专业专科以上学历,在执业医师指导下,在医疗卫生机构中参加医学专业工作实践满一年的,可以参加执业助理医师资格考试。"第11条规定以师承方式学习传统医学满三年或者经多年实践医术确有专长的,经县级以上人民政府卫生行政部门确定的传统医学专业组织或者医疗卫生机构考核合格并推荐,可以参加执业医师资格或者执业助理医师资格考试。考试的内容和办法由国务院卫生行政部门另行制定。可见,已毕业学生在执业医师指导下,在医疗机构试用期内从事相应的医疗活动的,阻却成立本罪。根据原卫生部发布的《关于医学生毕业后暂未取得医师资格从事诊疗活动有关问题的批复》的有关内容,医疗机构及其负责人违规安排不具备医师资格的医学毕业生独自从事临床医疗工作,并导致患者出现身体损害的,应当按照医疗事故的有关规定处理。

实习医生是否属于非法行医罪的主体范围,应当根据具体案件进行分析,对于不同的诊疗行为实施不同的界定,不能因为实习医生尚未取得执业医师资格便将其全部认定为非法行医罪的主体,若实习医生以学习临床实践经验的目的且有执业医生的指导和监督,则该实习医生所实施的行为不能认定为非法行医行为,据此,实习医生并不包含在非法行医罪的主体范围内。

(二)超出执业范围的执业医师是否可以成为非法行医罪的主体

关于医师超出执业地点、执业类别、执业范围执业,是否构成非法行医罪的主体,有以下几种观点。

第一种观点认为,不符合非法行医罪的主体条件。根据《刑法》第

336条第1款规定,非法行医罪的主体是未取得医生执业资格的人。而行为人本身具有执业资格并已经注册,行医的行为属于超执业地点、类别、范围应属于民事或者行政调整的范畴。

第二种观点认为,符合非法行医罪的主体条件。医生超出注册的执业地点、执业类别、执业范围行医违反《医师法》的规定。现代医学分工越来越精细,从事保健、预防等内科工作的医生对外科手术肯定无法胜任。不限制跨类别、跨范围行医,显然不能保证医疗诊疗行为的安全。另外,超执业地点行医,医疗设施条件不符合国家规定的行业标准,容易造成损害患者人身健康的后果。

第三种观点认为,应根据所超出注册的内容,具体病历问题具体分析。

根据我国《医师外出会诊管理暂行规定》中的有关规定,执业医师在超出执业地点范围的其他特定地点进行执业范围内的医疗活动,必须经所在医疗机构审批同意方可进行。超地域医疗经过同意是允许的,不会成为非法行医罪的主体,出现了损害责任也按照医疗事故罪处罚;但是未经允许,超过业务范围、业务类别的医疗活动造成严重后果的,应当认定为非法行医罪的犯罪主体,按照非法行医罪来处罚。[①] (1)如果仅是超出执业地点,因为不论从抽象意义上还是从具体意义上说行为人都具有医生执业资格,医生的执业能力不会仅仅因为地点的变化就降低,所以不能构成非法行医罪的主体;(2)如果超出执业类别和执业范围从事医疗业务,原则上可以成为非法行医罪的主体,但是经有关部门批准或在紧急情况下实施的除外。根据《医疗机构管理条例》第27条规定,医疗机构必须按照核准登记或者备案的诊疗科目开展诊疗活动。《医师法》第14条第1款规定,医师经注册后,可以在医疗卫生机构中按照注册的执业地点、执业类别、执业范围执业,从事相应的医疗卫生业务。该法第22条第1项规定,医师在执业活动中享有在注册的执业范围内进行医学诊查、疾

---

① 参见罗招红:《非法行医罪主体资格的认定——以特殊时期非法行医案为视角》,载《法制博览》2021年第8期。

病调查、医学处置、出具相应的医学证明文件,选择合理的医疗、预防、保健方案的权利。《医疗机构管理条例实施细则》第81条第2款规定,医疗机构使用卫生技术人员从事本专业以外的诊疗活动的,按使用非卫生技术人员处理。由此可知,取得了医疗机构执业许可或者有医师执业证书的人,如果超出了医疗机构登记核准的诊疗科目或者超出了执业类别、执业范围从事医疗活动,显然违反了上述法律法规的规定,是一种非法行为,应认定为非法行医,可以成为非法行医罪的主体。

(三)乡村医生的主体资格问题

2008年最高人民法院出台的司法解释规定未取得乡村医生执业证书,从事乡村医疗活动的为未取得医生执业资格的人,构成非法行医罪的主体。《乡村医生从业管理条例》第9条规定,"国家实行乡村医生执业注册制度。县级人民政府卫生行政主管部门负责乡村医生执业注册工作"。该条例颁布实施后,具有某种规定条件的可申请执业注册,领取乡村医生执业证书,才算具有乡村医生执业资格。这些条件有积极资格和消极资格两种类型。

1. 积极资格

(1)《乡村医生从业管理条例》第10条规定,已经取得中等以上医学专业学历的;或者在村医疗卫生机构连续工作20年以上的;或者按照省、自治区、直辖市人民政府卫生行政主管部门制定的培训规划,接受培训取得合格证书的,并取得县级以上地方人民政府卫生行政主管部门颁发的乡村医生证书的,可以向县级人民政府卫生行政主管部门申请乡村医生执业注册,取得乡村医生执业证书后,继续在村医疗卫生机构执业。

(2)该条例第11条规定,具有县级以上地方人民政府卫生行政主管部门颁发的乡村医生证书,参加县级人民政府卫生行政主管部门有关预防、保健和一般医疗服务基本知识的培训,和省、自治区、直辖市人民政府卫生行政主管部门确定的考试合格的,可以申请乡村医生执业注册。

(3)该条例第12条规定,自条例公布之日后进入村医疗卫生机构从事预防、保健和医疗服务的人员,应当具备执业医师资格或者执业助理医师资格,方可申请乡村医生执业注册。但如果在某些还不具备满足这一规定条件的地区，根据实际需要，可以允许具有中等医学专业学历的人员或者经培训达到中等医学专业水平的其他人员申请执业注册，进入乡村医疗卫生机构执业。

2. 消极资格

《乡村医生从业管理条例》第 14 条规定，不具有完全民事行为能力的；或者受刑事处罚，自刑罚执行完毕之日起至申请执业注册之日止不满 2 年的；或者受吊销乡村医生执业证书行政处罚，自处罚决定之日起至申请执业注册之日止不满 2 年的，不能注册为乡村医生。实践中，根据《乡村医生从业管理条例》，下列情形为不具有乡村医生执业资格，(1) 未经注册取得乡村医生执业证书的。(2) 超过乡村医生执业证书的有效期，而未申请再注册的。(3) 有下列法定事由，被卫生行政主管部门注销执业注册，收回乡村医生执行证书的：①死亡或者被宣告失踪的；②受刑事处罚的；③中止执业活动满 2 年的；④考核不合格，逾期未提出再次考核申请或者再次考核仍不合格的。(4) 有下列行为之一逾期不改正，责令暂停执业活动，情节严重，被暂扣乡村医生执业证书的：①执业活动超出规定的执业范围，或者未按照规定进行转诊的；②违反规定使用乡村医生基本用药目录以外的处方药品的；③违反规定出具医学证明，或者伪造卫生统计资料的；④发现传染病疫情、中毒事件不按规定报告的。(5) 乡村医生因在执业活动中，违反规定进行实验性临床医疗活动，或者重复使用一次性医疗器械和卫生材料，情节严重，被原发证部门暂扣或者吊销乡村医生执业证书的。(6) 以不正当手段取得乡村医生执业证书的。

以上即为乡村医生执业资格的取得方式，为实务中规范乡村医生的执业行为提供了法律依据。

(四) 在具有集体执业资格的医疗机构中从事医疗业务的人员擅自从事个体行医是否构成非法行医罪主体

我国非法行医罪于《刑法》第 336 条中明确规定，其归属于简单犯、行政犯范畴，兼具基本犯情形与加重犯情形。《刑法》第 336 条对非法行医罪的规定相对简单，具有浓厚的早期刑事立法特征，我国自改革开放后，在刑事立法层面遵循了宜粗不宜细的原则，罪名设定上相对简单，便于司法实践中的罪名认定，能够适应复杂多变的社会环境。[①]《医师法》第13条第2款规定："取得医师资格的，可以向所在地县级以上地方人民政府卫生健康主管部门申请注册。医疗卫生机构可以为本机构中的申请人集体办理注册手续。"在这种情况下，医疗、预防、保健机构便具有集体执业资格，但是这样是否意味着该机构的任何医师都具有个体执业资格？这也直接涉及非法行医罪主体的范围。虽然医疗等机构为本机构的医师集体办理了注册手续，但这只是意味着该机构的正式医生可以在该机构行医，绝不意味着这些医生可以从事个体行医。从法律规定上看，《医师法》第20条第1、2款规定："医师个体行医应当依法办理审批或者备案手续。执业医师个体行医，须经注册后在医疗卫生机构中执业满五年；但是，依照本法第十一条第二款规定取得中医医师资格的人员，按照考核内容进行执业注册后，即可在注册的执业范围内个体行医。"这表明在医疗、预防、保健机构的正式医生并非都可以从事个体行医。另外，从行医的特点来看，集体行医与个体行医对于患者的安全保障并不相同。在集体行医时，医疗机构不仅具有较完备的设施，而且有多名医生在必要时能够共同协力保障患者的安全；而个体行医时，往往由于设施不完备，且没有多名医生的协力，患者的安全保障性较弱。因此，在具有集体执业资格的医院行医的人，要从事个体行医，必须符合更加严格的条件。换言之，在集体注册的情况下，只是意味着医疗机构本身具有了执业许可证，而不是意味着每一个医生都取得了个体执业证书。可见，将集体医疗机构中的医生认定为具有个体行医的执业资格是不正确的。由此可见，即使经医疗、预防、保健机构集体办理注册手续的医疗从业人员，也不能因此就取得个体行医资格，如果擅自个体行医，应当认为其已构成非法行医罪的主体。

---

① 参见欧阳娟：《非法行医罪司法适用问题研究》，江西财经大学2021年硕士学位论文，第9页。

三、非法行医罪主体规定的缺陷及完善

(一)非法行医罪主体规定的缺陷

1.“医生执业资格”的含义及认定存在争议

医生执业资格是我国《刑法》第336条第1款非法行医罪中的一个专业术语,其他卫生法律法规中未见医生执业资格的阐述。从刑法体系解释来看,第335条医疗事故罪与第336条非法医疗罪的核心差异在于主体不同,医疗事故罪的成立前提必须是取得执业医师资格的主体,而非法医疗罪的成立前提则在于主体未取得执业医师资格。从这个角度看,非法医疗罪主要规制“无证主体”,反过来“有证主体”则不应该为非法医疗罪的规制对象。[①] 在司法实践中,对医生执业资格的理解各异,理论界也争论不休。

从立法本意上讲,“医生执业资格”目的在于确定为患者行医看病的人应当具有国家认可的专业医学知识和技术,从而保护人民群众的身体健康。医生执业资格是医疗卫生系统根据本行业范围内的技术专业要求而作出的规定,具有较强的专业性,根据《医疗机构管理条例》和《医疗机构管理条例实施细则》的有关规定,经医师执业技术考试合格,取得医师执业证书,或者经过卫生行政部门关于卫生技术人员的职称评定取得医师职称,然后,还须从事5年以上同一专业的临床工作。我国《医师法》第8条规定,国家实行医师资格考试制度。凡符合法定条件的,可以参加执业医师资格考试。《医师法》第13条规定,国家实行医师执业注册制度。取得医师资格的,可以向所在地县级以上地方人民政府卫生健康主管部门申请注册。医疗卫生机构可以为本机构中的申请人集体办理注册手续。第14条规定医师经注册后,可以在医疗卫生机构中按照注册的执业地点、执业类别、执业范围执业,从事相应的医疗卫生服务。未经医师注册取得执业证书,不得从事医师执业活动。第17条规定医师注销注

---

① 参见王瑞:《论非法行医罪的主体界定标准及适用(下)》,载《中国卫生法制》2018年第2期。

册,废止医师执业证书。非法行医罪的司法适用必须兼顾刑法威慑性与刑法谦抑性,兼顾刑法的预防犯罪功能与刑法的人权保障目标。非法行医罪的特殊性在于其保护法益的复合性,因此对非法行医罪的司法适用必须既考虑公共行政管理秩序法益,也要考虑个体生命健康法益,以此保障刑法功能的融贯。[①]

2. 单位未能纳入非法行医罪的主体范围

当前我国刑法并没有明确认可医疗机构在医疗犯罪中的主体地位,因而在我国刑法理论中,基本都侧重于对以个人为主的非法行医罪的探讨,对于以单位为主体而实施的各种非法行医刑法没有规定。首先应该界定刑法上的医疗行为,刑法上的"医疗行为"的含义为:运用自身具有的医学知识和医疗技能,为对方减缓乃至祛除身体痛苦,减缓或者消除疾病,帮助对方对药物依赖进行克服,改变进而完善身体的功能或外观等与对方的生命安全以及身体健康息息相关的行为。[②] 事实上,在我国一些民办医疗机构,违法行医的情况非常普遍,在司法实践中一般定为诈骗罪或者以其他罪进行认定。由于立法规定的缺失与理论研究的不足,一般都被视为个人犯罪。民营机构不当行为不利于规范我国医疗服务市场,不利于保障我国医疗秩序的稳定,也不利于保障公民生命健康权益。现实生活中,对于非法行医行为,自然人犯罪与单位犯罪相比,单位犯罪的社会危害性可能更大,情况可能更为严重。

(二)非法行医罪主体规定的完善

1. 明确未取得医生执业资格的人的范畴

对非法行医罪的犯罪主体即未取得医生执业资格的人如何进行认定,最高人民法院的司法解释规定了五种情形:未取得或者以非法手段取得医师资格从事医疗活动的;被依法吊销医师执业证书期间从事医疗活动的;未取得乡村医生执业证书,从事乡村医疗活动的;家庭接生员实施家庭接生以外的医疗行为的。司法解释虽然对于哪些主体才是未取得医

---

① 参见欧阳娟:《非法行医罪司法适用问题研究》,江西财经大学2021年硕士学位论文,第32页。

② 参见吴海铎:《非法行医罪疑难问题研究》,黑龙江大学2021年硕士学位论文,第19页。

生执业资格的人进行了简单的概括,对于目前关于主体认定争议的主流问题仍未作出明确的界定。

因此相关司法解释还应在以下方面进行完善:第一,未取得医生执业资格的人,是否仅指未通过国家执业医师资格考试而未取得执业医师资格的人,还是也包括已通过国家执业医师资格考试,未取得医师执业证书的人?第二,已经取得医生执业资格,但不按注册的执业地点、执业类别、执业范围执业的人,是否可以成为本罪的主体?第三,医生以外的医疗机构的其他工作人员,如护理人员、检验人员、药剂人员等,能否成为本罪的主体?目前深圳通过地方立法赋予护理人员处方权,如果没有处方权的护理工作人员行使医师权限是否构成非法行医行为?

2. 将单位纳入非法行医罪主体的范围

在现行《刑法》的框架下,根本没有单位成为非法行医罪主体的可能。根据我国《刑法》第30条、第31条的规定,只有法律明文规定的,才能构成单位犯罪。对单位犯罪除另有规定的以外,都应当实行双罚制,即对单位判处罚金,对其直接负责的主管人员和其他直接责任人员判处刑罚。规定非法行医罪的《刑法》第336条第1款既没有单位犯罪的规定,其法定刑也没有双罚制的规定。因此,在现行《刑法》及相关司法解释中,根据法理中法无规定不为罪,法无规定不处罚的原则,单位无法成为非法行医罪的犯罪主体。

无论从理论上还是从实践上看,都很有必要将单位纳入非法行医罪的主体范畴,理由如下所述。第一,《医疗机构管理条例》第23条规定:任何单位或者个人,未取得执业许可证不得开展诊疗活动。从该规定来看存在单位未取得执业许可证开展诊疗活动的情况,对于这类单位的违法主体只能是单位。第二,《医师法》第59条规定:"违反本法规定,非医师行医的,由县级以上人民政府卫生健康主管部门责令停止非法执业活动,没收违法所得和药品、医疗器械,并处违法所得二倍以上十倍以下的罚款,违法所得不足一万元的,按一万元计算。"第63条规定:"违反本法规定,构成犯罪的,依法追究刑事责任;造成人身、财产损害的,依法承担民事责任。"未经批准擅自开办医疗机构既可由个人构成又可由单位构成。可见,单位构成非法行医罪是有法律规定的。第三,依照《最高人民法院关于审理单位犯罪案件具体应用法律有关问题的解释》第 1 条规定,依法设立的公司、企业、事业单位具有法人资格,不论其所有制性质,均可构成单位犯罪主体。此解释也承认凡符合单位条件的均可构成单位犯罪。第四,对于非法行医行为,自然人犯罪与单位犯罪相比,单位犯罪的社会危害性更大,情况更为严重。

3. 区分非法行医行政处罚与刑事惩罚

行政法与刑事法有着不同的调整对象,刑法是社会最终关系的调节器,不轻易使用。对于非法行医案件的违反行政责任行为,刑法不应该纳入自己的管辖范围,刑法不能代替处罚,这样实现不了社会最大效益。这也体现了刑法具有谦抑性。医疗行为应当具有主体的对象特定性、专业性、恢复健康的目的、高风险性以及注重行为本质。

对于非法行医罪中的情节严重的性质,应当属于定罪情节,在其他要件都具备时,如果没有"情节严重"不能构成犯罪,这里的"情节"属于客观方面的表明法益侵害程度的情节,依据法条对非法行医罪的规定,只有达到情节严重的程度才能构成非法行医罪。相关司法解释对非法行医罪的情节严重列举了四种情况,但这必然会存在漏洞,应当结合客观标准和条件来划定情节严重的范围,这样才能弥补自身不足,适应现代社会。[①]所以违法与犯罪的界限主要取决于社会危害结果是否"情节严重"。从司法实践中对于有关非法行医罪的判决来看,人民法院在认定行为人的医疗行为是否构成该罪问题上,始终离不开医疗鉴定机构的鉴定报告。案件审理和判决也基本是在医疗鉴定机构出具的报告基础上,结合其他案件信息,综合认定非法行医行为是否造成"情节严重"的损害结果,并最终得出是否构成犯罪的结论。[②]

非法行医造成就诊人重伤或死亡的情节是非法行医罪的结果加重犯,只有厘清行为与损害两者在刑法上的因果关系,才能要求行为人对该

---

① 参见吴海铎:《非法行医罪疑难问题研究》,黑龙江大学 2021 年硕士学位论文,第 23 页。

② 参见曹波、文小丽:《非法行医罪因果关系的司法认定——基于双层因果关系判断模式的展开》,载《中国卫生法制》2022 年第 3 期。

结果负责,这种因果关系是将已发生的危险结果与刑事责任连结的必要条件。[①] 具体地说针对同一行为责任,如果非法行医社会危害性较大,危害程度严重,需要课处刑罚,以刑罚的威慑力警戒非法行医。如果情节较轻,危害不大,则以行政违法予以处罚即可达到威慑效果,节约司法资源。

第二节 医疗事故罪的司法认定

医疗事故罪是一种典型的职务过失犯罪,我国《刑法》对医疗诊疗过失行为从不规制到刑事规制经历了较长时间,即从不定罪处罚到以玩忽职守罪定罪处罚再到通过医疗事故罪加以规制。医师诊疗行为本身就会对人体产生一定的侵袭。医生的医疗活动,尤其是手术行为可以看作是刀尖上的舞蹈,具有较大的危险性。医者仁术,治病救人是每位医务工作者的天职,随着经济和生物科学技术发展,医疗执业刑事风险也逐渐增加。1987 年 6 月 29 日颁布的《医疗事故处理办法》第 24 条规定:"医务人员由于极端不负责任,致使病员死亡、情节恶劣已构成犯罪的,对直接责任人员由司法机关依法追究刑事责任。"《医疗事故处理办法》明确以法律的形式对医疗事故追究刑事责任。理论和实践上的统一,使罪刑法定原则、罪刑责相适应原则得以充分体现。1997 年修订的《刑法》中确定了第 335 条的医疗事故罪,填补了刑法上关于医疗事故处理的空白,使医疗事故罪定罪量刑规范化,规范医疗行为,有利于更好地保障患者的生命健康权、维护医疗活动的正常秩序,提高医务人员的职业责任感。医疗事故罪的认定需结合执业医师的具体诊疗行为主观态度、医疗损害结果以及医疗因果关系进行判断,其中医疗注意义务的违反是医疗过失成立的核心。但是《刑法》或者司法解释并未对作为医疗事故罪构成要件的"严重不负责任"和"严重损害就诊人身体健康"作出明确的解释,导致在司

---

① 参见蒋倩倩:《非法医疗美容行为的刑事责任认定问题研究》,安徽财经大学 2021 年硕士学位论文,第 18 页。

法的处理中也无法精确适用。最高人民法院对非法行医罪以司法解释对非法行医的行为进行认定,非法行医犯罪构成的客观条件包括情节严重作出详细规定,但是对医疗事故的构成要件"严重不负责任"与"严重损害就诊人身体健康"没有作出特别解释或者规定,医疗事故罪在实践运用中存在一定的争议与困惑。

一、医疗事故罪的犯罪构成焦点问题

医疗事故罪作为一般过失犯罪的特殊形式,具有与一般过失犯罪类似的犯罪构成,同时有自己独特的犯罪构成,包含特殊的主体身份和特殊的医疗注意义务。刑法之所以设置本罪,就是为了对医疗行为进行规范,使医务人员负有强制的医疗注意义务,从而防止医疗行为对患者生命健康权利的侵害。

(一)医疗事故罪的犯罪主体:医务人员

刑法上对犯罪主体界定是指实施犯罪行为并依法承担刑事责任的自然人或者单位。根据《医师法》以及相关法规的规定,医务人员是指经过系统医学专业教育并经相应的笔试、面试考核和卫生行政部门批准,取得相应资格及执业证书的各级各类卫生技术人员。据此只有通过了医师资格考试,取得了医师资格,并且经医师注册取得执业证书后,才能从事医师执业活动。经过考核和卫生行政部门批准和承认,取得相应资格及执业证书的各级各类的卫生技术人员,是可以直接从事诊疗、护理岗位的工作人员,包括国家、集体、民营医疗机构和经卫生行政部门批准开业的个体诊所医务人员,也包括执业医师、护士及其他医疗技术人员和其他辅助人员。根据《医师法》的规定,医师包括执业医师和助理执业医师。其他医疗技术人员包括检验、麻醉、病理、口腔、康复理疗、同位素、放射、母婴保健等专业技术人员。其他辅助人员指行政、后勤管理人员,这类人员属于限定性主体。

在刑法中,医疗事故的犯罪主体是特殊的主体,必须是医务人员,是直接从事诊疗、护理的工作人员,必须掌握专业的医学基础知识和医疗技能,并且是依法取得从医资格的医务人员。刑法立法规定医疗事故罪的立法宗旨重在保障患者生命和健康权利。只要具备了国家认可的医学知识和技能等实质条件的自然人,包括国有事业或者民营医疗单位的医生、护士、药剂人员,以及经主管部门批准开业的个体诊所医护人员,才有可能构成医疗事故罪犯罪主体,包括从事医疗管理、后勤服务等人员从事医疗、护理工作事务。非法行医罪犯罪主体是未取得医生执业资格的人非法行医,而对于医疗事故罪是符合医务工作人员身份的行为人,据此未曾获得医务工作人员从业资格或者从业资格被暂停或者医师执业证书被注销的行为人从事医疗工作的,有可能构成非法行医罪。

(二)医疗事故罪的犯罪主观方面:医疗损害结果预见义务

《刑法》第15条第1款规定:“应当预见自己的行为可能发生危害社会的结果,因为疏忽大意而没有预见,或者已经预见而轻信能够避免,以致发生这种结果的,是过失犯罪。”对于责任事故类犯罪,从法理上分析包括两种情况:一是过于自信的过失,即医务人员已经预见自己的行为可能导致患者发生医疗事故,但轻信自己能够避免,以致医疗事故发生。二是疏忽大意的过失,即医务人员在诊疗过程中应当预见可能发生的医疗事故但由于疏忽大意没有预见,以致发生医疗事故。医疗事故罪的成立要求医务人员违反医疗专业诊疗注意义务,主要从主观和客观两个方面进行甄别,客观过失表现为医务人员在诊疗过程中应当履行专科诊疗注意义务但未履行或者不完全履行。医疗注意义务的违反还体现在主观过失上,包括疏忽大意和过于自信过失两种。医疗注意义务是医务人员主客观注意义务的统一,客观注意义务见于客观行为,对标医疗损害结果回避义务;而主观注意义务见于主观认识和主观心态,对标医疗损害结果预见义务。[①] 医务人员的结果预见义务即对患者诊疗行为过程中所实施的医疗检查、诊断、治疗、手术措施等行为具有风险性认识,对患者可能发生的损害结果进行评估、术前讨论、预防、处理,同时需向患者或者其近亲属尽到解释说明之义务。

---

① 参见韩婷:《医疗事故罪中的注意义务问题研究》,华东政法大学2021年硕士学位论文,第15页。

对于医务人员的医疗水平而言，判断医务人员能否预见可能发生的医疗事故的标准是以其医疗水平而言，但是由于临床经验以及病患的症状都不尽相同，医务人员的医疗水平应以其已经普及的实践应用的医学水平为标准，而不能以理论水平来衡量，更不能以专家、顶尖级水平作为标准。

对于突发情况，由于医务人员面对急诊的患者，情况紧急，医方有义务为其做紧急处理，但是由于病情的严重性，对患者情况了解不够，医务人员存在精神上的高度紧张。在这样的情况下，对其医疗过失标准应放宽些，即使医方存在一些失误或者处置不当的情况，也不应直接责之为医疗事故罪。例如，对初期新冠感染，在突发的情况下采取普通治疗，最后由于抢救不当而过世，不能认定为医疗事故罪。生物医学虽对于各类疾病的研究都取得了突破性的进展，但人类始终在从未知到已知的探索中前进，医学领域仍然存在人类未能发现和解决的问题，对于那些未知医疗损害结果的发生，自然不能对医务人员苛以过高的要求。

在诊疗的过程中，并发症随着患者疾病的恶化情况是不确定的，经治医师对并发症预见并采取相应预防措施，无法避免导致并发症的出现并恶化的结果，对医疗并发症产生医疗后果，不能定为医疗事故罪。

医疗的义务来源包括卫生法律法规、医疗机构制度或诊疗操作规程。医疗单位的规章制度与诊疗操作规程主要指与保障就诊人的生命和健康安全有关的诊疗护理方面的规章制度，包括门诊、检查、诊断、手术、医嘱、处方、麻醉、输血、护理、化验、消毒、查房等各个环节的规程、规则、守则、制度、职责要求等。判断医务人员是否尽到注意义务、注意标准，主要通过患者的病历、病历记录程序以及相关资料的记录来进行。医务人员的行为是否符合法律法规、医疗卫生规范，是否对患者的病情细致观察、采取合理的注意，是否运用了最佳判断法则都要通过上述病历相关资料来对医务人员的主观过失进行判断。[①]

---

① 参见郑美静：《医疗事故罪的司法适用及立法完善——以吉林地区医疗事故罪的司法适用为例》，延边大学2020年硕士学位论文，第17页。

（三）医疗事故罪的犯罪客观方面：严重不负责任

医疗事故罪的犯罪构成要件之一的“严重不负责任”，在医疗事故罪的认定中发挥着至关重要的作用，表现在医务人员严重不负责任，致使就诊人死亡或者严重损害就诊人身体健康的行为。“严重不负责任”是指医务人员在诊治、护理过程中，违反医疗规章制度与诊疗护理常规，在医疗工作中粗心大意，没有正确履行法定或者约定职责，其主要表现在：一是积极的不作为，例如诊断严重错误、开错药、开错刀、打错针等。二是消极的不作为，例如医生擅离值班职守，没有尽到应履行的职责，或者护理人员在对待病患上粗心大意，没有严格按三查八对等进行护理或者执行医嘱行为。《医师法》中医师的救治义务是对一切医师因法律法规、医疗常规、专科技术规范或先行行为而产生的作为注意义务的总括。根据《医疗事故处理条例》规定，将医疗事故分为四级：一级医疗事故是指造成患者死亡、重度残疾的；二级医疗事故是指造成患者中度残疾、器官组织损伤导致严重功能障碍的；三级医疗事故是指造成患者轻度残疾、器官组织损伤导致一般功能障碍的；四级医疗事故是指造成患者明显人身损害的其他后果的。对于如何认定严重损害就诊人身体健康的问题，最高人民法院就非法行医司法解释规定构成二级以上医疗事故系造成就诊者人身体严重损害，根据举重足以明轻的原则，医疗事故中严重造成就诊者身体健康应认定为二级以上医疗事故并且医疗机医疗过失应该承担主要责任以上。

二、医疗事故罪的司法认定

在医疗事故案刑事诉讼程序中，司法鉴定意见和医疗事故鉴定意见时常会出现不一致的情形，对于定罪量刑有重大影响。实际上，把医疗事故技术鉴定意见直接作为刑事审判的依据，容易产生以下问题：一是难以得出公平的结论。二是难以得出符合事实真相的结论，从而影响定罪的准确性。[①] 对于医疗事故罪的犯罪认定，主要是从犯罪构成中的主体、主

---

① 参见刘培森：《论我国医疗事故罪的过失认定标准》，湖北大学2021年硕士学位论文，第34页。

观方面、客体、客观方面四个方面进行认定。医疗事故罪的主体是特殊主体——医务人员,主观方面——过失,客体——医疗单位的工作秩序,以及公民的生命健康权利,客观方面——严重不负责任以及严重损害就诊人身体健康的后果。据此,在对医疗事故罪司法认定的基础上,需要区分医疗事故罪与非罪,此罪与彼罪的异同。

(一)医疗事故罪与非罪的区别

1. 医疗事故罪与医疗意外。医疗事故罪作为一种典型的职务过失犯罪,医疗行为人的过失行为本质上表现为对注意义务的违反。而刑法中将严重不负责任作为医疗过失行为的类型化表述,是认定医疗行为人的行为构成医疗过失行为的关键之所在。医务人员在从事诊治或护理工作过程中,由于患者的病情或患者体质的特殊性而发生难以预料和防范的事件致使患者死亡、残疾或者功能严重障碍等不良医疗后果的行为就是医疗意外。医疗事故罪和医疗意外的共同点:一是主体相同,都是医务人员;二是均有可能发生患者死亡或者身体健康受到严重的损害的后果。医疗事故罪和医疗意外区别的核心点在于:医疗事故罪中的医务人员在主观上存在过失,即医疗事故罪在主观方面,医务人员对严重损害结果的发生应当预见而没有预见,造成就诊人死亡或严重损害就诊人身体健康;而医疗意外是指因为损害后果是患者自身体质原因与特殊疾病偶然结合导致严重医疗后果的发生,医务人员对可能产生的患者死亡、残疾或者功能障碍的严重的不良后果根本不可能预料,医务人员的行为与损害结果间不具有直接的因果关系。

2. 医疗事故罪与医疗并发症。并发症是发生在具体的诊疗过程中,由一种疾病合并发生另一种疾病,由于现代医疗科学技术水平和临床经验的局限性,并发症是在临床操作中较为难以预料和防范的,医务人员主观上不存在严重不负责任,也没有违反规章制度和诊疗操作,不构成主观上的过失,所以严重的医疗并发症不构成医疗事故罪。对于医师承担法律责任的法理基础,根据医疗事故罪注意义务的前提,若客观上不存在结果预见可能性和结果避免可能性,或者行医者主观上根本不存在履行医疗注意的能力,医师就没有承担责任的法理基础。

3. 医疗事故罪与抢救行为。医务人员在紧急情况下为了抢救垂危患者，在没有其他措施可以急救治患者的情况下，以较小的风险，甚至损害另一个患者一个较小的利益的方法来保护病重患者的生命。例如对于交通事故中伤者截肢与生命权的冲突，医务人员的行为是为保护患者的生命利益不得已而损害患者健康的利益，具有阻却违法性。抢救行为虽然给患者造成一定损害，但它最终的目的是保护患者的生命权，并不是医务人员主观的过失，不构成医疗事故罪的主观条件。医务人员的抢救行为所造成的后果的免责前提条件是抢救患者的生命权。患者的生命处于垂危的状态，情况紧急，并且患者的生命危险须是已经发生且持续进展，医务人员采取其他合理治疗措施都不能使患者脱离生命危险的情形下实施的诊疗行为。

（二）医疗事故罪与相似罪的区别

1. 医疗事故罪与非法行医罪

根据我国《刑法》第336条第1款规定，非法行医罪是指未取得医生执业资格的人从事医疗行为，情节严重的行为。非法行医罪是典型的职业犯。非法行医罪和医疗事故罪均有医疗行为的实施，并且都发生在医疗行为中，都是属于危害公共卫生的犯罪，但是两者在本质上还是存在一定的区别。第一，在主体上，医疗事故罪的主体是医务人员，而非法行医的主体是未取得医生执业资格的人。这是区分这两个罪名的主体关键所在。第二，在主观上，医疗事故罪的主观表现是过失，医务人员预见自己的行为可能导致患者发生损害结果，但轻信自己能够避免，或者医务人员在诊疗过程中应当预见可能发生的医疗损害但由于疏忽大意没有预见。而非法行医的行为人的主观因素可以是过失，也可以是故意，因为行为人须明知自己未取得医生执业资格而非法行医，即使未取得医生执业资格的人免费为他人行医，情节严重的，也应认定为非法行医罪。第三，在客观因素上，医疗事故罪和非法行医罪虽然都是发生在医疗行为的过程中，但是医疗事故罪发生在合法的正常医疗行为中，而非法行医罪的医疗行为非法。第四，医疗事故罪是以责任事故为限，发生在技术上的事故，不构成犯罪；而非法行医罪不仅以责任为限，也包括其技术水平低下造成严重后果的行为。第五,医疗事故罪的客观方面是以严重不负责任、严重造成就诊者人身健康损害为要件,而非法行医罪须达到情节严重便构成犯罪。

2. 医疗事故罪与玩忽职守罪

玩忽职守罪是指国家机关工作人员严重不负责任,不履行或者不认真履行职责,致使公共财产、国家和人民利益遭受重大损失的行为。医疗事故罪和玩忽职守罪的相同之处在于:两者的行为在主观上都存在严重不负责任,并且都造成了严重的后果。两罪的不同点在于:首先,医疗事故罪的主体是医务人员,而玩忽职守罪的主体是国家机关工作人员。其次,医疗事故罪发生在医护诊疗的过程中,而玩忽职守罪则发生在国家行政管理的活动之中。最后,医疗事故罪侵犯的是患者的生命健康权,而玩忽职守罪侵犯的则是国家机关的正常管理秩序。

3. 医疗事故罪与重大责任事故罪

重大责任事故罪是指在生产、作业中违反有关安全管理的规定,发生重大伤亡事故或者造成其他严重后果的行为。医疗事故罪和重大责任事故罪的相同之处在于:一是主观上都表现为过失,二是在客观上都造成了伤亡的严重后果。但是这两个罪之间存在很大的区别。首先,在主体上,医疗事故罪的主体是医务人员,而重大责任事故罪的主体是自然人,包括对生产、作业负有组织、指挥或者管理职责的负责人、管理人员等。其次,医疗事故罪发生在医护诊疗的过程中,而重大责任事故罪发生在生产、作业活动中。最后,医疗事故罪侵犯的客体是患者的生命健康权和医院的管理秩序,而重大责任事故罪侵犯的客体是不特定多数人的生命安全和公私财产安全。

4. 医疗事故罪与过失致人重伤罪、过失致人死亡罪

过失致人死亡罪是指由于普通过失致人死亡的行为。过失致人重伤罪是指行为人由于过失致他人重伤的行为。过失致人重伤罪和过失致人死亡罪的客观构成要件为实施了致人重伤、死亡的行为。其责任形式和医疗事故罪一样,都视为过失。这两者造成的后果也相同,过失致人死亡造成的后果是行为人死亡,过失致人重伤的后果是造成行为人重伤,而医

疗事故罪的后果是致使就诊人死亡或者严重损害就诊人身体健康。但是这两者还是有区别的。首先,主体上,医疗事故罪的主体是医务人员,而过失致人重伤、死亡罪的主体是普通主体,医务人员或者非医务人员都可以成为该主体。其次,医疗事故罪是发生在诊疗护理中,该罪行为是违反规章制度和诊疗护理常规,严重不负责任造成患者死亡或者严重损害患者的身体健康的行为,而过失致人重伤、死亡罪通常表现为通过某种方式致人重伤或者死亡。

通过以上的论述,可以清楚地把握医疗事故罪的犯罪构成:犯罪主体应为医务人员,这是区别于非法行医罪、玩忽职守罪、重大责任事故罪和过失致人重伤、死亡罪的关键。犯罪主观上是过失,即医务人员已经预见自己的行为可能导致病人发生医疗事故,但轻信自己能够避免,或者医务人员在诊疗过程中应当预见可能发生的医疗事故但由于疏忽大意没有预见,以致发生医疗事故。这是区别于医疗意外、医疗并发症以及抢救行为的关键。犯罪客观方面是严重不负责任以及严重损害就诊人身体健康。犯罪客体是侵犯了国家对医疗卫生工作的管理秩序和直接侵犯了就诊人的生命健康权,这也是区别于其他罪的关键。对于医疗事故罪的司法认定,笔者认为要把握好其犯罪的构成要件,要和其他相似的罪名区分清楚。由于虽然我国的医疗科学技术水平在不断发展,但是现在对于医疗卫生领域的许多病症还未完全攻破,在适用医疗事故罪的时候还是要从司法实践的角度作好区分,以便更准确地认定医疗事故罪。

第八章　医疗损害鉴定

第一节　医疗损害鉴定体制

医疗损害鉴定是指医学会或者司法鉴定机构运用专业技术知识对医疗机构及其医务人员在诊疗活动中医疗行为是否存在过错、医疗行为与患者损害后果之间是否存在因果关系、医疗过错行为在损害后果中的原因力大小等进行鉴别和判断,并提供鉴定意见的活动。目前我国医疗损害鉴定主要是医学会鉴定和司法鉴定两种类型。其中医学会鉴定是市级医学会、省级医学会组织相关学科临床医学专家对医疗纠纷涉及的诊疗行为是否存在医疗过错及因果关系、责任比例或者原因力大小等问题进行分析判断,并出具分析意见。采用地市级、省级两级鉴定体制时,医疗专科鉴定专家及法医均从医学会鉴定专家库中随机抽取。司法鉴定是指鉴定人运用科学技术或者专门知识对诉讼或者非诉讼涉及诊疗行为与患者人身损害是否存在因果关系、原因力大小等专门性问题进行鉴别和判断并提供鉴定意见的活动。

医疗纠纷的有效解决途径主要有三种:和解、调解和诉讼。由于医疗纠纷的专业性、特殊性、复杂性、风险性,诉讼时间、成本较高,据此,以往患方在发生医疗纠纷时,时常选择非暴力方式协调解决,而不选择合法的诉讼途径。本章通过对医疗纠纷鉴定体制分析研究并提出改革方案来尽可能解决医疗鉴定体制的问题。

一、医疗损害鉴定的概述

医疗损害鉴定是医疗损害司法审判的重要程序关键核心点。由于医疗损害纠纷案件具有很强的专业性、复杂性、技术性、不可确定性,在案件进入诉讼程序后,法院通常采用鉴定方式以明确案件医疗损害中医方诊疗行为与患者损害之间因果关系、原因力大小、责任范围,因此医疗损害分析意见作为司法裁判者公正审理与判决案件的重要依据。

医疗机构与患者或者患者近亲属之间产生因医疗诊疗过失、违约行为而导致的医疗损害赔偿或者医疗合同违约等纠纷。医疗责任纠纷通常是由医疗机构诊疗存在过失或者违约行为引起的。诊疗过错是医务人员在诊治、护理过程中所存在的违背诊疗规范与护理规范的行为。在实际医疗活动中,即使医疗机构在其诊疗过程中没有存在任何过失或过错,但是由于患方缺乏相关的医学专业知识,无法接受医疗风险中如手术并发症和医疗过程中的意外事件引起的人身伤害。

司法救济是患者选择救济的重要途径,涉诉医疗纠纷的医疗损害鉴定环节成为医疗纠纷定分止争的关键及核心所在。医疗纠纷分为侵权责任和违约责任,当发生医疗纠纷时,患方可以选择侵权责任也可以选择违约责任来要求医疗机构承担责任。由于医疗行为本身具备较高专业性、复杂性、风险性,一般情况下,司法机关对医师诊疗的具体过程、护理等级、护理记录、手术方案等情况并不熟悉,很难判断诊疗行为是否存在过失,据此患者的人身损害与医疗机构诊疗行为是否有因果关系、责任比例、原因力大小、过错参与度等均须通过鉴定予以明确。据此在医疗纠纷中,无论患方选择何种案由向司法机关主张权益,诉讼程序中必然要涉及医疗鉴定的问题,医学会或者司法鉴定机构的鉴定意见往往会成为案件的核心关键点,法院一般会依据鉴定意见来认定案件的性质、责任范围、原因力大小并据此作为定案重要参考依据。但是司法实践中医疗损害鉴定体制中的二元化的鉴定体制问题，即医学会所出具医疗事故技术鉴定或者医疗损害鉴定与司法鉴定机构的医疗损害鉴定书，司法实践中二元化鉴定体制也是医患双方经常争论的核心焦点。

二、医疗损害中二元化鉴定体制

（一）二元化鉴定体制溯源

我国现行的医疗事故纠纷主要有两种鉴定方式：医学会组织医疗事故技术鉴定或者医疗损害鉴定与司法鉴定机构受理医疗损害司法鉴定。由于现行处理医疗纠纷的法律法规的不足和法务规定冲突等问题，各地关于医疗纠纷的司法实践无法统一，各地司法鉴定实践混乱，主要体现在诉讼过程中所呈现的“多头鉴定——医疗事故技术鉴定和医疗损害司法鉴定”局面。《民法典》对“医疗损害责任”作了专章规定，并统一了医疗损害赔偿的标准，对司法实践具有重要的指导意义，但是《民法典》是实体法，无法对医疗纠纷鉴定体制作出程序规范，医学会依据《医疗事故处理条例》作出医疗事故技术鉴定仍然具有法律效力，尤其可以作为针对当事医生的行政处罚的依据。医疗事故鉴定侧重于鉴定被申请的诊疗行为是否构成医疗事故以及医疗事故等级，若鉴定结论不构成医疗事故，医疗机构依《医疗事故处理条例》不承担责任。所以，在医疗纠纷中，医疗机构考虑到医疗行为的专业性、复杂性，往往会选择向医学会申请作医疗事故技术鉴定。但是在现实生活中，患方一般认为医学会带有不公正的色彩，其鉴定组人员一般是各级医院的任职副主任以上的医生，鉴定专家的本身职业就是医生，他们从本质上就偏向医疗机构的利益，不能排除该鉴定人员与医疗机构存在千丝万缕的关系。由于以上原因，无论医疗事故鉴定程序如何公正、合法，患方依旧认为医学会所作的医疗事故鉴定公信力很低。相比而言，医疗过错司法鉴定是人民法院在受理医疗损害赔偿民事诉讼案件中，依职权或应医患任何一方当事人的请求，委托具有法定鉴定资质的机构对患方所诉医疗损害结果与医方过错之间有无因果关系等专门性问题进行分析、判断并提供鉴定结论的活动。医疗过错司法鉴定的鉴定机构是社会第三方的鉴定机构，它的鉴定组的成员一般是具有高级职称的法医专家，其具体要求与医学会鉴定不一致，鉴定方式、程序也有所不同，鉴定结论有明显差异，司法实践中也出现多起医疗事故鉴定被司法鉴定机构重新鉴定推翻的案例。鉴于此，患者一般认为医疗过错司法鉴定比较公正，因而在司法实践中，患者提起医疗诉讼，会选择作医疗过错司法鉴定。相反地，医疗机构对医疗司法过错鉴定一直持反对态度，由于医学的博大精深以及较高的专业性，司法鉴定机构往往缺乏专业对口的鉴定专家，一般是从法医学的方向来鉴定医疗过错，导致司法实践中出现所谓的外行鉴定内行工作的尴尬局面，其鉴定意见也有待商榷。

各地法院在处理医疗纠纷时大都遇到过医患双方当事人选择了不同鉴定模式的审判困扰。不同的鉴定模式影响到法律的选择适用问题，尤其是司法倾向保护弱者以及选择位阶较高的民事基本法律而非行政法规性质的《医疗事故处理条例》的实践做法。2008 年 4 月 1 日施行的《民事案件案由规定》（法发〔2008〕11 号）（已失效）仅将医疗纠纷的案由确定为“医疗损害赔偿纠纷”而没有规定“医疗事故纠纷”。其规定进一步促使二元制鉴定模式之间的关系趋于激化。医疗纠纷案件因最高人民法院的解释、答复与相关法律法规以及解释使二元制鉴定模式明晰，司法实践因患者选择司法鉴定便捷以及获得赔偿的数额较大而一度占据优势，致使《医疗事故处理条例》规定的医疗事故技术鉴定被冷落。医疗纠纷案件也由于二元制的鉴定模式致使案件的审判效率明显下降，案件从法院受理到结案一般需要一年，争议大的案件有时要经过两三年的审理才能顺利结案。一般情况下医疗纠纷的案件都要经历两次以上的鉴定，这不仅严重浪费司法资源，同时不同的鉴定结论作为证据被当事人提交至法庭，那么法官就面临着证据的采信问题。若两份鉴定意见都是通过当事人申请并由法院委托，那么法院就会面临左右为难的尴尬局面。最终，无论法院选择采信何种鉴定结论，另一方当事人往往会不服判决，进而提起上诉、再审、抗诉。

（二）医疗事故技术鉴定

1. 医疗事故技术鉴定

为了正确处理医疗事故，保护患者和医疗机构及其医务人员的合法权益,维护医疗秩序,保障医疗安全,促进医学科学的发展,《医疗事故处理条例》规定医疗事故的鉴定应该由社会学术团体(医学会)作出,从而将医疗卫生行政主管部门从纠纷中解脱出来。《医疗事故处理条例》第20条规定:“卫生行政部门接到医疗机构关于重大医疗过失行为的报告或者医疗事故争议当事人要求处理医疗事故争议的申请后,对需要进行医疗事故技术鉴定的,应当交由负责医疗事故技术鉴定工作的医学会组织鉴定……”这说明医学会是目前唯一有资质的医疗事故鉴定机构。

医疗事故鉴定是指由医学会组织有关临床医学专家和法医学专家组成专家组,运用医学、法医学等科学知识和技术,对涉及医疗事故行政处理的有关专门性问题进行检验、鉴别和判断并提供鉴定结论的活动。医学会的职能主要是对医务人员是否违反医疗法律法规,是否构成医疗事故进行行政鉴别。

2. 医疗事故技术鉴定的优势

(1)鉴定人员的专业性

医学会的鉴定组成员包括有关临床医学专家和法医学专家,并在每一起医疗事故技术鉴定中科学合理分配专业鉴定人员。根据《医疗事故处理条例》第23条规定,医疗事故技术鉴定工作的医学会应当建立专家库。同时规定专家库的成员必须具备良好的业务素质和执业品德,这些鉴定专家必须受聘于医疗卫生机构或者医学教学、科研机构并担任相应专业高级技术职务三年以上。由此可见,医疗事故鉴定的临床医学鉴定专家都具备较深的临床经验,能够从专业的角度更精准地对医疗事故进行鉴定,再加上鉴定组专家中法医类专家参与判断,综合鉴定专家的意见,医学会的医疗事故鉴定就显得更具权威性和科学性。

(2)鉴定程序的合理性

医疗纠纷一般由卫生行政部门或者由医患双方共同委托负责医疗事故技术鉴定工作的医学会组织鉴定。《医疗事故处理条例》第21条规定:“设区的市级地方医学会和省、自治区、直辖市直辖管辖的县(市)地方医学会负责组织首次医疗事故技术鉴定工作。省、自治区、直辖市地方医学会负责组织再次鉴定工作。必要时,中华医学会可以组织疑难、复杂并在全国有重大影响的医疗事故争议的技术鉴定工作。”每一起医疗事故技术鉴定，医学会都会要求委托方提供必要的鉴定材料，同时医疗纠纷双方当事人都可以在法定期间内提供相关联的材料。在鉴定前，由双方当事人抽取鉴定专家，通过开听证会的形式来了解医疗行为的细节和过程，了解每一例医疗纠纷的争议焦点。同时《医疗事故处理条例》第22条规定了相应的救济途径，若当事人对首次医疗事故鉴定结论不服，可以在法定的期间内提出再次鉴定的申请。医疗事故技术鉴定严格实行合议制与少数服从多数的原则，鉴定人数一般为单数，涉及主要学科的专家不少于鉴定组成员的二分之一，涉及死因鉴定、伤残等级鉴定的，应当从专家库中随机抽取法医参加专家鉴定组。由此可见，医学会的医疗事故技术鉴定严谨、专业，其是合法的、有资质的医疗事故技术鉴定机构。

3. 医疗事故技术鉴定的困境

虽然医学会是现今唯一合法的有资质的医疗事故鉴定机构，其作出的鉴定结论最为科学、权威，但是其鉴定专家大部分是医疗机构的组成人员，具有可疑的利益倾向，采用“自家人鉴定自家人”的形式，患者往往认为，医疗鉴定专家作出鉴定结论过程为减轻或避免被鉴定者因医疗事故遭受的行政责任而很可能不自觉地作出偏轻鉴定。该鉴定结论不客观并有悖常理，不具备公正性，其可信度不高。

医学会在医疗事故技术鉴定过程中，虽然要求鉴定专家在鉴定结论上签名，但该签名记录并不对外公开或在法庭上出示，仅保存在医学会鉴定档案中，而在对外公开的鉴定书上仅显示医学会医疗事故技术鉴定专用印章。因而，在庭审调查中，面临举证质证的过程，当医疗纠纷当事人对鉴定意见这份证据持有异议时，没办法通过申请鉴定专家出庭作证，只能通过申请再次鉴定来解决，当然，鉴定书上没有鉴定人员的签章，使得该鉴定结论作为证据的证明力大大降低，特别是当法官在面临医疗事故鉴定意见与司法过错鉴定意见不同，该采信哪一份鉴定结论时，法官往往会认为医学会的鉴定意见作为证据的形式不完整，进而采信司法鉴定意见。

(三)医疗过错司法鉴定

医疗过错司法鉴定是人民法院在受理医疗损害赔偿民事诉讼案件中,依职权或应医患任何一方当事人的请求,委托具有法定鉴定资质的机构对患方所诉医疗损害结果与医方过错有无因果关系等专门性问题进行分析、判断并提供鉴定结论的活动。其目的是为医疗损害赔偿民事诉讼中遇到的专门性问题提供一项技术服务。该鉴定内容、鉴定程序主要依据《司法鉴定程序通则》。在司法实践中,有些医疗纠纷的案件通过医疗事故技术鉴定很难达到医疗事故的定性标准,但是由于被申请鉴定的医疗行为确实给患者造成损害,具备了《民法典》中医疗损害侵权的标准,在庭审过程中,患者往往会在医学会作出不是医疗事故鉴定结论之后再申请作医疗过错司法鉴定。由于医疗司法过错鉴定的内容、鉴定方式以及鉴定程序与医学会的医疗事故鉴定存在一定差别,且偏向法医类鉴定,主要鉴定医疗行为与损害结果之间的因果联系以及医疗损害参与度,鉴定结论往往会异于医学会的鉴定。

1. 医疗过错司法鉴定的优势

具有鉴定人员签章与出庭作证的优势。司法鉴定机构是向全社会公开的社会机构,当委托人向鉴定机构提出申请或者由法院依法委托,并且提交了必要的鉴定材料等具备其他鉴定条件时,司法鉴定机构就必须严格遵守《司法鉴定程序通则》等相关法律法规对申请人的申请事项作出公正合理的鉴定。《司法鉴定程序通则》第5条规定:"司法鉴定实行鉴定人负责制度。司法鉴定人应当依法独立、客观、公正地进行鉴定,并对自己作出的鉴定意见负责。司法鉴定人不得违反规定会见诉讼当事人及其委托的人。"由此可见,鉴定人员必须在鉴定意见书上签章,这是医疗过错司法鉴定与医疗事故鉴定的主要区别之一。司法鉴定的个人负责制度有利于法院的审判。《人民法院对外委托司法鉴定管理规定》及《人民法院司法鉴定工作暂行规定》对鉴定结论的审查都规定了详细的程序及标准,特别规定鉴定人有依法出庭宣读鉴定结论并回答与鉴定相关提问的义务。相比医疗事故鉴定报告无鉴定人员的签名,当医疗纠纷当事人对鉴定结论有异议时,法院可以通知鉴定人到庭质证。医疗过错司法鉴定通过鉴定人出庭质证,有利于庭审调查的顺利进行,同时对法官采信该证据也具有较大的意义。

2. 医疗司法过错鉴定的困境

医疗司法过错的鉴定人员资质不足。《司法鉴定人登记管理办法》第 12 条规定,“个人申请从事司法鉴定业务,应当具备下列条件:(一)拥护中华人民共和国宪法,遵守法律、法规和社会公德,品行良好的公民;(二)具有相关的高级专业技术职称;或者具有相关的行业执业资格或者高等院校相关专业本科以上学历,从事相关工作五年以上;(三)申请从事经验鉴定型或者技能鉴定型司法鉴定业务的,应当具备相关专业工作十年以上经历和较强的专业技能;(四)所申请从事的司法鉴定业务,行业有特殊规定的,应当符合行业规定;(五)拟执业机构已经取得或者正在申请《司法鉴定许可证》;(六)身体健康,能够适应司法鉴定工作需要”。但是司法实践中司法机构的鉴定人员往往偏向法医类的鉴定,鉴定专家缺乏临床经验,而医学知识博大精深并且分支精细,具有很强的专业性,司法鉴定人员缺乏对医疗行为的专业研究。由此可见,由司法鉴定机构来鉴定医疗行为往往就是“外行人鉴定内行人”模式,这种鉴定模式得出的鉴定结论不合理、不科学。所以,该鉴定模式会成为医疗机构庭审过程中提出鉴定结论不能充当证据使用的抗辩理由之一。相比之下,医学会的鉴定人员通常具有争议所涉学科的较为深厚医学专业知识和丰富临床实践经验。司法鉴定机构的鉴定人多系法医身份,相对缺乏临床实践经验。同时,即使部分鉴定人为临床医生,但由于目前医学科学技术的发展和临床分科的专业化,鉴定人也不可能掌握所有疾病的诊断和治疗。因此,在医疗损害赔偿纠纷案件的司法鉴定过程中,咨询临床副主任以上医学专家成为部分鉴定机构解决专业知识不足的主要方式。由此可见医学会的鉴定专家比司法鉴定专家更具有资质以履行鉴定医疗行为。

三、医疗损害鉴定路径改革的思考

(一)改革思路:医学会统一鉴定体制

多年来的司法实践折射出医疗损害二元化的鉴定模式不适合当前医

疗损害鉴定体制，医疗损害鉴定二元化制度不仅严重浪费司法资源，同时大大降低了办案效率，不利于构建医患关系。据此规范医疗损害鉴定体制，改变当前二元化鉴定体制，统一鉴定模式势在必行。

对医学会组织的医疗事故鉴定的优势与缺点予以综合评判，医学会在参与医疗损害鉴定这个领域具有专业和专家优势，特别是医学会医疗专科专家组成员的构成是其他鉴定机构无法比拟的。

1. 对医学会鉴定内容的改革

医学会组织医疗事故技术鉴定主要解决的鉴定内容为：①医疗行为是否违反医疗卫生管理法律、行政法规、部门规章和诊疗护理规范、常规；②医疗过失行为与人身损害后果之间是否存在因果关系；③医疗过失行为在医疗事故损害后果中的责任程度；④医疗事故等级；⑤对医疗事故患者的医疗护理医学建议。对于改革的医疗损害鉴定，可以参考司法鉴定机构的鉴定内容，将“患者人身损害结果与医方诊疗行为是否存在因果关系进行分析和鉴定”和“医疗过错对人身造成损害的参与度”鉴定的内容纳入医学会的鉴定内容中。也就是说，改革之后的医学会承担着两个角色：既可以进行传统意义上的医疗事故技术鉴定，也可以对医疗过错与人身损害的因果联系及相关联的参与度进行鉴定。

2. 医疗损害实行医学会异地鉴定

当前司法实践中，大部分医疗事故技术首次鉴定是委托本辖区的医学会进行鉴定，由于以往医学会隶属于卫生行政部门，和本地医疗机构也有着较密切的关系，患方会认为医疗机构同医学会工作人员和本地专家库专家都比较熟知，可能会通过各种方法影响鉴定的公正性，同时不排除当事医疗机构可能采取一些手段干扰鉴定，因而对本地医学会组织鉴定产生不信任感，据此建议医疗损害采取异地鉴定，有利于鉴定公平、公正地开展。

医疗损害纠纷实行异地鉴定，可以较好消除患者对医学会组织损害鉴定的不信任感，异地医学会作出的鉴定结论更能为医患双方所接受，鉴定结论更体现公正、客观，这样也可以降低医疗损害纠纷重新鉴定的比例。

《医疗事故处理条例》第20条规定,医疗事故技术鉴定应交由负责医疗事故技术鉴定的医学会组织鉴定,此条款并未对鉴定机构的地域进行限定,由此可知,医疗纠纷实施异地鉴定并不违反法律法规,具有一定的可操作性。实施异地鉴定更能保证鉴定结论的公平、客观性,是医疗纠纷鉴定体制的一大创新。

(二)合理搭配鉴定专家组成员

1. 严格鉴定人的准入制度

《医疗事故处理条例》和《医疗事故技术鉴定暂行办法》中只是从医学的角度,为保证鉴定专家成员具备应有的医学知识,提出了包括"专业技术职称""资历""学历""相关工作经历"等在内的综合标准,而对其他方面没有规定。但鉴定专家与医学专家是两个完全不同的概念,应该改革医疗事故技术鉴定人的管理办法,对医疗事故技术鉴定人实行职业资格考录和持证上岗制度,加强鉴定机构和鉴定人员的资质培训和资质认证,严格鉴定人的准入制度。在鉴定人的准入上可以考虑建立全国统一的资格考试、考核制度,其内容不仅应包括医学知识,还应包括相关的伦理、法律、社会学等知识。考试考核通过了,才有资格进入专家库,从事医疗事故技术鉴定工作,以保证鉴定人的专业技能和业务素质。

2. 加强鉴定人员的医学和法律专业培训

为了进一步提高鉴定人员的业务水平和鉴定的准确性和科学性,应当定期或不定期地组织开设一系列的鉴定培训以提高现有专家库成员的专业素养,同时在培训中应注意突出医疗事故技术鉴定或者医疗损害鉴定中医学方面的专业性,因为医学是一门分科精细、不断发展、持续创新的学科,要保证鉴定专家能做到术业有专攻,在自己熟知的医疗领域内作出专业性的判断,从而提高鉴定的专业性、合理性。同时培训内容应该包括最新医事法学前沿性交叉学科知识。

3. 医务鉴定专家配置

针对目前专家组鉴定成员中法律专业知识的缺失,可以考虑建立由医学专家和法学专家、法医、医疗管理专家共同参与医疗事故技术鉴定的制度,进一步完善专家组的成员搭配。因为医疗事故技术和医疗损害鉴定虽然有其技术专业性的一面,但其鉴定内容并不仅限于医学方面,而是涵盖了伦理、法律、社会学等诸多方面的知识,其中尤以法律知识为重。所以法学、医疗管理、法医等方面专家的参与可以有效弥补医学专家在法律层面的不足,使双方发挥各自专长,互相配合,让共同作出的鉴定最大限度地保证其专业性、准确性。

（三）医疗损害鉴定程序方面

医疗损害鉴定的申请委托、受理,鉴定专家组学科组成,鉴定组成员资格、人数、回避因素,调查取证,鉴定时限等各个环节上必须符合相关法律法规的要求。医疗鉴定虽最终以鉴定意见书的形式参与以后医疗纠纷的全过程,但鉴定书是否具备基本的法律效力是以程序合法为前提的,即程序优先原则。《医疗事故处理条例》、《医疗事故技术鉴定暂行办法》、《医疗纠纷预防和处理条例》以及一系列司法解释、配套文件和相关答复,均是保证鉴定程序合法的依据。鉴定机构要确认该医疗损害鉴定的委托是否符合相关法律法规的规定,如委托方权限、申请时限、代理人资质、委托鉴定内容等。医疗损害鉴定机构应对鉴定材料真实性、医疗机构及其医务人员资质、患方代理人身份进行在法律授权内及现有条件下的确认。鉴定专家组学科组成可由鉴定组织机构根据医疗鉴定所涉及的学科专业进行确定,也可由鉴定组织机构提出意见,医患代表协商后确定。对医疗鉴定来说,程序合法、规范,有利于最终实现医疗鉴定的实体正义,从而使其更好地为医疗损害争议解决、处理、司法判决等提供法律专业意见。

1. 实行签字负责制

目前医疗事损害鉴定实行"合议制"和"集体负责制",鉴定结论由集体对外负责,个人不用承担责任,这样既不利于鉴定人履行义务、承担责任,也不便于当事人对其错鉴进行监督、追究,况且医疗损害鉴定活动是一种对医疗事故的事实作出的判断性行为,不应当采用少数服从多数制。所以应当尽快改变鉴定专家集体负责制而实行签字负责制,由鉴定专家个人对鉴定结论负责,并在鉴定结论上签字盖章,另外应当规定鉴定人有出庭作证的义务,因为医疗损害鉴定往往涉及医学专业知识,普通大众一般较难理解,所以鉴定人出庭接受质询,不仅有利于提高鉴定人的责任心,也有利于获得双方当事人的认同,便于法院对案件的审理。

2. 独立鉴定原则

独立鉴定原则是由科学技术自身的特殊性和鉴定结论的证据要求所决定的,即医疗损害鉴定的原则是行业专业性鉴定。从司法实践上看,医疗鉴定是鉴定人提供证据的专业活动,这种活动必须独立进行,才能保证鉴定结论的科学客观性。医疗鉴定的独立原则主要表现在三个层面:一是医疗损害鉴定机构相对独立。医疗损害鉴定机构之间是平等、独立的,相互间无隶属及经济关系,医疗鉴定结论不受相互制约、影响和可比性。二是医疗鉴定实行专家鉴定组负责制,专家鉴定组应对鉴定结论独立承担法律责任。从形式上,鉴定人所承担的法律责任基本包括不得随意拒绝参加鉴定、个人意见要详细记录在案、要在鉴定意见上签名、依法出席法庭质询等。三是专家鉴定组应不受外界干扰和其他人观点的左右独立运用专业知识和临床经验进行医疗鉴定。为了保证专家独立鉴定,任何单位或者个人不得威胁、利诱、辱骂和殴打鉴定专家组成员。扰乱医疗鉴定工作的,依照相关法律追究其刑事责任;尚不构成刑事处罚的,也应依法给予治安管理处罚。

医疗损害独立鉴定并不是不受任何监督,对医疗鉴定要建立起完善的监督和审核机制,作为鉴定组织机构的上级行政主管部门也应在此方面加以规定,以确保医疗鉴定工作健康有序、科学公正地进行。

3. 实行错鉴追究制

目前医疗事故技术鉴定中因错误鉴定给被鉴定人造成经济损失或其他严重损害的,鉴定组成员不承担任何责任,这对医患双方都是不公平的。对于医疗损害鉴定应该建立错鉴追究制度,追究那些在鉴定过程中违背法律法规、规章制度,徇私舞弊等严重违反职业道德的鉴定人的法律责任,鉴定人员因出具虚假鉴定书造成严重后果的,还应依法被追究刑事责任或者行政责任。参与医疗损害鉴定的专家必须签名,同时鉴定机构作为组织者,在鉴定书上加盖鉴定专用章,对鉴定结论也负有一定法律责任。这可以使鉴定人员在鉴定过程中更有责任心，提高其对所作鉴定的重视程度，让医疗事故技术鉴定或者医疗损害鉴定意见能更加客观公正。

（四）医疗损害鉴定书

鉴定人应在鉴定书上签名及盖有医疗损害鉴定专用章。鉴定书作为一系列严肃科学的鉴定过程后得出的书面意见，其重要作用不言自明。因此要求鉴定人在鉴定意见上签名及盖章，不仅可以从形式上规范医疗损害鉴定书，明确鉴定书的来源、出处，而且有利于发生错鉴后追究鉴定人的鉴定责任。

医疗损害鉴定以医学科学原理和诊疗专业理论知识，在技术上对诊疗活动中的是非问题作出科学和实事求是的判断，最终提供的鉴定意见必须具有科学公正性。在鉴定过程中以法律法规乃至诊疗规范常规所规范的相应合理诊疗义务为准绳，鉴定分析判断必须符合辩证唯物主义认识论的一般哲学规律和逻辑，符合医学科学原理和专业理论知识。要实事求是地综合分析医疗行为是否存在违法违规、未尽相应诊疗义务的过错，以及与患者人身损害结果的因果关系。所有分析判定及结论都必须符合逻辑，具有科学性。临床医学具有很强的实践性，每个有效诊治方法都需要在临床实践中反复探索和验证。鉴定中也要实事求是地看待临床医疗活动，不能用追求完美的过高标准去衡量，否则便会有违医学科学规律，有违实事求是的原则。鉴定应根据该医疗机构等级、类别，所承担的医疗服务科目、范围及其医务人员相应的执业资格，分析其是否违反了应知应会的、应该做到的而又必须做到的、相应合理的诊疗义务。

我国医疗损害二元化的鉴定体制一直是医疗纠纷争议的一大焦点，因而对医疗纠纷鉴定体制的改革势在必行，由医学会承担鉴定主体，统一鉴定体制，在改革中加强对医学会鉴定内容进行扩展改革，并实行异地鉴定。将争议医疗损害责任纠纷向公正、客观、合理的法律推进引导，提高法院的办案效率，构建和谐的医疗环境。

第二节　医疗损害解决机制

发生医疗损害纠纷后,如何及时有效解决至关重要。它的解决是检验医疗纠纷解决机制是否完善的最佳途径。目前医疗损害纠纷解决机制主要分为诉讼和非诉讼方式。各国国情与法律制度不一致,域外的医疗纠纷解决机制、方法存在不一致,在未来医疗纠纷还会进一步大量增加的趋势下,重新审视我们以往解决医疗纠纷的途径是否有效以及局限所在显属必要。同时,根据医疗纠纷解决时须兼顾维系医患之间的和谐关系的特点和需求,妥善建构和选用医疗纠纷所适合的程序制度和程序法理,使我国医疗纠纷解决机制多元化、合理化。

医疗纠纷产生的原因多种多样,不能片面地规定何种机制一定适合于解决医疗纠纷。对于医疗纠纷,首先应该分析其产生的原因,损害后果严重与否,然后对症下药。通过医疗纠纷案例的分析,大部分的纠纷不能及时解决的原因主要是利益博弈。面对这种现状,除通过完善法律来达到制约机制的目的外,还要用社会其他的力量来辅助医疗纠纷解决机制之重构。

一、域外的医疗纠纷解决机制的比较

除了使用诉讼方式解决医疗纠纷,各国的诉讼外纠纷解决机制具有很强的针对性、实用性。美国、日本、丹麦等国家的非诉医疗纠纷解决方式的尝试均有其科学性、合理性,但也存在一定弊端,毕竟各国国情与法律制度不一致,在司法实践中应该取其精华,去其糟粕。

1. 美国庭外和解机构。作为专业使用非诉讼方式解决医疗纠纷的组织,该机构成员必须具备法学、医疗、公共卫生管理、心理学等专业知识,机构成员平时即对医疗机构或者执业医生进行监督检查,发现不称职的医生立即采取相应的措施。另外,在采用庭外和解机构解决医疗纠纷的同时,他们通过新闻、网络等资讯报道,使问题在公众的关心与监督下得

到解决。

2. 日本医疗赔偿学会。在日本发生医疗损害纠纷时，由医疗赔偿学会负责处理，日本的医疗赔偿学会作为一个团体与保险公司签订合同，对已参加保险的，参加保险的医师或者医疗机构发生医疗损害就可以由保险公司承担赔偿责任。

3. 澳大利亚法院卫生顾问。在澳大利亚，法院设一名卫生顾问，由医疗专业律师担任，专门负责医疗损害的专业认定、处理。在澳大利亚，若发生重大的医疗损害，医疗机构或者医师须承担巨额赔偿责任，因此绝大多数医疗机构及医师参加商业保险，转嫁医疗执业风险。

4. 丹麦医学法律委员会。丹麦政府在全国设立医学法律委员会，委员会的成员由司法机关选择的资深医学专家组成，在地区则设卫生官。当发生医疗损害纠纷时，医疗机构把纠纷情况转给区卫生官处理，区卫生官处理不了的就交给医学法律委员会解决。根据调查的结果区分医疗纠纷的过错责任比例，区卫生官或医学法律委员会再以公函的形式通知医疗机构或者医师作出赔偿参考依据。

总结以上各国在医疗损害纠纷解决方面的方式，我国在医疗纠纷解决机制措施上存在可以借鉴、完善的空间。目前我国解决医患纠纷的法律依据主要《医疗事故处理条例》《医疗纠纷预防和处理条例》《民法典》等法律法规，随着经济发展、社会价值观多元化，医疗纠纷会越来越复杂，据此借鉴世界其他国家解决机制，并结合我国国情，以期能够为我国解决医疗损害纠纷采用。

二、我国医疗纠纷解决机制的现状

（一）我国医疗纠纷解决之常用方式

根据《医疗事故处理条例》《医疗纠纷预防和处理条例》及民事诉讼法的规定，医疗纠纷处理模式有三种模式：协商、医患调解中心调解、民事诉讼、仲裁。

1. 医患双方自行协商

自行协商是医患双方通过协商的形式解决纠纷，在平等自愿的基础上,本着互谅互让的精神达成协议,自行解决医疗纠纷的一种手段。它是完全由双方当事人在意思自治范围内采取的解决方式。对于现在大多医疗机构,为了避免国有资产的流失,卫生行政主管部门对医院机构调解权限限定在人民币10万元以内的金额,医患双方可以自行协商解决,超过10万元的调解须经第三方或者医患双方调解后并由法院确认。

2. 医患人民调解中心调解

民间调解是社会纠纷解决最便捷的方式,是社会纠纷走向化解的第一道防线,也是社会运行的"润滑剂",社会需要的是具有很强的纠纷解决和预防能力的人民调解。据此医患发生纠纷时,由医患调解中心进行调解,坚持医患调解是一种有效的纠纷解决方式的功能定位。现实生活中解纷功能的定位并不排斥政治功能的实现;相反,解纷功能的顺利实现会间接促进其政治功能的实现,从而形成功能之间的良性互动。

调解是在医疗纠纷解决过程的最初阶段使用的,当这种方式未能解决纠纷时就会进入诉讼解决。所以说医患调解中心的调解是介于医患自主对话解决和诉讼解决中间缓冲地带的纠纷解决制度。一方面调解是由第三方出面,依据一定的法律规范和程序、标准,对发生纠纷的双方当事人进行撮合,使之达成谅解和让步,从而消除争端,改善相互之间关系的一种活动。另一方面寻求诉讼外纠纷解决方式,构造多元化纠纷解决机制,最大化节约社会资源,已成为当今整个社会解决纷争的焦点问题之一。医患中心调解制度正是适应这一要求的理想选择,在实践中发挥了举足轻重的作用,表现出了巨大的潜力,有利于快速解决医患双方的纠纷。

3. 民事诉讼解决

司法是正义最后一道防线,诉讼是解决医患纠纷的最后选择,也是最为患者或者其近亲属所认可的。但由于医疗损害案件的专业性、复杂性、风险性,实践中医患双方在一审判决后不服还要提起上诉、再审、抗诉,将使医患双方陷入长久的诉讼之中,诉讼要耗费医患双方的时间、人力和财力。医疗损害诉讼若经过二审判决解决,一般都要经过两三年时间才能结案。

4. 仲裁

仲裁是平等主体的公民、法人和其他组织之间发生的合同纠纷和其他财产权益纠纷。但不可仲裁包括婚姻、收养、监护、抚养、继承和依法应当由行政机关处理的行政争议。这表明了有关人的身份的事项是不能仲裁的,仲裁法也不调整劳动争议和农业集体经济组织内部的农业承包合同的纠纷,而由其他的相关法律进行调整。医疗损害是侵权责任纠纷的一种,是否可以用仲裁方式解决,值得商榷。

采用仲裁解决医疗损害纠纷要解决几个难点:(1)仲裁委员会依法管辖医疗纠纷争议案件,聘任具有实践经验和专业水平的医学专家以及对卫生法有较深研究的法律专家和卫生管理学专家、医学伦理学专家、公证员等担任。这里的问题是应该如何寻求一套合理有效的选任程序。(2)当发生医疗纠纷事件需要提交仲裁委员会仲裁时,医疗事故或者医疗损害仲裁员及仲裁庭的组成问题。一般的仲裁案件是由当事人双方在法律允许的范围内自由选择仲裁庭和仲裁员。那么医疗纠纷的案例是否适合这样的程序?有学者提出可以由医学会、仲裁员协会和律师协会协调,通过一定的法定程序和方式选任适合的人担当医疗事故或者医疗损害仲裁员。(3)医疗纠纷仲裁的主要依据是《医疗事故处理条例》《医疗纠纷预防和处理条例》《民法典》。此外《医师法》《医疗机构管理条例》《最高人民法院关于审理医疗损害责任纠纷案件适用法律若干问题的解释》等对医患双方在医疗过程中的具体权利、义务及各自应承担的责任均作了明确的规定。但是目前法律没有明文规定医疗纠纷属于可仲裁的案件,也没有明确禁止,所以医疗纠纷的仲裁还一直处于中间地带,最高人民法院应出台关于医疗纠纷可仲裁的规定或司法解释。

(二)我国医疗纠纷解决机制存在的弊端

1. 以调解等非讼解决机制解决医疗纠纷比例偏高。在司法实践中医疗机构习惯于通过诉讼来解决以明确诊疗过程中存在过失,从中吸取经验教训。这通过法院系统数据可以说明,在国内各种纠纷解决方式中,协商的使用率最高,达 74.3%;诉讼的使用率有 18.5%;行政调解的使用率最低,只有 7.2%。将最后通过协商解决了的案例数与使用过协商的案例数比较得出协商成功率为72.1%；同样地，行政调解的成功率为50.0%；一审的解纷成功率为36.0%。

2. 卫生部门行政调解缺陷。目前的医疗纠纷解决途径有限，用协商的方式解决纠纷，患方要求高额的补偿或者赔偿，医疗机构根本无法满足患方的请求，医患双方当事人协商解决方式存在先天缺陷。卫生行政调解存在卫生行政机构纠纷处理与司法审查程序处理公正与效率协调兼顾等关系间的矛盾问题，主要是卫生行政部门与公立医院存在管理与被管理关系，由此较大地削弱了行政调解的作用，同时降低患者对行政调解的信任度。

3. 医疗损害的二元鉴定制度弊端。医疗损害鉴定存在二元制鉴定，司法机关既可以委托医学会鉴定，也可以委托司法鉴定机构，在司法实践中，患方对医学会鉴定采取怀疑的态度，认为鉴定专家系各个医院主任医师组成，鉴定时会袒护院方；而医疗机构对司法鉴定机构大部分持抗拒的态度，认为是外行人鉴定内行。司法实践中可以借鉴浙江省的规定：患者因医疗行为遭受损害提起侵权之诉，统一适用《民法典》确定损害赔偿责任。对案件涉及的医疗专业性问题，统一进行医疗损害鉴定。对确定医疗事故罪责任或者对医师进行行政处罚的情况，由两级医学会鉴定。

4. 完善医药采购制度。医疗纠纷案例中部分是由于医药的疗效、价格以及双方对医药的认知不同而产生的纠纷。近些年政府对大部分医药采用集采制度，惠及普通民众，也有利于减少医患纠纷。

三、探究医疗纠纷解决可行性的路径

（一）不同医疗纠纷解决模式

等级不同的医院选择不同的医疗纠纷解决模式。首先，根据等级不同的医院的纠纷规定不同的纠纷解决制度，各医院就能根据自己的客观情况制定相应的制度，同时医疗机构可以把历年纠纷案例的解决统计出来，作为医院经营管理和医护人员执业经验。其次，各医疗机构可以对纠纷进行统计分类，总结出各种纠纷的最佳解决途径，以便往后再发生类似纠纷时可以及时有效参照。

医院有三个等级,即一级、二级、三级医院,当发生医疗纠纷后,不同等级的医院采取不同的对策。比如乡镇卫生院与患者发生纠纷,乡镇卫生院可以根据自身的条件、经济赔偿能力等方面选择协商、调解的方式解决。

三个级别的医院对医疗纠纷的解决模式有所区别。三级医院所面对的患者大多数病属疑难杂症,病情重、病情急,与二级、一级的医院不同,一级、二级医院就诊患者疾病较轻,属常见病、慢性病。就诊的人群不同就意味着采用同一种方式解决医患纠纷有时存在困境,因此,不能一概地用同一种方式去解决医患纠纷。三级医院或者综合大医院有较为完善的管理和分工明确的部门,均设立专门性的机构,比如医纠办或者医患沟通办公室处理医患纠纷。医纠办平时的主要工作不仅要对患者投诉或医患纠纷作出最及时的反应,还要对已经发生的医患纠纷进行分析,从纠纷的发生初因、对策、解决措施、完善诊疗规范等多方面找出举措,同时找出纠纷的根源并且制定一套行之有效的纠纷解决机制。

(二)医疗仲裁构思

仲裁是否可以作为医疗纠纷解决的一种方式,学界一直争论不休,对于医疗服务合同纠纷采取仲裁不存在法律障碍,但对于医疗损害侵权责任纠纷,争议较大。仲裁制度要被具体应用到医疗损害纠纷中需要完善的规定,需要通过立法或司法解释予以明确。根据司法实践,医患双方未发生纠纷时,双方需要订立仲裁协议,医患发生纠纷时一经选定仲裁,仲裁裁决为终局裁决,一经裁决即发生法律效力。根据仲裁法相关规定,选择兼终局型符合节约诉讼资源的同时可以制约滥诉的行为。

(三)医疗责任保险

医疗责任保险是保险史上最为现代的一个险种。医疗机构以医疗责任保险制度来转嫁医疗风险,从制度上较好化解医患双方矛盾。建立医疗责任保险制度可以避免当事医生与患方直接面对面解决双方分歧的僵持局面,转而由患方与保险公司直接发生保险赔偿金的请求与给付关系,使医疗机构和患方受到平等的法律保护。当然医院机构投保医疗责任险,并非转嫁所有的风险。医疗责任保险制度应该兼顾承保人与投保人双方利益,第一,保险公司承担大部分赔偿金,医疗机构承担部分赔偿金。

第二,由保险公司根据不同的医疗科室来确定保险的赔付比例,由该医院发生医疗纠纷的情况来确定起保额。第三,根据医疗损害或医疗事故的发生率来调整保险的赔付比例。医院在保险期间内若发生医疗损害或者医疗事故,保险公司按照合同约定赔付。但与此同时,医疗机构的风险系数也增加,在第二个年度医院再投保医疗责任保险时,需要支付更多的保险费用。把投保人医疗机构和保险公司的责任捆绑在一起,医疗损害纠纷赔偿发生得越多,医疗机构的承担保险费用就越高。如果医疗机构在保险年度内发生的医疗损害赔偿金额越少,医疗机构承担保险费用就越少。

四、构建多元化纠纷解决机制的思考

(一)多元化纠纷解决机制的构想

协商解决纠纷在任何领域都是最佳的解决途径。随着经济的发展,由于医疗法律的滞后、体制的弊端、利益驱使等各方面社会问题,医疗损害纠纷频发,患者以非理性解决成为经常的抉择。现实上,更多是倡导通过协商解决医疗纠纷。但是协商解决的前提是医患双方同意进行协商,而这又要求医患双方对医疗纠纷的责任承担达成一致意见。

多元化纠纷解决机制是以其特定的功能相互协调、共同存在,所结成的一种满足社会主体的多样需求的程序体系和动态的调整系统。具体而言,医疗纠纷的多元化纠纷解决机制包括以下模式。

1. 采用多种纠纷解决模式。根据不同医疗机构等级来制定不同的纠纷解决方式。乡镇卫生院患者主要以常见病、基础病、慢性病居多,若发生纠纷,患者损害一般较轻,诉讼成本较高,据此乡镇卫生院经常采取调解方式解决纠纷。对于三级医院的财力、先进的技术设备、健全的医疗队团队等优势,当发生医疗纠纷时,三级医院能够综合作出评判,采取调解或诉讼方式解决纠纷,能够较好把握。三级医院处理医患纠纷更加规范化,由专门的机构、专业法务或律师解决医患纠纷。

2. 区分不同的纠纷性质,采用不同解决方式。不同性质的纠纷用不同的方式解决,医疗机构区分为医疗事故、医疗损害责任纠纷,同时对患者损害程度,有伤残抑或没有伤残,伤残较轻或较重等应该作出预估,包括诉讼产生的成本,进而采用协商、诉讼、诉讼加调解等方式对症处理。

3. 诉讼与非诉的方式结合。在医疗损害纠纷中,患者一方可以提起民事诉讼,其还可以做的是医疗损害鉴定或医疗事故技术鉴定,根据鉴定结论提起当事医师涉嫌医疗事故罪,特别是患方完全有可能根据《医师法》第 55 条规定,"违反本法规定,医师在执业活动中有下列行为之一的,由县级以上人民政府卫生健康主管部门责令改正,给予警告;情节严重的,责令暂停六个月以上一年以下执业活动直至吊销医师执业证书:(一)在提供医疗卫生服务或者开展医学临床研究中,未按照规定履行告知义务或者取得知情同意;(二)对需要紧急救治的患者,拒绝急救处置,或者由于不负责任延误诊治;(三)遇有自然灾害、事故灾难、公共卫生事件和社会安全事件等严重威胁人民生命健康的突发事件时,不服从卫生健康主管部门调遣;(四)未按照规定报告有关情形;(五)违反法律、法规、规章或者执业规范,造成医疗事故或者其他严重后果",要求卫生行政管理部门对当事医师进行行政处罚。司法是正义的最后一道防线。对于纠纷产生原因的不同,根据患方提出诉讼请求,在多元化解决纠纷的指导思路下,诉讼可以和非诉的纠纷解决方式交叉使用。

(二)多元化医疗纠纷解决机制

我国现行的法律法规对于多元化医疗纠纷解决机制有相关规定。《民事诉讼法》第 9 条规定,"人民法院审理民事案件,应当根据自愿和合法的原则进行调解;调解不成的,应当及时判决";《最高人民法院关于人民法院民事调解工作若干问题的规定》提出了引入社会力量协助人民法院调解的做法,不仅细化了民事诉讼法规定的协助调解制度,而且创设了委托调解制度。加强和完善诉讼调解制度,重视对人民调解的指导工作,依法支持和监督仲裁活动,并且将建立和健全多元化医疗纠纷解决机制作为一项重要的改革任务;最高人民法院发布了《关于进一步发挥诉讼调解在构建社会主义和谐社会中积极作用的若干意见》,强调人民法院加强诉讼调解在化解矛盾、解决纠纷,保障经济发展,促进社会和谐中的职能作用。

(三)完善医疗卫生诊疗规范

处理医疗损害纠纷主要依据《民法典》及卫生法律法规的规定,但是现实生活中因医疗纠纷复杂性,其更多违反专科诊疗规范,作为患者无法从专业进行判断。因信息不对称,医疗纠纷中患方处于专业弱势地位。据此制定一个专业的诊疗规范,有利于在医疗纠纷中起参照作用,同时有利于对医疗卫生领域进行体系化的管治,是顺应时代发展潮流的需要。

《医疗事故处理条例》《医疗纠纷预防和处理条例》《医师法》是主要适用于医疗卫生行政领域的行政处罚的规定。《民法典》则主要侧重于医疗卫生的民事领域赔偿。能够制定一部医事法律,把医疗损害或医疗纠纷更为系统进行规定,可以有效地减少因法律条文的不一致而造成的适用选择的困境,也能让医患双方当事人感受到法律的公平、公正的对待。

医患和谐不仅是一个医师的追求,也是一个医疗机构的执着,更是整个国家的信仰。和谐社会是老有所依、幼有所养的生活;是当发生医疗损害纠纷时,患方能够及时得到救助。由于我国的特殊医疗体制,应该考虑在稳健的基础上逐步完善医疗纠纷解决机制,构建多元化纠纷解决机制正是出于国情和国际趋势的考虑。

第三节　医疗专家证人证言的司法审查

在侵权责任纠纷中,医疗损害纠纷是最为复杂的侵权案件之一,由于在医疗损害纠纷诉讼中需要涉及许多相关专科的医学方面的专业知识。诉讼当事人尤其是对医学专业知识知之甚少的患者一方处于弱势的地位;同时经办医疗损害纠纷案件的法官由于对医学专业知识的掌握有限性,也需要在诉讼过程中以相关的医学专业意见作为辅助,这有利于对鉴定意见中医方诊疗是否存在过失及参与度进行审查。因此,如何更加合理地对我国的医疗专家辅助人及其专家意见进行进一步规范,就成为司法实践中一个亟待研究与解决的问题。

一、医疗专家证人证言的概述

(一)专家证人的概念及特点

1. 概念

医疗损害纠纷诉讼由于在诉讼过程中涉及许多医学方面的专业知识,具有较强的专业性、复杂性。部分的医疗损害纠纷案件需要借助医疗专家的专业知识来判断案件中是否存在医疗过失及参与度。然而各国因为法律传统和法律渊源的不同,导致每个国家的诉讼证据规定也会存在差异性。专家证人系英美法系国家证据法里的一个特有的法律制度,是指为了法院的诉讼程序目的而指定提供或者准备证据的专家。在英美法系国家的证据法有关规定里,专家证人作为鉴定人是属于证人证据中的一种,其在诉讼过程中的权利义务与证人完全等同。专家证人对鉴定意见发表专业评判被称为专家证人证言。而在大陆法系国家却没有明确的专家证人制度,与之相对应的是在大陆法系国家鉴定权主义下产生的专家鉴定制度。对于我国来说,专家证人制度还是一个相对较新的概念。

2. 理论特点

(1)知识专业性。医疗专家应具备专业的专科医学知识或者丰富的临床经验,可以有效地弥补医患双方,特别是患方及法官在诉讼过程中对医学专业知识的认知范围。

(2)利益倾向性。医疗专家在医疗诉讼过程中所持有的观点一般具有利益倾向性,医疗专家证人在司法实践中持有中立性观点,更能保障医疗专家证人作出的专家意见具有公正性和可靠性。

(3)专业辅助性。医疗专家在医疗诉讼中应具有辅助性的功能,可以在医疗诉讼过程中帮助医患双方当事人以及司法裁判者对于医疗的专业知识提供帮助,并且可以对鉴定机构提出的鉴定意见代表当事人进行质证,有效弥补鉴定制度的专业分析缺陷,提高医疗诉讼中司法裁判的科学性和公正性、公平性。

(二)域外概况

1. 英美法系专家证人制度

专家证人制度是在英美法系当事人主义对抗诉讼模式的背景下产生的。以美国为例,美国联邦证据规则规定的证据方式中并没有单独的鉴定意见及鉴定人规定,这是因为鉴定人也就是专家证人其本身就是证人的一种。证人是指经过宣誓并且对案件有关事实作证的人,其包含两类:一类是非专家证人,他们陈述的是亲身感知的事实,这一类证人证言具有不可替代性;而另一类就是专家证人,指的就是运用自身所掌握的专门知识对案件所争议的事情作出专门判断的人。这类专家证人及其所作的专家证言有三个特点:第一,专家证人一般由双方当事人自行聘请。第二,由于专家证人属于证人中的一种,其跟证人一样完全可以被询问或者被对方当事人反复询问。第三,因为专家证人接受询问和反复询问,在医疗损害纠纷审理过程中经常因为鉴定意见原因导致医患双方庭审专家交锋。

2. 大陆法系鉴定人制度

与英美法系国家相比,大陆法系国家由于采用的是职权主义诉讼模式,其并没有专家证人制度而是有鉴定人出庭制度。以德国为例,在德国民事诉讼证据规则中,鉴定意见被单独列为一种证据方式,并不属于证人中的一种。其与英美法系的专家证人相较而言有以下三个特点:第一,鉴定人虽不是证人,但有关人证的规定却适用于鉴定。第二,鉴定由双方当事人申请,鉴定机构既可以由法院依职权指定也可以由双方当事人在一致同意的前提下选定。第三,鉴定机构鉴定意见影响司法判决结果。司法实践中法官均采用医疗损害鉴定意见作为认定医疗机构是否构成过错及责任参与度的根本的证据。

(三)我国医疗专家证人制度概况

在我国的证据法规则中,并没有把“专家证人”这一概念纳入证据种类中。在实践的医疗损害纠纷里,有关医疗专家经常以“专家辅助人”的身份出现在医疗诉讼中,对案件所涉及的有关专门的医学知识提出解释与见解。在《民事诉讼法》和《最高人民法院关于适用〈中华人民共和国民事诉讼法〉的解释》中,都明确规定了在诉讼过程中诉讼当事人可以申请有关的专家辅助人出庭质证或者对该案件所涉及的专业问题提出其专家意见。所以从这些规定可以看出,英美法系国家中的专家证人大体对应了我国的专家辅助人和鉴定人。在我国司法实践中,医疗纠纷案件的专业性导致在此类案件中通常都会涉及医疗损害技术鉴定,所以医疗诉讼是民事诉讼中更多需要专家辅助人的诉讼案件。我国目前立法上对专家辅助人并没有给出明确的定义,但从现有的立法可以看出专家辅助人不同于鉴定人和证人,其发挥的职能相当于诉讼程序中针对特定领域的专家顾问。

近年来,由于医疗纠纷案件的专业性和特殊性,在法庭审理过程中,法官对医学知识所知有限,案件的事实认定更多依赖于鉴定机构所出具的鉴定意见。但是在实践中医疗鉴定机构面临一些机构正当性不足以及保障程序缺失等种种问题,引发一些恶劣事件,医疗鉴定机构的鉴定意见是否具有公平正当性日益成为社会的讨论热点,这些都导致了对司法鉴定持批判态度者越来越多,医疗鉴定意见的司法审查成为法院审理医疗纠纷案件的难点和焦点。医疗专家辅助人的确定,恰好体现了医疗司法鉴定作为具有一种证据所应具有的证据属性的理性回归,是对医疗事故或者医疗损害鉴定出现的缺陷的及时补救,同时有效地弥补合议庭在审查医疗鉴定时所存在的医学知识方面的欠缺,帮助法院在审理此类案件中合理地对待医疗鉴定所出具的鉴定意见,公平合理地评定医疗机构在医疗纠纷中是否应承担相应的赔偿责任。在《民事诉讼法》确立专家辅助人之前,一些地方高级人民法院为了解决一方当事人在医疗专业知识方面的缺陷,相继出台了关于解决医疗纠纷案件的指导意见,在指导意见里提出了让专家辅助人参与到医疗诉讼中来充当平衡诉讼当事人双方的力量,以保证医疗诉讼程序的公平公正性。对于我国专家辅助人制度内涵的不完善之处,目前有不少人提倡我国应引进英美法系的专家证人制度。对于英美法系的专家证人制度而言,其自身存在较多的缺陷,且在医疗诉讼等一些专业领域较强的诉讼活动中所暴露出的问题也日益被英美法系国家所重视。同时,我国与英美法系国家在法律传统与诉讼模式等多方面存在不同,所以一味地照搬英美法系的专家证人制度在我国是不适宜的。

二、医疗专家证人制度的缺陷

(一)英美法系的专家证人制度

英美法系国家医疗专家证人在应对医疗诉讼这种专业性案件中发挥了重要的作用,但同时其专家证人制度下的医疗专家证人证言存在以下几点缺陷。

1. 存在利益倾向。英美法系国家的专家证人制度中,医疗专家证人证言具有明显的倾向性。专家证人受当事人的委托参与诉讼,其目的是增加医疗专家所代表的一方当事人胜算的概率,使得医疗专家在整个医疗纠纷诉讼中所发挥的作用如同诉讼代理人一般,成为一方当事人的"诉讼武器"。因此,这些医疗专家在诉讼中所作的医疗专家证人证言带有一定的自身主观倾向性,有时甚至会出现一些医疗专家为了利益而作出虚假医疗专家证人证言的情况。

2. 费用高昂。双方当事人在整个医疗诉讼中的支出花费较大,诉讼成本比其他专业性较弱的诉讼高了很多。医疗专家的费用一般包括医疗专家报告费和医疗专家出庭费这两部分。相关统计数据显示,医疗专家由于是按时收费,在医疗诉讼中医疗专家证据滥用的背景下,许多医疗专家故意拖延诉讼时间,较大增加了当事人的诉讼成本,降低了整个医疗纠纷诉讼的效率。同时近年来医疗专家的费用随着医疗诉讼不断增多而水涨船高,这也在另一方面使得当事人在整个医疗诉讼中对医疗专家证人的开支比例越来越大。

3. 诉讼冗长。专家证人制度下的医疗专家证人证言会造成诉讼的拖延,降低整个医疗诉讼的效率。在医疗诉讼中由于医疗知识的专业性,当事人依赖于医疗专家作出的证人证言为自己争取有力地位。这样的情况下容易导致医疗专家证人证言的证据滥用,有些医疗专家在激烈的双方诉讼对抗中故意拖延诉讼的推进,对提出专家报告意见的时间故意延迟,严重降低了整个医疗诉讼的效率。

(二)我国的专家辅助人制度

相较而言,我国的专家辅助人制度具有证人证言的特点,但同时由于《民事诉讼法》及《最高人民法院关于适用〈中华人民共和国民事诉讼法〉的解释》中对于有关专家辅助人及其专家意见的规定还相对简略,在实践中依然存在以下几点问题。

1. 医疗专家的资格没有明确的标准。医疗专家在医疗纠纷诉讼中对案件涉及的专业医学问题提出的意见是对客观事实的主观评断,属于意见证据。根据传统的证据规则,意见证据出现在法庭上在一定程度上有失证据的客观性。但是随着社会经济的发展导致社会分工的不断细化,在法庭审理案件中不断涌入大量的专业性问题,其专业性和科学性都超过了法官的认知,所以在一些专业性较强的案件中法官不得不借助具有专门知识的专家来辅助提供专业性的知识,由此导致了专家证人或者专家辅助人发表的意见作为意见证据出现在医疗侵权纠纷诉讼的庭审程序中。即便如此,对于专门的医学知识获取仍应有一定的限制,只有取得某些资质的医疗专家才有资格在医疗诉讼的庭审过程中帮助当事人及其法官解决有关医疗纠纷中的医学专业知识。因此,在整个医疗纠纷诉讼中关于医疗辅助人员的资质问题也时常是庭审过程中争议的焦点。

2. 医疗专家辅助人所发表的意见是否具有可采性并没有相关的标准。医疗专家在医疗诉讼过程中对案件事实所涉及的医学专业问题所提出的意见一定是基于某种方法和原理,但是这些方法和原理是否具有可采性以及这些方法和原理在使用程序上是否具有科学合理性。即使是医疗专家所发表的意见也至少应该是在医学界业内所公认的,尚未被推翻的科学原理,而不是医疗专家自己的主观臆断和推测。

3. 司法实践中对于专家辅助人的诉讼地位和称谓依然尚未统一,对于医疗专家辅助人的权利义务以及责任等问题或尚未规定或规定过于简单,不利于在司法实践中有效运用。

三、医疗专家辅助人在实践中的应用

由于医疗纠纷的专业性和特殊性,在司法实践中法庭审判更多地依赖于医疗鉴定机构的鉴定意见,有些甚至把医疗鉴定机构的鉴定意见作为法庭立案的根据。在 2012 年修正的《民事诉讼法》确立专家辅助人之前,一些地方高级人民法院为了解决医疗诉讼中医疗鉴定的种种问题,同时平衡诉讼当事人其中一方对医学知识的缺乏,已经逐渐在相关的医疗纠纷案件指导意见里引用医疗专家辅助人的概念,使得医疗专家辅助人参与到医疗诉讼中来。

(一)地方法院对医疗专家辅助人的有关规定

2010 年浙江省高级人民法院在发布的《关于审理医疗纠纷案件若干问题的意见(试行)》中规定,在医疗纠纷案件的审理过程中,对于鉴定结论,当事人可以申请具有专门知识的人员进行辅助质证。同样在 2011 年安徽省高级人民法院发布的《关于审理医疗损害纠纷案件的若干问题的指导意见》里也规定了医疗专家辅助人参与医疗诉讼辅助进行质证。

在 2012 年修正的《民事诉讼法》实施后,北京市高级人民法院发布的《关于在民事审判工作中贯彻执行〈民事诉讼法〉的参考意见》里规定了有专门的知识的人参与。按照此条规定,人民法院在适用《民事诉讼法》时应注意两个问题:第一,在诉讼过程中遇到专业性较强的问题时,当事人可以申请有专门知识的人出庭,但是是否准许仍需要法院经审查后决定。第二,有专门知识的人出庭就相关的鉴定意见质证提出意见,法庭对鉴定机构的鉴定意见是否采纳应区别对待,不得直接片面地依据有相关专门知识的人所提出的意见来对待鉴定机构出具的鉴定意见。

(二)医疗专家的诉讼地位

在 2012 年《民事诉讼法》修正之前已有一些地方的医疗纠纷案件审理中引入了专家辅助人,但在 2012 年修正的《民事诉讼法》实施后,更多的地方法院把专家辅助人引入医疗诉讼案件中,充分使得医疗专家辅助人发挥了其所掌握的医学专业知识,在实践中充当起诉讼参与人的角色,把新的民事诉讼法落实到各地的医疗司法实践中去。

2012 年修正的《民事诉讼法》实施后,法院在审理的医疗纠纷侵权损害案中,准许当事人提出让医疗专家参与对医疗损害鉴定书或医疗事故技术鉴定书诉讼质证的申请。医患双方对医疗损害鉴定意见有异议的,均可以向法院申请两名临床主任医师参与对鉴定意见诉讼的质证,《民事诉讼法》的修改,使得医患双方申请医疗专家参与诉讼,可以让司法裁判者充分了解医学专业知识,有助于对案件的审理,对医疗损害原因力作出理性的判断,从而作出公正、公平的判决。

专家证人参与诉讼在一定程度上突破了在以往的医疗诉讼中,司法裁判者在审理过程中由于对医学专业知识的不足而过度依赖于医疗损害鉴定机构的鉴定意见,在对医疗鉴定机构经过程序性审查没有问题后司法裁判者一般直接以此鉴定意见为依据作出判决的情况。从一定意义上来说,此种情况下医疗鉴定机构的鉴定意见代替了法院的部分审判权利,在一定程度上影响了法官的自由心证。2012 年修正的《民事诉讼法》中把鉴定机构的"鉴定结论"改为"鉴定意见",由此可以看出鉴定机构的鉴定意见只是法院在审理医疗纠纷案件中普通证据中的一种证据,承办法官对于医疗鉴定机构的意见可以采纳也可以不采纳,既可以全部采纳也可以部分采纳。医疗专家辅助人的意见可以帮助法官全面地了解相关的医学方面知识,弥补法官在医学知识方面的不足。

四、完善我国医疗专家辅助人制度的几个法律构想

在对我国医疗专家以及医疗专家作出的专家意见进行分析之后,笔者对于我国的医疗专家证人也就是医疗专家辅助人的制度完善方面提出以下构想。

(一)公平利用医疗专家资源的原则

我国属于超职权主义的审判庭审模式,把英美法系国家下的专家证人制度原封不动地照搬到我国是不现实不合理的。我国应在医疗损害诉讼过程中充分尊重医患双方当事人的诉讼权利的同时,仍须赋予法院在整个医疗诉讼中关于医疗专家辅助人及其所作出的专家意见作为证据运作过程中的主导和控制地位。按照现有的规定,医患双方当事人可以依申请经法院批准后聘请有关医疗专家辅助人出庭,但没有规定法院是否可以依据职权主动聘请医疗专家辅助人出庭。因为一般而言法官不具有医疗方面的专业知识,其在对鉴定意见有疑问时也应该有专门的医疗专

家的解释和说明,以此在制度完善的基础上保证双方当事人在整个医疗诉讼中的平等诉讼地位,从而防止在医疗诉讼中出现诉讼一方当事人由于自身情况的差异而导致的诉讼不公平的现象。由于医疗专家在医学知识的获取方面要耗费大量的时间和财力,在医疗诉讼中使用医疗专家辅助人及其意见作为诉讼证据是需要承担一定出庭费用的。这也就导致了医疗专家在整个医疗诉讼过程中出庭并且发表专家意见和观点也一定会造成当事人额外的开支,提高诉讼当事人在医疗纠纷诉讼中的诉讼成本。所以在医疗诉讼过程中对专家辅助人谁申请谁负担的前提下,造成的局面便会演变成医患双方当事人经济实力的对抗。所以若是存在双方当事人都没有聘请有关的医疗专家出庭,而某些医疗纠纷案件又比较特殊的情况下,法院也可以依据职权主动聘请医疗专家出庭作出医疗专家的相关意见,以此来保证法官的自由心证,保证诉讼双方当事人的公平。

(二)明确医疗专家辅助人在医疗诉讼中的地位

目前在立法规定及其相关的司法解释中都没有关于专家辅助人的具体明确的资格,仅以“有专门知识的人”这一概念加以确定。此概念过于宽泛,在医疗诉讼中对于医疗专家的定义不明确,在实践中缺乏可操作性。在此医疗专家辅助人可以定义为在医学方面有专业的知识或者经验的人,具有相应的医疗资格。在实践中可以是临床副主任以上职称医师、法医方面的专家,或者是直接从专门的医疗鉴定机构选取的医疗专家。

(三)完善庭审中医疗专家质证的程序

在医疗诉讼的庭审过程中,医疗专家应被告知其出庭发表的专家意见必须尊重事实,充分体现其医疗知识的专业性、中立性和科学性。法庭同时应向双方当事人明确说明医疗专家辅助人的诉讼地位不同于证人,明确告知其出庭作出医疗专家意见的作用与意义。

(四)明确医疗专家辅助人在法庭中的权限

在医疗纠纷案件中,医疗专家辅助人根据双方当事人的申请,出庭对案件有关医学方面的专业知识质证并提出专业性意见。但是在此过程中应明确医疗专家辅助人作出的专家意见和说明对于法庭而言仅仅是参考,所以建议最高人民法院在相关的医疗纠纷司法解释中,可以增加有关医疗专家辅助人在法庭当中仅有权发表与医学知识有关的意见和说明，其无权在整个诉讼过程中对医学专业知识以外的其他问题发表自身意见的规定。同时，法庭对于医疗专家辅助人作出的专家意见和看法也不得直接作为定案的根据。

随着社会经济的发展，医疗纠纷案件也日益增多。此类案件中必然要涉及医学方面的专业知识，尤其是对于与医疗机构对抗的患者，由于其与医疗机构存在所掌握的医学专业知识的不平衡，其经常不能提出有效的相关证据。同样，医疗纠纷案件的承办法官由于所学专业的不同，对于专业的医学问题也存在不足，对涉及专业性较强的医学问题无法作出判断。专业的医疗鉴定机构虽然在此过程中可以有效地弥补这些不足，但是正如上文所论述的，医疗鉴定机构在司法实践中其本身存在各种问题，对医疗机构的各种疑问使得医疗鉴定机构的鉴定意见并不能很好地解决当事人双方不平衡的问题。所以对于医疗纠纷案件来说，医疗专家辅助人的引入对于平衡当事人双方以及对于辅助法官查明事实方面具有不可替代的重要作用。